U0016773

永樂皇帝

蔡石山 著
江政寬 譯

謹以此書

獻給

蔡張秀娟博士

永樂皇帝塑像，作者不詳。北京永樂陵墓。
（蔡石山攝）

永樂的父親洪武皇帝，作者不詳。
（國立故宮博物院提供）

永樂的母親馬皇后，作者不詳。
（國立故宮博物院提供）

永樂的妻子徐皇后，作者不詳。
（國立故宮博物院提供）

明朝的嬪妃之一。
（國立故宮博物院提供）

明朝的嬪妃之二。
（國立故宮博物院提供）

北京紫禁城。（蔡石山攝）
江蘇無錫的大運河。（蔡石山攝）

通往永樂陵墓的大理石門。（蔡石山攝）
永樂的一位武官，永樂陵墓。（蔡石山攝）
侍候已故永樂皇帝的一匹駱駝，永樂陵墓。（蔡石山攝）

謝　辭

我很感激Hoyt Purvis、學生安田隆，以及我的弟弟文慶，協助我蒐集史料。明史同行學者已對歷史的種種方面作了詳盡研究，而我有參酌其作品的有利條件；尤其，Edward L. Dreyer和朱鴻對明代早期政治的討論、Edward L. Farmer對明代早期立法的討論、商傳對永樂童年軼事的討論，以及寺田隆信對永樂戰役圖的討論，我想表示我的感謝。我的兒子九峯照舊是我的第一位編輯和批評家；他修飾我的文字、釐清我的想法，並且給予我大力的支持。我要感謝Beverly Butcher，在炎熱的夏天，花了五個星期閱讀全部的原稿，並且給了我一些極寶貴的建議。我也要感謝華盛頓大學出版社的兩位編輯Michael Duckworth和Lorri Hagman；前者找了兩位非常有能力又體貼的審稿人，幫助我改進我的原稿，而後者則辛勤地作了編審。

本計畫進行的期間，亞洲、美洲和歐洲的同僚和友人，提供了靈感、鼓勵和協助，他／她們包括了張存武、陳三井、趙綺娜、熊秉真(皆任職於臺灣的中央研究院)、Tom C. Kennedy、Bill F. Tucker、鄭永常、譚天星、Paul Holbo、Dan Ferritor、Carl Jacobson、Robert G. Finlay、Doug Merwin、Shaun Tougher，以及Harry Lamley。鍾英昌教我怎樣使用中文軟體，徐華校對了拼音音譯，還有Kimberly M. Chenault印出幾個不同稿次的原稿，使我受惠良多。我的數十位學生，註冊參加夏季旅遊，跟我一起研究「長江」(1986)、「絲路」

(1988)、「蒙古與滿洲」(1995),以及「西藏與尼泊爾」(1999),我也想要表示我欠他/她們人情債。最後(但並非最不重要的是),我要感謝我的女兒蔡雪楓醫師,在撰寫本書期間經常關照我的健康。

我也要感謝臺灣的故宮博物院,允許我使用幾張明代收藏品的相片。本研究的進行,得到阿肯色大學富爾布萊特文理學院專門研究案的幫助,以及華頓家族慈善基金會的研究經費。

前 言

不屈不撓的永樂，一直被看作是帝制中國最好的君主，因爲他是一位不知疲倦又不知歇息的君主。在近代早期的時代，他不僅爲15世紀的中國，也爲大半的亞洲，設定了政治議題。同時，他也一直被批評爲帝制中國最壞的君主，因爲他殘害時任皇帝的侄子，犯了叛逆罪；也因爲二十餘年的時間，他讓大多數的臣民處於極度緊張的狀態，他乃是帝國專制的化身。本質上，他很有可能是個倔強易怒的人，能夠輕易地丟棄多愁善感和忠誠，贊同殘忍和野蠻行爲。或者說，也許因爲他不是雙親的長子——永樂是王朝創建者二十六個兒子中的老四——他挑戰權威和當權派，可說是命運注定的，而且也是環境造就的。儘管他不是受寵愛的孩子，不過，他的表現說明他是堅強的、聰明的，而且還相當能幹。他有很深的自知之明和十分敏感的性情；即使最輕微的冒犯，也會引起冷落和憤怒的強烈情感。在令人敬畏的父親死後，永樂精力充沛地擔任他兄弟和侄子的指揮，顯露出幹練和主人派頭。他的統治在1424年結束之際，他不僅是王朝創建者的兒子，而且也是近代中國基本特徵的創始人。

這些突出的特點，以及分成兩支的歷史人格，使得永樂這位相當引人動心的中國君主，適合當傳主。重要的傳記問題，既涉及人的狡詐，亦涉及歷史的狡詐。「謀反」和「簒位」之類充滿政治情緒的事情，在永樂三十九歲時考驗著他，而他真的準備好如何應付了嗎？他是個憤世嫉俗的操弄者，還是因爲被迫處理大規模的種種危機，才造就了他的偉大呢？沒有這些危機，他還會跟不敢冒險又一事無成的那些人聯合在一起嗎？他如何讓他那種絕對主義，符合傳統中國的政治哲學呢？更重要的是，永樂成功地轉化了無數臣民的生活和夢想，且最終轉化了大明的政府特性和社會特性嗎？

就像很多專橫的統治者那樣，意志上的奮鬥使其心理健康付出了代價。永樂不是不願與人來往的人，而是一個備受折磨的人，一個有嚴重、復發之沮喪的受害者。他經常抱怨劇烈頭痛和失眠，他的腹部陣痛，這些都是深沉壓抑之焦慮的症狀。不過，他必須付出的最高代價，乃是他無法阻止在歷史上被記載成所謂的謀害者和篡位者；儘管他的一生有很多成就，但他侄子建文(1377-1402)的鬼魂，還是繼續縈繞在他的腦際。然而，在贏得1399年至1402年血腥又毀滅性的靖難內戰之後，他當然更加嚴格地自我鞭策。他精力旺盛又富冒險精神的領導能力，用來自上層的酵素，活化了這個成功又自滿的國家，也開創了一個無可挑剔之繁榮、軍事擴張，以及非凡外交的光輝燦爛時代。在他統治的這二十三年(1402-1424)間，中國變得外向，享有遍布整個亞洲世界的最高威望。永樂竭盡所能地填補受戰爭蹂躪之國度裡的政治鴻溝，爲後世打造了一個「聖君」的形象時，境內昇平，經濟繁榮。他採用的許多政策，以及襲自他父親或自己創設的一些政府部門，包括了一段重要的形成時期，而新重組的帝制中國在這段時期獲得了鞏固。所以，導致中國政治絕對主義的因素之一，在於永樂的父親和他自己的統治期間造成的制度性發展。他的父親是明代絕對主義的胚胎，而永樂才是起源。

永樂這位有很強個性的奇偉男子，是一位非凡的、不辭辛勞的專制君主，也是一位苛求的皇帝；他是積極政府之理念的化身。他極度嗜好操縱事情，而且通過他旺盛精力的表現，我們認識到他的政治動物本能。他也有一種本事，以他自己的無畏，對他人的恐懼保持鎮靜。對永樂來說，生命就是冒險和戰鬥，經常要衝破重重的困難。我們從他身上了解到一位權力、陰謀、怨恨和無賴行徑的操弄高手之秘密。因此，本書是關於一位近代早期中國專制君主的強烈情感、偏見、沮喪和願景。它是關於一位偉大又能幹之君主的鬥爭和拯救的故事，試圖了解出身、教育和傳統，在塑造中國史上最偉大人物之一的人格、價值觀和道德感時的角色。它也是有關一個人冷酷地尋求對蒙古、滿洲和越南擴張，而且也在東南亞、印度洋，以及亞洲世界的其他地方，不斷地追求威望。永樂的意識形態乃是追尋(pursuit)，也由於追尋，他開闢了一種新式的帝國政治。通過本研究，我希望闡述明代早期的特點與事件之間的纏結，描繪中華帝國當局的模式，以及明代絕對主義的演化性質。

謝　辭　i

前　言　iii

第一章　永樂朝廷生活的一天/1423年2月23日　1

第二章　成長的歲月/1360-1382　21

第三章　等待的歲月/1382-1398　41

第四章　接連爭鬥的歲月/1398-1402　63

第五章　重建的歲月：政府與政治/1402-1420　87

第六章　中興的歲月：社會和經濟/1402-1421　117

第七章　文皇帝　147

第八章　永樂和蒙古人　169

第九章　榮耀的代價　205

第十章　結語　245

附　錄　洪武帝子女　251

參考書目　253

朱棣大事年表　269

第一章

永樂朝廷生活的一天

1423年2月23日

一夜，羅馬皇帝提圖斯(Titus, 39-81)與他的幾位摯友一起進餐時，他了解到，他整天沒有爲任何人做善舉。就在那時，他說出了他的不朽雋語，「朋友，我又少了一天了啊！」(Amici, diem perdidi)。明朝的永樂皇帝，駕崩於1424年8月12日，自從1402年7月17日登極以來——近乎八千零六十二天的在位期間——而且所有的證據也顯示，他從未浪費過一天。人類始終以「日」爲生活的基礎：尼安德塔人或北京人不會理解「月」或「年」，但毋庸置疑地，他或她會了解，日子具有極其重大的意義。他或她會知道，在那段短暫、充滿危險的時間裡，人必須爲了過生活而奮鬥。的確，日子是生活本身的一種縮影，而每天在時間中的逗留，僅僅是更大旅程的一種倒影。叔本華(Schopenhauer)說，「每一天都是一個人生的縮影」。至少，爲了小規模地一瞥永樂日常生活的形式和內容，讓我們伴隨著永樂皇帝，走過宮廷生活的一天。這天是農曆正月十三日(乙未日)，西曆1423年2月23日。中國一片歡鬧、有自信，沒什麼好憂慮的，歡天喜地正要過元宵節，而經濟也以全速進展。

1423年，在這個寒冷冬日的前夕，一組五人的更鼓房太監，輪流爬上了北京的玄武門——把宮殿建築群跟紫禁城北端之煤山隔開的一個極其重要的地方——打著夜鼓(明代中國人將一夜，分爲五更，而一更又分爲若干點。一更揭開了夜幕，三更表示子夜，而五更則示意破曉)。就在這一段時間裡，十餘位太監在文華殿後方的刻漏房工作。水從一小孔流入一個容器，漏箭在水上的刻度指示著時間(八刻度一小時)。每一小時結束時，直殿監太監便將「時辰牌」帶到永樂皇帝過夜的乾清宮，換成一個新的[1]。「時辰牌」大約三十公分長，青地金字。任何看到它的人必須側立讓路，而坐著的人必須起身，表示他們對時辰牌信差的敬意。在這個特別的日子，六十三歲的永樂聽到四更鼓聲時便起床。

當永樂開始沐浴更衣時，燈籠和提燈迅速照亮了整個乾清宮。奉御淨人已經帶了器皿來清理永樂皇帝的小便和痰液。他們手上有內官監製造的薄軟廁紙，也提來了幾桶從附近宮井汲取的井水。他們仔細檢查了澡盆，以及所有混堂司提供的洗潔液、毛巾和其他的洗浴設備。在洗完一個溫撫的澡後，永樂穿著一雙紫白相間的便鞋，坐在一張有墊褥的椅子；一位奉御淨人弄乾、梳理著他的頭髮，而另一位則修剪他好看的髑鬚和長長的鬍子。永樂皇帝沉思默想了片刻，這一天他要完成什麼事。這天是個典型的北京冬天早晨——嚴寒、多風又潮濕——但他的房間有惜薪司提供的燃料、木炭和薪柴，相當的暖和。永樂想起明天——正月十四日——惜薪司太監會來拖運廢物、垃圾和大糞，也會清理手推車、木炭堆，以及紫禁城的每處垃圾場。永樂皇帝隨後喝了點茶，吃了司禮監掌印太監監督下的廚師所準備的早齋。過去三天，永樂皇帝不飲酒、不茹葷，因爲他這一天需要向上天報告帝國的狀況；也因爲這一天，是明朝十三個最重要的國家祭祀之一，永樂不問疾，不弔喪，不聽樂，不理刑名。而在這三天齋戒期間，他也要避免臨幸任何的妃嬪[2]。

1.儘管稍早的幾天前，乾清宮毀於大火，不過，永樂的日常事務始於他在主要寢宮起床的時刻。
2.張廷玉等編，《明史》，卷47，志23，頁1239。

早餐之後，奉御淨人協助永樂皇帝著上他的服飾、頭飾、圍巾、龍袍，還有尚衣監特別裁製的鞋子。他準備要離開主要寢宮的時候，刻漏房太監聽到九刻水的第一聲時，便迅速走到宮門去通報拂曉的來臨。當他們聽到九刻水的第二聲時，他們立即稟報永樂皇帝的御前[3]。整個紫禁城突然間充滿了生氣。著紅蟒衣的司禮掌印太監（正四品），在司禮秉筆太監（從四品）伴隨下，到達了乾清宮。即將下班的司禮秉筆太監，把一個大約三公分長的象牙小牌，交接給下一位秉筆。除了永樂皇帝的錦衣衛之外，掌寶璽的官員也來了，他們帶來各種功能的寶璽。因為永樂今天表定要祭天，他們帶了最神聖的寶璽，也就是明朝繼承自唐宋朝的皇帝奉天之寶[4]。

黎明前的幾分鐘，御前侍從已經跨過了「龍道」，跨過這條將紫禁城工作區跟生活區分隔的不成文分界。慢慢朝南走過一個大庭院之後，永樂沿著華蓋殿和奉天殿，趨近1421年春天曾因祝融而受損的謹身殿。永樂偶爾一瞥幾個青銅香爐，把手伸進了兩個鍍金大銅鍋的其中一個，確定一下容器裡面救火用的水有沒有凍結。當他到達華蓋殿時，他要求歇一會兒，以便脫掉袍服裡的羊毛背心。他通常在華蓋殿舉行早朝，不過，南郊的國家祭祀即將來臨，於是便在奉天門（後來重新命名為皇極門）舉行小型的早朝。永樂皇帝重新整好衣裝後，十二位人高馬大、強健的都知監太監，即引領他進入了一頂黃色的皇轎。

接著永樂坐上轎子，往南到奉天殿，該殿有離地的三段臺階，是最高的皇宮建築。殿內，獨一無二的帝王莊嚴端坐，與令人敬畏的雕龍屏風相配。才在兩個星期前，永樂就是在奉天殿辦除夕晚宴的，宴請諸位藩王、公爵、侯爵和伯爵。根據傳統，永樂皇帝要到這一殿來帶領國家過農曆新年與冬至。他發出詔令，召見科舉考試的傑出舉

3. 劉若愚，《酌中志》，頁147、151、195。
4. 《明史》，卷74，志50，頁1803。

子，以及任命領導討伐的指揮官，也都是在這一殿。然而，這個早上，永樂不會踏入奉天殿；相反的，他的轎子直行到宏偉的奉天門，該宮門由巨大的紅色圓柱支撐著，兩隻看起來很凶猛的青銅獅子在門側踞守。三段的臺階通向三個雕飾過的大理石露臺，永樂皇帝在那裡看到文職官員(從四品以上)排成一線，站在門的東側，而高階的武職官員則站在西側。與此同時，掌寶璽的官員將各種寶璽放在桌上，一動也不動地緊靠在桌旁。五更鼓的聲音減弱到聽不見時，一名著紅色蟒袍的太監就開始所謂的「鳴鞭」。永樂開始早朝時，這棟巨大建築物的四周，寂靜無聲。端坐的永樂皇帝，單獨面朝南方，他聽到數以百計的聲音，同時呼喊「吾皇萬歲！」伴隨歡呼而來的是依儀式而行的叩頭，而樂隊則奏起宮樂的組曲。因爲今天是一個吉日，祭天的日子，一位司禮官員大聲宣布，朝會提早結束。那些有急事要稟報的人，被提醒說午朝時再報。當永樂起身示意隨從要繼續往南移動時，司禮太監便再度「鳴鞭」[5]。永樂的轎子往下移到中間的臺階，而文職官員和武職人員則各自找路下左右的臺階。

在穿過一座國家典禮期間能夠容納幾千人的廣大庭院之後，御前侍從走過架在著名金水河上的一座有大理石欄杆的橋(總共有五座橋，但中間這座橋只有永樂皇帝才能使用)。永樂現在進入了五鳳樓圍繞的巨大午門。永樂在午門前面的廣場，廷杖冒犯他的官員，而在午門的頂點，校閱軍隊和觀看遊街示眾的戰俘。永樂走進午門的其中一間休息房，脫掉他的晨袍，穿上一套特別爲祭祀典禮裁製的炫麗服裝。在離開午門之前，他詢問太監管理的司設監和巾帽局，是否備妥祭祀儀式所需的所有裝備，像說服裝、帳棚、褥墊、頂篷、桌子和桌巾、帆布，以及旗幟。太常寺卿與神宮監掌印太監亦向他簡報說，盛

5.《明史》，卷53，志29，頁1351-1352。

典用的各種儀式食物和酒類已安排妥當。

永樂在午門外坐上了龍車，而御前侍從直直往南走，就像織布機那般往來穿梭。永樂皇帝沿途會看到太廟在他的左方，社稷壇在他的右方。他非常熟悉這些神聖的地方，因爲每逢農曆正月、四月、七月和十月的初一，他必須到那裡去作國家祭祀。然而，一年前，因爲農曆新年有日蝕，他不得不取消所有的朝會，而將祭祀典禮改爲正月初五[6]。隨後，永樂的龍車通過端門與巨大的石製承天門(後來重新命名爲天安門)。永樂的詔令總是在承天門上首度大聲宣讀，然後放進一個雲匣，用彩繩把雲匣綁在龍竿。看到雲匣由承天門上降下，看到禮部官員在取下詔令以頒行於帝國的每一個角落之前，對它又舞蹈又四拜，此一景象始終是個奇觀[7]。

跨過承天門下的五座白玉石橋之後，永樂與侍從進入了被稱之爲天街(其在1651年擴建，1958年又再度擴建而成今日的天安門廣場)的T字形庭院。天街兩側，是十又二分之一米高的城牆，而城牆由每一個角落的塔樓隔開。兩座大門，長安右門和長安左門，矗立在天街的尾端，日夜有重兵鎮守。永樂的官員每天穿過這些門，到紫禁城令人敬畏的諸殿。每逢殿試之後，永樂會選拔出前三名的進士，依照傳統，他們很快會被引領至長安左門，帶到順天府府署，府尹會以盛宴爲他們增添光輝。禮部尚書在一兩天內，會爲所有的新科進士準備一場宴會[8]。矗立在長安左門南邊，有若干建築物的街區，是永樂的六部、鴻臚寺、欽天監和太醫院。正對著這些建築物的，則是五軍都督府、太常寺、通政司和錦衣衛。當永樂走過這些建築物的時候，典樂

6.《明史》，卷7，本紀7，頁101。有關宮殿配置的描述，依據孫承澤，《春明夢餘錄》，卷6-8。

7.《明史》，卷56，志32，頁1415；亦參見北京大學歷史系編，《北京史》，頁214。

8.羅侖，〈明代的鄉試、會試與殿試〉，頁81。

官演奏起了許多的列隊行進樂曲，直到他到達大明門，而該門只有像今天這樣的盛典才會開放。在御前侍從驅車過了正陽門之後，現在永樂可以看到大祀殿在他的左方1.6公里處閃耀著。

永樂皇帝的龍車在石頭路面上，從正陽門一路前往梯形的天壇(後來重建為天壇建築群)時，他充分體會到，三年前，也就是1420年，他的建築師和工匠應用了最先進的技術，在這個地點建造了一座建築傑作，還有幾個月前為今年的大事所做的準備。沿著這條路，觀眾豎直了觀看棚，以便一瞥永樂皇帝。在最上方的露臺上，永樂注意到若干代表風、雲、雷、雨、山川等等諸神在場的牌位。他也看見陳列在這些神像旁邊的其他儀式器材。以象徵財富和權力之玉石和青銅所製造的儀式容器，裡頭盛裝食物和酒，炫耀性地獻祭給這些雕像所代表的諸神。當永樂站在天壇發光的中心，吸著點燃的香所散發的愉悅香氣時，有著複雜圖案的巨大燈籠，光線照射天際，而管弦樂團和男性歌者與舞者，在天壇上和天壇前表演著[9]。天壇四周，聚集了成千上萬的皇室族人(包括皇儲)、文武百官、太監與平民，所有人都找尋著天象，希望從諸神那裡收到他們自己的特殊祝福。在號角、鼓和二十三種其他的樂器組成的莊嚴韻律聲中，獻禮開始了。儘管流程極度複雜，不過，永樂卻駕輕就熟，就像其他的日常工作那樣。雖然如此，典禮接近尾聲時，他也開始覺得疲倦，無法控制地咳嗽了一陣子。然而，他很高興聽到他的父親親自為這類國家祭祀所譜曲的九首歌[10]。

9.《明太宗實錄》，卷274，頁4a，永樂22年9月。亦參見Joseph S. C. Lam, "Transnational Understanding of Historical Music: State Sacrificial Music from Southern Song China (A.D. 1127-1279)," *The World of Music* 38, no. 2 (1996), p. 77.

10.更多有關音樂和儀式的討論，參見《明史》，卷47，志23，頁1227-1233；卷48，志24，頁1246-1247。亦參見Lam, *State Sacrifices and Music in Ming China*.

這場固定又漫長的祭祀儀式，使永樂疲憊不堪。等他回到紫禁城的時候，早就過了十點。他覺得疲倦，臉色有點蒼白，因爲1386年(那時他二十六歲)時的一種神秘疾病之效應從未離開過他。他苦於噁心、頭痛，以及偶發的癲癇發作。沒有人真正知道那是什麼疾病，但每位官員都懼怕永樂突然的龍怒。後世學者做的假設是砒霜中毒，亦即一種神經性疾病，乃至於是一種精神性疾病(永樂的確是暴躁、反覆無常又古怪的)。後來，他的人生苦於風濕症和其他疾病。他這些年來，努力定期服用太監司藥人員製作的藥丸，來維繫他的健康。他們受過各方面醫學知識的訓練，培育和採集著各種動植物藥材。他們一年四季把處方材料研磨成粉末，而且使用蜂蜜作爲黏合物來製作藥丸。他們將永樂每天的藥丸，保存在他主要的寢宮，但把其他常用的藥草和藥物，儲存在文華殿的附屬建築御藥房。不論永樂皇帝何時何地，想要服用預防性或滋養性的藥丸，他的奉御淨人總是能即時取得[11]。

從國家祭祀返回之後，永樂在文華殿下了轎子，馬上走進御藥房。兩名穿著吉服的御醫，幾乎立即趕到永樂皇帝的房間。在向皇上叩頭之前，他們先在那裡焚香。叩頭畢，一名御醫跪診永樂的左手，另一名跪診他的右手，依循的是中國傳統的「望、聞、問、切」方法。診畢，相互換邊，在相互磋商之前，會問皇上幾個問題，再診一下脈。他們一起開了一帖兼有動、植、礦物的藥方，包括舒緩神經緊張的辰砂與琥珀、改善血液循環的桃核與紅花、減少盜汗的麻黃，以及強化心臟功能的高麗參與鹿鞭。永樂的司藥人員走到受嚴密看守的藥房，從一排疊著一排、排列整齊的抽屜裡抓出材料，依處方供藥[12]。

11.王崇武，〈明成祖與方士〉，頁16-18。

12.呂毖，《明宮史》，頁43-44。此一特別的處方是根據李時珍，《本草綱目》(1578)。

在配好所有處方材料之後，兩名司藥人員把藥材放進一個大藥壺，加水熬煮。當草藥煎好時，他們倒進兩個碗等它涼。一位御醫和一位太監，先一起喝了一碗，而在很長的一段時間之後，永樂喝下另一碗[13]。當永樂皇帝開始覺得比較好的時候，他示意御醫和司藥人員離房，讓他能小睡片刻。

短暫的午休提振了年邁皇帝的精神，他直接走到御酒房用午餐。毗連武英殿的這棟建築御酒房，爲永樂皇帝準備了上好的酒和飲料、享有盛名的白麵、最美味的乾食品(諸如肉、鹹魚和水果)，以及生的醃菜和豆腐[14]。時間正好正午，精神恢復的永樂急切地想在右順門舉行午朝，這位躬親實踐的皇帝藉由這一例行公事，來維護他對這個大帝國的控制權。就在午朝之後，永樂要求吏部報告新的任命、委任職位、晉升和降級。但永樂皇帝覺得有點不順暢，因爲在四個月前的一次突然的龍怒中，他將久任吏部尙書的蹇義(1363-1435)下了獄。在這個特別的下午，文選司郎中和稽勳司郎中報告說，有略微超過一千五百位京城官員、六百位額外配置南京輔都的官員，以及部署在各省大約兩萬兩千位的官員[15]。永樂批准了驗封司和考功司郎中提交的晉升和獎勵的建議名單。

他隨後把注意力轉到戶部，而久任其尙書的夏原吉(1366-1430)亦在獄中服刑。1417年，夏原吉太過關切帝國的財政狀況，以至於他大聲反對永樂提議的軍事戰役。當時的尙書是郭資，他也面對這一不值得羨慕的工作：徵收稅糧，且將其運送給永樂全帝國的軍隊。郭資報告說，他還是用近乎九百九十七萬戶和五千兩百萬人的舊人口數字

13.《明史》，卷74，志50，頁1812。
14.呂毖，《明宮史》，頁14、29、44。
15.一千五百位京官的數字，是根據1409年的記載。有關明朝官員人數的更多討論，參見Hucker, “Governmental Organization of the Ming Dynasty,” pp. 11-12.

作爲稅額。然而，他不會把估計有六百萬的安南(北越)人算進這一年的統計數，因此稅糧總計會稍稍多於三千兩百萬[16]。郭資也說，戶部和兵部一直密切配合，將糧鹽運送到各軍事駐地。永樂提醒郭資說，去年的大雨和洪水，對南京和北京一帶，以及山東和河南境內的農田，造成嚴重的損害，他要免除他們半年的糧稅。郭資承認，災區的糧食歲入，有大約六十一萬石的差額，但解釋說，將由中部和南部省分豐收的農作物來抵消。永樂似乎也很高興聽到，他去年派遣去視察全帝國之國家庫房和糧倉，共計八十名的欽差——官員與太監——已經返回，且對國家的糧食供應和儲備，有普遍樂觀的描述[17]。

接下來，禮部尚書報告有關不同朝貢國使節的接待。永樂尤其有興趣的是，伴隨正使總兵鄭和(1371-1433)第六次下西洋回來的十二位非洲和阿拉伯使節。由於禮部尚書呂震(1365-1426)亦下獄，永樂要求代理尚書金純，要更仔細地審閱全國所有佛僧和道士的考試和度牒。皇上隨後詢問有關這一年午門之外元宵節的準備狀況，這是有賴跟鐘鼓司密切合作的一項任務。在禮部報告完之後，永樂宣布，今天不舉行晚朝，還有這一年的國定假日將從元宵節開始，今後兩天(明代的國定假日通常始於農曆正月十一日，結束於十二日)。從農曆正月十五日到二十五日，不舉行朝會，也沒有夜間巡查。然而，如果有緊急狀況，負責的官員應以書面報告，且透過通政司發送。

永樂接下來問兵部尚書趙羾，是否西南省分廣西的柳州土著居民動亂具有政治涵意。趙羾說，儘管社會動亂的聲勢變大，但少數人的激進行動，看來好像是放出多餘蒸汽的一種可控制的排氣口。永樂接受了這一看法，不過，因爲其毗連的安南先前的暴動，曾帶給永樂困擾，柳州的動亂則更加讓他擔心。因此，他敕令軍隊鎮壓土著居民的

16.一石相當於60.453公斤。
17.翦伯贊，《中外歷史年表》，頁568。

搗亂者。永樂的總兵官豐城侯李彬，前一年病故於交趾。因此，他問兵部尚書，安南造反者黎利的活動，是否會得到足夠的大眾吸引力，而轉變成反抗大明的戰亂。趙狃回答說，其他的安南王位覬覦者都弭平了，黎利如今是唯一的造反者，而且他最近在車來縣(在安南寧化州)，被新的中國總兵官陳智打敗，後被逐歸瑰縣。兵部尚書傳遞了黎利的求降協定。皇上點了頭，但並未立即允許。相反的，他詢問兵部尚書有關駐地制度的狀況，太僕寺監督下牧馬場的數量，以及車駕司與武庫司是否發展了任何新武器或建造任何船隻。

輪到刑部報告的時候，永樂又覺得不順暢，因爲刑部依然群龍無首，久任其位的頭領吳中(1372-1442)亦入獄。即使在晚年，永樂的果斷——還有對猶豫不決之人的不耐煩，仍舊是有名的「剃刀」。至少，他向來都怪罪朝廷裡的每一位大臣。在司法問題上，永樂轉到御史臺的左、右都御史劉觀與王彰身上，告訴他們要再審所有嚴厲和長刑期的判決，糾正不當的那些。他尤其要御史了解一下，是否較重的判決可以減輕，法庭的審查結果和程序，是否有不適當的作法，或者，是否有疑問的裁決或沒有可靠根據的指控。永樂隨後問道，政府裡面是否有人不義地將無辜之人下獄，或者，對他的臣民作了不道德的事。王彰與劉觀指出，因爲北京和南京的國家監獄，沒準備好管理和監禁服刑的罪犯，也因爲光是供食和照顧狹窄空間的囚犯，對政府來說便是一種負擔，他們正在爲幾十名犯人，請求假釋和出獄假。隨後，他們說道，他們把所有有關死囚的指控、裁決，以及審判暨判決紀錄，移送到大理寺(諷刺的是，永樂此時還不會把他的吏部、禮部或刑部尚書釋放出獄)[18]。

18.1423年3月，蹇義被釋放，復職為吏部尚書，一個月後，禮部尚書呂震亦被釋放。不過，户部尚書夏原吉與刑部尚書吳中，直到永樂駕崩之後才被釋放和復職。

最後一位向皇上稟告的尚書是工部尚書李慶，他在一年前，指揮大約二十三萬五千名搬運工人，爲永樂的軍事戰役運送糧食。作爲工部尚書兼領兵部事，李慶的主要職責，還是爲水路和道路維護之類的定期國家計畫，征募工匠和壯丁。雖然如此，永樂問了他有關軍器局和寶源局的狀況。由於宮殿建築群、藩王府邸，以及天壽山和其他地方之皇陵的建造，如火如荼地進行中，永樂提醒工部尚書要跟內官監密切合作；從永樂朝廷裡人員和辦公室空間的角度觀之，內官監是所有太監機構中最大的。工部尚書憑直覺地了解，如果他不能提供足夠的建材——諸如木材、石材、磚塊、鷹架、油漆、銅、錫、青銅和鐵——那麼他不僅會跟內官監掌印太監爭吵，而且永樂肯定會讓他倒大霉[19]。

最後，輪到五軍都督府報告軍隊用兵上的方向，以及專業的軍事管理事宜，而永樂皇帝對這些主題是相當精通的。不過，永樂還是要求左、右都督(正一品)、都督同知(從一品)，以及都督僉事(正二品)必須頻繁作簡報。再者，因爲1411年以來，他指派戰術高明的太監當都尉，現在他又多任命了幾位鎮守太監，駐守在北方的邊境。永樂亦指示兵仗局掌印太監，要監督京城兵工廠新火器的製造。兵仗局於此際向他保證，他們繼續製造諸如鑰匙、鐵鎖、鐵鎚、乞巧小針、螺絲起子和剪刀之類的品目。永樂知道，他把太監指揮官編入正式的軍事機構，讓他們充當起君主的爪牙，也由此延伸爲國家的爪牙。從現在開始，他們會不斷地跟專業的指揮官密切往來，爲他新型的絕對主義提供保險[20]。

幾乎是下午兩點了，但永樂注意到，少數官員還沒有說話。在他

19.諷刺的是，永樂的幾位繼承人變得懶惰又揮霍無度。明朝第十三位皇帝萬曆(1573年至1620年在位)，對政事漠不關心，超過二十年不上朝。參見Ray Huang, *1587, A Year of No Significance*.

20.王世貞，〈中官考〉，《弇山堂別集》，卷90，頁3975-3977(南京，1591；影印本，臺北，1964)。

示意午朝休會之前，司禮監官員宣告，任何要皇上過目的其他事情應該向通政司匯報。一大清早，超過四百份的奏議已經送達通政使(正三品)負責的辦公處所[21]。這些公文迅速移交到承天門的宮殿，由大約十名的司禮監太監作初步的篩選。在那裡，太監用不同色彩將卷宗作標記，把六部、軍事機構與藩王府的公文分開。隨後，他們決定是否立即把公文發送給司禮監掌印太監，或者，透過正式途徑把它們轉給內閣，最後由內閣轉回到永樂那邊作最後的定奪[22]。

把個人注意力放在這類奏議上，的確添加永樂每天的差事負擔。那就是為什麼他需要翰林院學士的秘書協助。他所依賴的這些有學術資質的人和熟練的管理人員，發展成了內閣。他最初的七位內閣大學士裡頭，解縉(1369-1415)與胡廣(1370-1418)這兩位已經過世了，胡儼(1361-1443)改任國子監祭酒，而黃淮(1367-1449)正入獄服刑中。因此，能協助永樂在國家公文上作權衡、起草詔令與教諭的內閣大學士，僅剩下有才氣但又重實效的楊榮(1371-1440)、圓滑的金幼孜(1368-1431)，以及幾個月前才從監獄釋放出來、正直坦率的楊士奇(1365-1444)。午朝結束時，永樂照慣例示意他們該立即工作，標出需要皇帝「批紅」的那些奏章。永樂隨後直接走向東安門，不到三年前，也就是1420年，他在那裡設立了一個叫作東廠的秘密警察機構，目的在於壓制他的政敵，平息惡意中傷的謠言，還有蒐集有關大明帝國情況的情報。

在司禮掌印太監和錦衣衛指揮使的伴隨下，永樂到達了東廠，東廠掌印太監這位相當受信任的心腹，在門口恭迎著。永樂立即看到一

21.以十天為期作代表，洪武和永樂皇帝處理了一千一百六十件奏議，以及大約三千兩百九十件個別的事情(錢穆，《中國歷代政治得失》，頁79)。

22.與一般看法相反，永樂在1402年篡奪皇位時，有可觀數量的太監已經能讀能寫(周龍，〈明代之宦官〉，頁41、103)。

個「朝廷心腹」的匾額，懸掛在大廳。他先視察內廠，那裡慣常扣押極嚴重又危險的嫌疑犯，接著看一看一些被罷黜的尚書「暫時栖身」的外廠。永樂詢問了有關這些有才幹之士的一般健康狀態，他們先前在最高職務上爲他效勞，行使他們正當的管轄。掌印太監向他保證，他們並未遭受拷打。隨後永樂考察了鎭撫司，它是一個荒唐又令人生畏的監獄，錦衣衛的官員慣常地從嫌疑犯那裡取口供(沒有口供就不能定罪)。由於這裡運用的手法乃是惡名昭彰的野蠻，因而獲得「拷打房」的渾名[23]。

皇帝就坐之後，接見了一打的東廠密探。一位被派定監督令人頭痛的皇族，兩位偵查有野心的軍事指揮官，三位密切注意慣常苛刻的文官，其他三位則監視神秘宗教的領袖。永樂隨後詢問，是否在城門上觀察到北京和南京有任何不尋常的不法交易、大火或其他事情，是否有任何密探無意中聽到大逆不道的談話。另外，永樂想知道諸如米、豆類、油和麵粉之類食物的市場價格。東廠到處存在的密探，穿著便衣，幾乎每天在北京和南京四處走動，巡街找嫌疑犯。他們亦視察政府官員，在審訊上聽案和作筆記。永樂似乎相當確定，沒有人會發現東廠密探爲他做了殘忍又窮兇極惡的勾當。當然，正是東廠助長了明代專制主義，也正是在那裡，未來的歷史學家會找到永樂的其他後遺症——殘酷、政治陰謀、腐敗、醜聞以及謀殺[24]。

到了永樂準備要離開東廠院區的時候，一名刻漏房太監抵達，提醒他下午三點了。御馬監掌印太監(正四品)與永樂的侍從會合，帶領著皇上參觀就在宮牆外的幾處養馬和其他動物的畜舍。終其一生，永樂愛好良馬，常常稱牠們爲他的「羽翼」。他檢查了一下飼料——米

23.劉若愚，《酌中志》，頁104-105。

24.參見Crawford, "Eunuch Power in the Ming Dynasty," pp. 131-133；丁易，《明代特務政治》，頁28-29。

飯、黍類麥杆和豆子——看看品質高不高，也察看了一下幾個馬鞍和馬蹄鐵。讓他感到驚訝的許多大象、斑馬和鴕鳥之類的異邦動物，乃是正使總兵鄭和去年從海外帶回中土的。他也很高興地看到，屬於他嬪妃的所有貓咪，都營養充足又茁壯成長。在離開畜舍之前，御馬監掌印太監報告說，他會把馬匹放牧兩個月。

經常被當成禮物贈送的這些貓咪，提醒了永樂，這是個賞賜禮物的時令，他應該挑一些皇家禮品，送給他的親戚、外賓與有功官員，尤其是那些藩王和公主，他們在他戰勝侄子建文的血腥內戰期間，表露了對他的忠誠。永樂的侍從現在來到了御馬監附近的內承運庫。在那裡，永樂皇帝看到寶貴的品目，諸如金、銀、珠寶、緞絲綢、上等的羊毛織物、翡翠、象牙，以及珍珠。才短短的片刻裡，他列舉了一長串的訂單，但他卻告訴司禮掌印太監說，他要送一些特別雅緻的禮物，給他的女兒、媳婦、妻子的姊妹，以及其他的宮女。爲了回應這種本能的要求，御前侍從馬上由這個宮殿的東北區域，移動到紫禁城的西南地區，也就是銀作局的所在地。在這棟又叫「宮廷造幣廠」的建築物裡，永樂看到太監把金銀塊跟寶石和水晶搭配在一起之前，先將它們切割成桃子、簪和豆葉之類的形狀。像往常一樣，永樂的訂單立即且全部獲得了供應。而且沒有人會驚訝，他不全然滿意他剛剛挑的所有禮物。幾乎沒有絲毫的猶豫，他命令司禮掌印太監，從南海子——紫禁城東南皇家保留區，過剩的年輕太監居留在那裡——挑選數十名閹人，將他們派送給五或六個藩王府當禮物[25]。

上述的活動，大體上花了永樂皇帝一個半小時，到了下午四點

25.根據《明太宗實錄》的許多記載(例如，卷59、60、79、91、104)，永樂例行地派送太監給他的家族成員。舉例來説，1408年，他給肅王(朱楧)三十名太監、蜀王(朱椿)二十名，還有谷王(朱橞)和慶王(朱㮵)各五名。1412年，永樂派送十名閹人給晉王(朱棡)，而1417年一口氣給了蜀王(朱椿)一百名內侍。

三十分，御醫成功地「勸服」他要喝下另一碗藥之後，他又回到了御藥房。一路上，永樂皇帝看到值班太監把象牙小牌，移交給以下十二小時要上工的另一群人。隨後他趕快去探望他寵愛的孫子朱瞻基，也就是未來的宣德皇帝(西元1426年至1435年在位)，確定這位年輕的皇子，在宮廷教師的指導下有用功讀書。這位未來繼承人的沉著和聰明，讓永樂印象深刻。問了瞻基幾個《孝經》和四書——儒家的《大學》、《中庸》、《論語》和《孟子》——的問題之後，永樂直接走到文淵閣，太監爲他和三位內閣大學士——楊榮、金幼孜和楊士奇——準備好正餐了(自1420年以來，直到1424年永樂駕崩爲止，文淵閣是永樂內閣大學士唯一的辦公處所)[26]。這是一頓邊用餐邊討論的正餐，因爲自午朝以來，幾位內閣大學士仔細審閱超過四百件奏議中的每一件，而且爲永樂的批示起草了票擬。永樂批准一些票擬，也更改了幾份，不過，大部分寫下了完全不同的批示[27]。

有少數剩下的奏疏，永樂不置可否，僅僅是暫時擱置。這類的奏疏，有一件是一位御史的上疏，他懇求皇上在元宵節之前，釋放所有下獄的尙書，尤其是吏部尙書蹇義，該位御史堅稱，蹇義即使在他最黑暗的監禁日子，對永樂皇帝的忠心依然是堅定不移(大約一個月後，蹇義會被釋放，恢復他的尙書職位)。另一件遭擱置的奏疏，是順天府的一位知府上陳的諫書，力勸永樂更頻繁地穿上較新、有較佳裝飾的衣服。諫書指出，永樂在位二十一年的期間，皇上僅有十二次在宮殿裡慶壽，在晚餐桌上一向不用玉製器具，而且就像一般人那樣過生活。奏疏繼續建議說，因爲節約造成歲入激增，百姓生計大大改善，皇上的儉省可被看成是試圖要振奮全國公務員。相較於眾多其他偉大

26.譚天星，《明代內閣政治》，頁21。
27.同上，頁44。亦參見Hucker, "Governmental Organization of the Ming Dynasty," p. 64.

歷史人物的洛可可式的複雜，永樂的私人生活，就像包浩斯(Bauhaus)的功能論者那樣，有著簡樸的精神。然而，永樂皇帝的議程表，大部分攸關軍事實力和帝國安全。正因爲這樣的議程表，也因爲有四份攸關國家安全議題的奏議，那晚永樂決定舉行一次不定期的召對。

永樂的太監傳令，走到宮牆外，請六部主事官員、五軍都督府都督，以及少數幾位公侯，到午門內的會議室時，天色已經黑暗無光。在會議室裡，一群特別的太監，提供茶、水果、蛋糕、酒和其他飲料，給永樂、三位內閣大學士及參加會議者。參加會議者要商議的事項爲：一、遼東的新防禦政策；二、怎樣充分利用韃靼與瓦剌之間的齟齬；三、處理廣西柳州暴亂的分寸；以及最重要的是，四、怎樣回應安南最新的休戰要求。永樂傾聽時，每位參與者都發出同樣的音量。即使參加會議者在所有議題上能達成共識之前，花了很冗長的時間，但永樂似乎滿意他們建議的解決方案。在遼東的議題上，武進伯朱榮(死於1425年)留在原職，但指示他應該視兀良哈蒙古人爲敵人，而非大明的盟國，也應該盡一切可能的力量，阻止女真人與朝鮮人之間的爭論，爆發成邊界的戰爭。在蒙古人的議題上，會發送詔令給所有北方的都指揮，指示他們不要讓韃靼哄騙了，還以爲他們很安全，而且派遣中官使節海童去誘導瓦剌加入大明的陣營，進一步綳緊韃靼瓦剌關係。在柳州暴亂的議題上，會發送一份敕令給廣西都指揮使，指示他只捉拿土著領袖，絕對不能傷害老百姓。最後，在回覆大明安南的最高文官首長黃福(1363-1440)的急奏時，永樂接受內閣大學士楊士奇的建議，召回有爭議的鎭守中官馬騏。另外，迅速送一份指令給榮昌伯陳智，指示他不要將安南造反者驅趕進真臘，而黃福則被告知，只要造反者首領黎利放下他的武器，便任命他爲清化知府[28]。

28.有關這些事件與帝王的決定，參見《明史》，卷7，本紀7，頁101-103。

永樂在午門待的時間，長到足以讓他把內閣大學士繕寫的所有詔令、法令、諭旨、短箋與指令作批紅。檔案隨後由司禮監的人員建檔，而且立即送到通政司，永樂的意志會從該司，傳達到帝國的每一部分。太監打著二更鼓的時候，永樂皇帝爲了國家氣力耗盡，而且也該是他喝另一碗藥的時候了。回生活住所的途中，一群新進的奉御淨人服侍著他，而當他抵達皇后主要的寢宮坤寧宮的時候，他告訴司禮掌印太監要回家。徐皇后於1407年過世之後，永樂決定不冊立新的皇后，但將坤寧宮保留給宮女作聚會宮殿和圖書館。此後，他主要的嬪妃，是來自蘇州的王貴妃，她不僅能安撫喜怒無常的永樂，而且還能贏得永樂內廷親屬的尊敬。不過，對永樂皇帝來說，不幸的是，王貴妃也在三年前，也就是1420年過世了。即使大約還有十六位嬪妃侍候著他，也有三天沒見到她們了，今晚他選擇臨幸西宮的孫貴妃[29]。

永樂跟女人的夜間關係之細節是無法探知的。然而，我們知道，他的嬪妃月事來潮之周期和流產，全部都由太監密切監視和記錄著。在一整天的辛勞之後，永樂很可能僅僅需要有個嬌柔、美麗和溫柔的人，可以說說話，撫摸一下柔軟、溫柔和溫暖的女子。幾乎可確定的是，他年邁的身體，每夜需要按摩，他變遲鈍的耳朵，對甜蜜的輕聲細語感到愉悅；不過，在他人生裡，永樂此時的生殖能力是一個大問號。他有四子五女，都出生於1402年他成爲皇帝之前。他延續中國帝王納妾的傳統，不斷送年輕女孩到他的後宮，其中有許多是朝鮮人。當他從內廷回到乾清宮時，早就過了晚上十點三十分。

從年輕的時候開始，永樂睡前都會閱讀一些東西。在這個寂靜又鬱悶的夜晚，他看著鏡子裡自己的白髮，以及有點受損的體格，突然開始自忖，是否他應驗了他的命運。接著，他自言自語說：「是啊，

29.《明史》，卷7，本紀7，頁113；卷113，列傳1，頁3511。

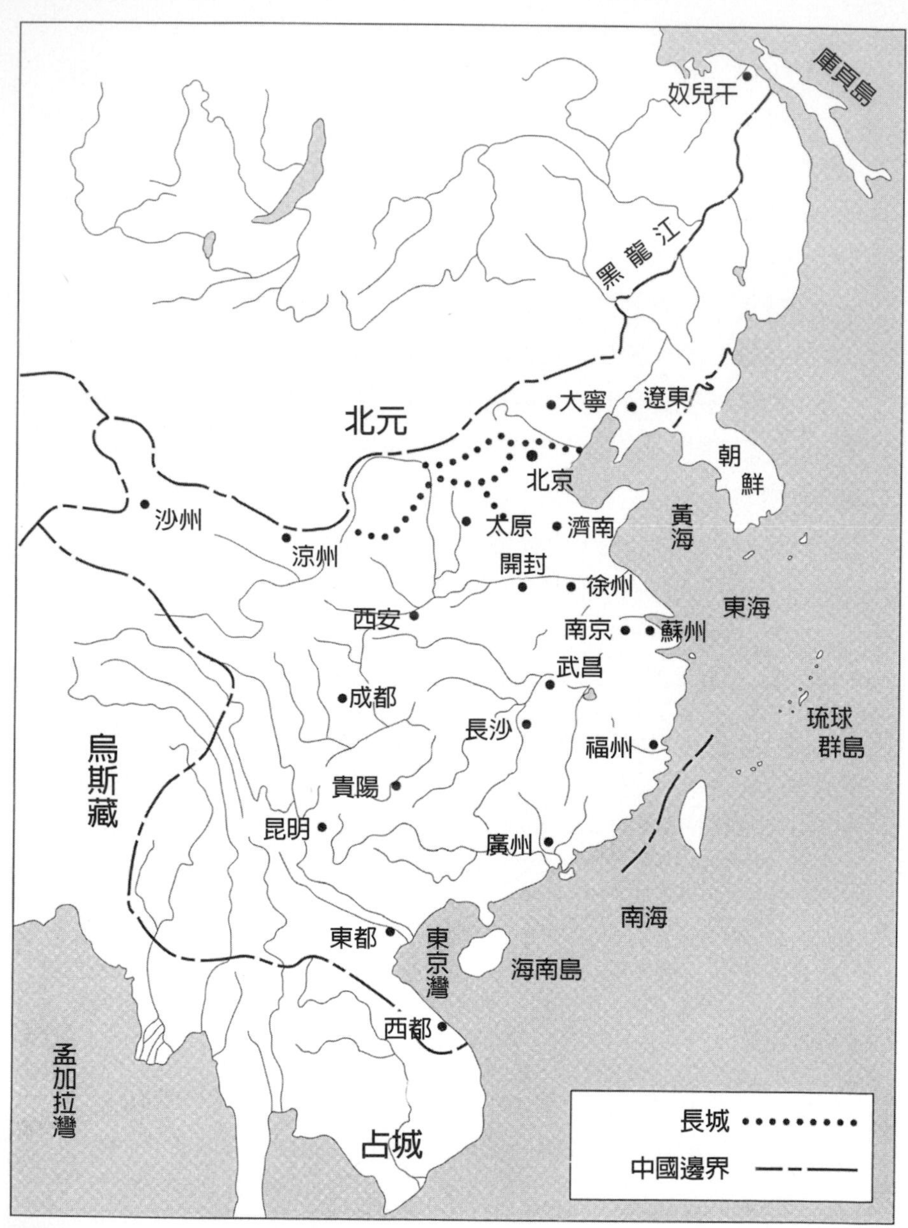

■圖1　1403-1424年，永樂的帝國。

我拯救了我父親的帝國！是啊，我對待侄子建文的作爲，爲了不受責難，我作了足夠的彌補。」然而，他最關切的是兩個問題：他的榮耀還持續多久呢？還有，未來的歷史學家會嚴厲批評他嗎[30]？因爲有著這樣的心情，永樂命令一位奉御淨人到皇史宬，找出他那本《易經》。他研讀這部聖書好長一陣子，接著決定卜個卦。有關大明的未來，卦象是屯，也即第三卦䷂，顯示植物怎樣面對困難奮鬥出土，逐漸從大地冒出來。標示出植物成長第一階段的這種困難，被用來象徵國家從脫序狀態中崛起，一直到逐漸步向長治久安的奮鬥[31]。此卦對他的家人和國家的意涵，永樂感到高興，不過，他想要爲他自己的人生和未來另外卜個卦時，他睡著了。幾分鐘以後，玄武門上的太監，打起了子夜鼓，但永樂的夢境隨機地送他去跟他的父親見面，景象裡有被廢的建文皇帝哭成血河，還有……

30.另一位著名的明清皇帝康熙(1662-1722在位)，亦關切他在中國歷史上的地位。儘管是相當受人讚賞的統治者之一，不過，他不總是成功，也不總是快樂。他在接近生命的盡頭時，是活在絕望中，而且他在1722年12月駕崩時並未能立儲。有關康熙的傳記，參見Spence, *Emperor of China.*

31.「屯」這個字通常是發ㄊㄨㄣˊ的音，但在《易經》裡，它是唸作ㄓㄨㄣ。更多有關這一卦的解釋，參見尚秉和，《周易尚氏學》，頁42-46。

第二章

成長的歲月

1360-1382

14世紀中葉，當英國人和法國人在百年戰爭交戰的早期階段時，中國各式各樣的叛亂領袖，帶領著不同規模的軍隊，希望推翻蒙古人的統治。1279年蒙古人征服了這個國家，但那時國家的財富，使他們流於腐敗驕惰。長江下游流域是叛亂活動的大本營，大多數艱苦、貧窮和節儉的漢人，想要擺脫異族的統治。出身安徽、名爲朱元璋的一位有天命之和尚，在造反者——包括走私鹽犯、船工、方士、巡迴的工匠，以及頑強的農民——之列。朱元璋結合了一個叫紅巾軍的非正統宗教團體，贏得了一次又一次的勝利，最後，他在1356年春天占領了南京及其周圍的區域[1]。四年後，他的四子朱棣在1360年5月2日出生。戰爭使中國農村地區的農民總數驟減，而朱棣——明朝未來的永樂皇帝——的身世，則蒙上了一層神秘色彩。這個時候，三十二歲的朱元璋納了各類的嬪妃。根據大明的官方記載，朱棣的生母是馬皇后(1332-1382)，她也爲朱元璋生了頭三位兒子——朱標(1355-1392)、朱樉(1356-1395)，和朱棡(1358-1398)——以及五子朱橚(1361-1425)。其他明代史料顯示，朱棣的母親很有可能是蒙古籍或朝鮮籍女子，這些外籍女子是他父親從蒙古親王後宮那裡，用武力奪過來的，單純是被當成洩慾的戰利品。另一方面，史家黎東方則堅

1.更多有關明朝崛起的討論，參見Dardess, "The Transformation of Messianic Revolt and the Founding of the Ming Dynasty," pp. 539-558.

決主張，記載此一傳說的《蒙古黃金史》並不可靠，因爲他的父親占領元朝京師時，朱棣已經九歲了[2]。

不管朱棣的生母是馬皇后、碽妃，還是其他人，他的父親找了最健康又合適的乳母，來照料朱棣和他的同父異母姊妹——未來的臨安公主——她也同在1360年出生。當朱棣一個月大的時候，首度剃髮，但他的父親在他七歲之前，還不會給他取真名。在命名典禮上，一名太監再次剃他的頭髮，將他的幾綹頭髮，放進一個特別的、製作精巧的貯藏袋。他的父親給他一雙麻製便鞋和一個旅行袋——象徵著節儉、勤奮和謙遜[3]。在他年幼生活的前幾個月，蒙古帝國正瀕臨瓦解，但朱棣住在南京，他的父親在此積聚了充足的儲備，而且沿著長江岸邊，在這座美麗城市的四周，築起了高牆。誠然，朱棣父親的大事業，進行得相當順利，他在1361年被擁爲吳國公。然而，直到1368年，農曆新年後的第四天，朱元璋才宣布明朝在南京建立[4]。朱棣參加了莊嚴冗長的加冕禮活動，包括向他的母親(新皇后)和他的長兄(新冊立的皇儲)叩頭。

於此際，他父親的軍隊繼續驅逐蒙古人，那時他們已經喪失了成吉思汗戰士的勇悍之風。1368年的夏天，在朱棣未來岳父徐達(1332-1385)的指揮下，明軍渡過了黃河，而且在秋天來臨以前，未遭到抵抗便占領元朝的京師。1368年9月10日，最後一位蒙古皇帝——妥懽帖木兒(順帝，1320-1370)——跟他的朝臣，騎馬逃到上都，當上都失陷時，他們就深入逃到蒙古。兩年後，妥懽帖木兒因痢疾，死

2.吳晗，〈明成祖生母考〉，頁631-646；Serruys, “A Manuscript Version of the Legend of the Mongol Ancestry of the Yung-lo Emperor,” pp. 19-61；黎東方，《細說明朝》，冊1，頁218；Goodrich and Fang, eds., *Dictionary of Ming Biography*, s.v. “Chu Ti”.

3.呂毖，《明宮史》，頁11。

4.Dreyer, “The Chi-shih of Yu Pen,” pp. 901-904.

於熱河西北的應昌。就在這一段時間裡，朱元璋將大都改名為北平，而他的兒子朱棣則在1402年，將其重新命名為北京。

成長於這樣無常的環境，朱棣很快就獲悉周遭人們的種種。他知道，父親於1328年10月21日，出生在濠州鍾離縣(今日的鳳陽)淮河沿岸的一個貧窮農民家庭。在安徽這個窮困、散亂又動盪的區域，當父親還是個小孩子的時候，就不得不當起了牧羊人和流動農場工人，但每天也僅得溫飽而已。因此，他的雙親必須將次子與三子給他人收養，也把年輕的女兒嫁掉。當朱元璋十七歲的時候，他的雙親與他的長兄死於瘟疫，在僧侶的照料下，朱元璋在皇覺寺當個見習的沙彌。他在那裡才五十二天，因為食物缺乏，寺院方丈必須讓他的所有弟子離開。朱元璋在鄰近市鎮乞食，度過貧困，直到1348年他回到相同的寺院。

在當和尚的新生活裡，他每日焚香、敲鼓和鐘、提水，為廚房揀拾材薪。但他也找時間學習怎樣讀寫。很幸運擁有很強的記憶力，而且勤奮不已，朱元璋很快就累積了相當數量的知識，也逐漸發展出良好的寫作風格。1352年2月，紅巾叛軍進入了鳳陽，而蒙古守軍棄城之前，便放火燒了皇覺寺。幾週以後——在1352年閏3月——朱元璋決心與紅巾軍共命運，開始從鳳陽吸收了大約七百名年輕人，加入反元的叛亂。所謂「鳳陽秘密組織」(一個秘密社會)的二十四位成員，包括徐達及湯和(1326-1395)，都在明朝的創建過程中扮演非常重要的角色。事實上，他們有幾位也成為朱棣的家庭教師。從朱元璋的戰友那裡，朱棣知道，他的父親是個非常辛勤的工人，作規劃和作決定都很迅速，不許他的軍隊殺害無辜的人，也不許搶劫平民。的確，年幼的朱棣對於此一事實感到驕傲：有強健身體和不屈不撓意志的父親，致力於解除老百姓的苦難，而且從未輸掉過任一場主要的戰役(洪武皇帝——人們如此稱呼朱元璋——僱用美術家來畫出幾場最艱辛

的戰役，讓他的兒子能夠從中學習)。

朱棣亦被告知，他的生母是未來的馬皇后，叛軍領袖郭子興(死於1355年)的養女，而他父親曾擔任他的護衛。她是叛軍陣營裡的一位強健女孩，能作兩人份的工作。她非凡的機敏和情感上的專一，吸引了朱元璋。儘管她必須忍受她鍾愛之丈夫的暴虐行爲，但他愛她，從未離棄她。朱棣的母親身體強健又精力充沛，當郭子興過世時，軍隊的指揮權轉到朱元璋手中，她便得盡革命領袖第一夫人的本分。朱棣感到困惑的是，這位宮殿的第一夫人，經常穿著粗劣的絲織衣物，她磨破的棉衣，縫補了一次又一次。事實上，朱棣自己的衣物洗過很多次，他的母親必須頻繁地用她自己的針線來補綴。而且每逢飢荒，她會拒絕吃葷，然而，她總是確保兒子們的食物美味又充足。她屢次告誡她的兒子們，摒棄要命的享樂需求，遠離惡習，還要同情窮人[5]。朱棣從這樣的家世裡汲取他的長處和足智多謀。就是在這樣的環境裡，他長大成爲一位高䠷、體魄健壯的年輕小伙子。無疑地，他的雙親成功灌輸這位青少年親王去除奢侈的念頭，而他的確也採取一種節儉和自律的生活方式，嚴格避免放縱的生活。很多年後，在他自己的著述裡，他經常史詩般地談到他的雙親在培養子女方面的成功[6]。

當他的父親在1368年登極爲大明王朝洪武皇帝時，朱棣大約十三歲的長兄朱標，被立爲皇儲。朱標似乎遺傳了馬皇后和藹仁慈的特性，總是親切對待年少的朱棣。他的哥哥朱棡，大約長朱棣三歲半，而朱棡才大他兩歲。當朱棣八歲大時，他的父親俘獲知名蒙古將軍擴廓帖木兒(王保保，死於1375年)的妹妹。爲了顯示他佩服擴廓帖木兒的勇氣和正直，他哥哥朱樉受洪武皇帝之命，在1371年10月15日，娶了這位有教養的蒙古公主。

5. 呂本等編，《明太宗寶訓》，卷1，頁1-2。
6. 《明太祖實錄》，卷147，頁7b，洪武15年8月。

在1370年代的那十年間，帝王的家人持續增長，朱棣不久便找到新的玩伴。他喜歡的玩伴，有妹妹寧國公主(1364-1434)，同父異母的弟弟朱榑(1364-1428)，尤其是他的弟弟朱橚。朱橚僅比朱棣小十五個月，在宮廷的年輕人之間，他們成爲好朋友。皇室兄弟姊妹之間不論何時有喧嘩，朱橚始終站在他這邊。雖然朱棣喜好箭術、騎馬和其他有體力需求的遊戲，但朱橚卻把大部分時間花在孵化，以及研究植物、花卉和藥草。朱橚後來成爲植物學和藥理學的專家，辨認出四百一十四種食用野生植物，而且出版了收錄多種藥方的書籍[7]。

他的父親一登極，就馬上爲皇室增添大約六十名太監，也開始大規模刷新位於南京中心的宮殿，以及京師城市的營建工程。1377年，朱棣十七歲的時候，南京有兩道城牆——磚塊的內牆和黏土泥漿的外牆。外牆長大約六十公里，有十八個門。內牆長超過三十公里，高介於十四到二十一米之間，被設計成一種難攻陷的屏障，有二十三座兵工廠隱藏其內。內牆圍繞的宮殿，有一座架在秦淮河之上的五龍橋。內牆的四個門——午門、東華門、西華門和玄武門——提供了這座京師城市的出入通道。

洪武皇帝賜予大約兩萬個富裕家庭榮譽，因他們歡心地將家人遷徙到南京，有助於新建立之京師的繁榮和擴充[8]。自從西元317年左右東晉在南京建立其朝廷以來，這座長江流域下游的城市，曾是六朝的京師，經常處在戲劇性事件、危機和恐慌之中，存在超過一千年了。它是一個財富中心，其絲綢和棉花工業享有盛譽。南京很快成爲一個全國的學問、天文學、數學和其他科學之中心，也是放蕩不羈的文人，以及隱士般的詩人和藝術家偏愛的地方。朱棣在南京開啓他的

7.後來，朱棣在位的前幾年，朱橚受到帝王的恩惠。

8.《明史》，卷40，志16，頁910；陳橋驛編，《中國歷史名城》，頁82-84。

表2.1　永樂皇帝的直系親屬

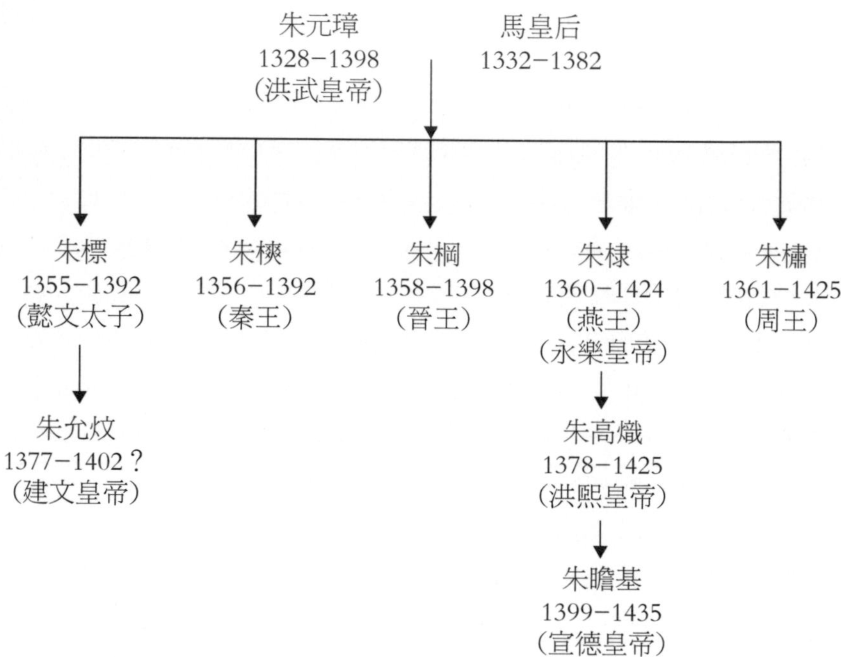

教育，發展他煽動主義(demagoguery)的基礎，還有長出了他的政治牙齒。

在爭鬥的歲月期間，朱元璋總是找出色人物與博學之士來當他的顧問，以及教導他的子女。他任命著名學者擔任政府中的高位，支持通過古典研究而獲得的智慧信條。有一位這樣的人叫宋濂(1310-1381)，他是浙江人，也是滿腹經綸的儒家學者。1362年，朱元璋還在跟他的敵人作生死的搏鬥時，宋濂已經就政府管理工作，爲未來的皇帝及其幕僚作講學。其他的主題之中，宋濂特別喜歡討論孔子《春秋》中的訓誡。當朱棣的長兄朱標大約十二歲時，這位個頭小、肥胖又親切的人，到內廷去教導太子經典、文學和歷史[9]。朱棣那時才七、八歲，大概剛學會千字文，背了少許《孝經》的段落。然而，依照慣例，在他父親的生日——10月21日——他和他的兄弟姊妹在皇帝面前，朗誦他們寫的祝壽詩。

後來，朱棣是他兄長的伴讀時，有機會去聆聽宋濂對四書的講解。他常被要求要寫出他對《大學》的評語，因該經典被認爲是治理智慧的精髓。在他成長歲月期間，除了宋濂之外，江蘇句容縣人孔克仁，也是朱棣的一位重要老師。孔克仁是個知識全面的文人，也是朱元璋智囊團中深受信賴的一員。他把經典看成是占卜書籍，而統治者應該從書中的政治和自然現象之後果，歸結出因果關係。孔克仁喜歡的主題，是漢朝(西元前206年至西元220年)的歷史，他經常評價漢朝兩位最偉大的皇帝，也就是其創建者漢高祖(劉邦，西元前206年至195年在位)以及漢武帝(西元前141年至87年在位)的功過[10]。多年後，當朱棣自己成爲皇帝時，他經常引用中國第一位皇帝秦始皇(西元前221年至210年在位)及漢武帝的人生，作爲教誨的範例。幸運的是，朱棣能夠避免這兩位皇帝從事巫術和服用長生不老藥的惡行[11]。這些偉大的歷史人物，教導他如何自我挑戰，如何使用政治權力的手段，尤其是如何控制他的意志力量。所有這些課程也都確保，朱棣擁有第一流的政治教育。

孔克仁亦教導朱元璋哲學和倫理的科目。朱元璋的性情多少有點嚴格，他相信，品格發展在教育中最爲重要。然而，什麼該納入品格教育，皇帝和皇后的想法並不相同。據說，有一次諸皇子之中，有一位因不專心而遭到家庭教師李希顏敲頭時，皇帝準備治家庭教師罪。

9.《明史》，卷128，列傳16，頁3785-3787。
10.《明史》，卷135，列傳23，頁3922-3923。
11.呂本等編，《明太宗寶訓》，卷1，頁16-17。

通常不干預政治的馬皇后，把他勸阻了下來。她說：「幾有使製錦而惡其翦者；夫曲謹，婦輩之愛也，而以責師傅可乎？」[12] 雖然如此，本性好鬥又詭計多端的朱棣，偶爾膽子大到作出魯莽的行爲，作出他父親認爲，在道德上不是值得效法的舉止。那種情況發生時，總是根據他犯錯的程度加以處罰。有一次，他的父親下令，將他禁閉在一間偏僻的鄉村農舍，沒有給任何的食物。在此一危境的期間，馬皇后秘密派遣她的僕人，送去食物和飲水，救了朱棣的性命[13]。有趣的是，後來在他的人生裡，朱棣總是將他「健全的」教養，歸因於他父親和母親的品格教育。沒有記載指出，他是否保留那雙麻製便鞋，以及在命名典禮上給他的旅行袋；不過，顯然朱棣的品格教育，教導他要自律、忍受艱難。

朱棣還不到十歲，洪武皇帝便規劃怎樣使帝國安全和持續。於是，在1370年4月22日，也就是朱棣十歲生日之前十天，皇帝冊封了八個藩國給他的八個兒子(除了幼年夭折的九子之外，洪武的第二到第十個兒子)。在冊封典禮的這一天，朱棣與其他受封的親王，一起在黎明到達奉天殿，從左丞相李善長(1314-1390)那裡接過金冊和金寶。金寶上有鑿著大字體的「燕王之寶」銘文。這個兩頁的金冊對他的藩國之性質，有一開創性的說明：

> 昔君天下者，必建屏翰，……。今命爾為燕王，永鎮北平，豈易事哉！朕起農民，與群雄並驅，艱苦百端，志在奉天地，享神祇。……今爾有國，當恪敬守禮，祀其宗社山川，謹兵衛，恤下民。……體朕訓言，尚其慎

12.《明史》，卷137，列傳25，頁3949；Goodrich and Fang, *Dictionary of Ming Biography*, p.1025.

13.大嶽山人，《建文皇帝事蹟備遺錄》，頁8。

之[14]！

洪武皇帝隨後任命宋濂在太子新建的宅邸裡，擔任太子贊善，並且宣布現在已是燕王的朱棣，也要跟他自己的家庭教師研讀。朱棣前往北平就藩時，他會有一座宮殿、文武官員，也有私人軍隊。然而，直到那時，他的第一位左相華雲龍(正二品)，以及他的第一位贊善高顯(從二品)，才成爲他在南京最早的良師益友。高顯教導了這位年幼親王四、五年，講解諸如灌溉、耕作與儒家經典之類的主題，以及解釋各朝各代的歷史。高顯協助改進這位年幼親王散文和詩詞的寫作，而且必須按規定，定期討論一本由傑出的翰林學士編輯、宋濂作序的小冊子。這本名爲《昭鑑錄》的小冊子，採摭漢唐以來藩王善惡可爲勸誡者，設定了一種道德的語氣。告誡大明親王，要堅定放棄他們的「縱恣」，教導他們成爲道德榜樣，如此一來國家因他們的功勳而不會有不光彩的事[15]。歷史範例教導朱棣怎樣分辨忠臣奸臣，怎樣賞罰他的部屬。因此，從幼年以來，他對忠誠給予高度評價。

華雲龍被任命爲燕王左相時，亦兼都督同知。1370年1月，大明全心北征蒙古人，而且在這一年結束以前，成功地將剩餘的韃靼人——那時處於一片混亂、走投無路和絕望的狀態——驅至長城的北方。華雲龍在1370年6月晉升爲淮安侯，而且在1371年2月初，總管北平及其鄰近地區，共計涵蓋八府、三十七州與一百三十六縣。朱棣受封采邑時不過十歲，直到華雲龍將其藩王府安置妥適，他才居住在北平府

14.龍文彬，《明會要》，卷13。亦參見商傳，《永樂皇帝》，頁6-7。有趣的是，把大權在握的永樂，跟其他兩位帝制晚期的帝王作比較：明朝第十三位皇帝萬曆，登極之時才十歲，而清皇帝康熙在祖母協助下，動手罷黜攝政者鰲拜之時，也才十三歲。

15.《明太祖實錄》，卷80，頁1b-2a，洪武6年3月。當萬曆皇帝與康熙皇帝受到密切看護時，這兩位年幼的帝王都有德高望重的家庭教師。

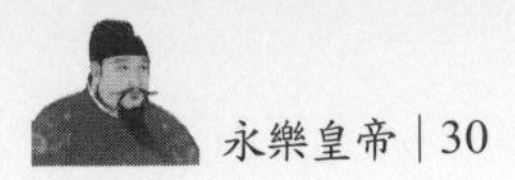

邸。華雲龍在北平時，占了元相脫脫的第宅，據說還僭用故元宮中物，1374年被召還，但卒於赴南京途中[16]。

在華雲龍過世和高顯解職之後，其他幾位優秀又有學問之士，包括費愚、丘廣、王務本與朱復，被僱請來教導燕王。費愚跟燕王的關係並不總是友好，朱棣不願給予費愚的孫子爵位便是證明。反之，朱復在1373年與1388年之間任職於燕王府，則時間較長又有重大意義。朱復在1370年接受了他的第一個政府職位，在國子監擔任助教，在那裡協助編纂《昭鑑錄》。1373年秋，他成爲燕王府的人員，而且很快地升到了總管。四年後，他被任命爲燕王的左長史，最後成了燕王信任的知己，直到他告老退休。朱復是個剛介又勤勉的人，在朱棣成長歲月期間，有著正面的影響。到了1416年，朱棣還記得這位年邁教師，而且追贈他爲北京行部尚書[17]。

儘管接受傑出學者和高潔家庭教師出色的綜合教育，但燕王總是認爲，軍事生活的訓練和刺激，遠比宮廷生活的乏味平靜，要來得更有吸引力。1374年初，他還未滿十四歲時，他首度參與所謂的「春天操演」。他穿著軍服，騎著他的馬，環繞靠近宮殿的一處軍營，經過七個閱兵臺的前方，最後，跟其他親王齊聚在一個營地，享用著特別料理過的獻祭羊肉和豬肉。此後，朱棣與他的兄弟定期地前往他們祖先的故鄉鳳陽，因爲這類的訓練，有助於強化他們在處理現實世界問題時的信心和能力。鳳陽位於淮河南岸，淮安與揚州的大運河西邊約四百里(兩百公里)，南京東邊約三百三十里(一百六十五公里)，它被建立成一個特別的行政單位叫作中都，署有五個州和十八縣，駐紮有

16.《明太祖實錄》，卷90，頁4a-4b，洪武7年6月。

17.同上，卷193，頁6a，洪武21年9月；《明太宗實錄》，卷159，頁2b-3a，永樂12年12月；卷177，頁3a-3b，14年6月。亦參見《明史》，卷155，列傳43，頁4253-4254；王世貞，《弇山堂別集》，卷71，頁20a。

八個衛所(每一衛有大略五千六百位士兵)，保護朱元璋祖墳和防衛這座城市[18]。

1376年初春，婚後僅一個月，朱棣首度奉命要前往那裡。離開他在南京十幾歲的妻子徐王妃(1362-1407)，朱棣跟他的兩位兄長——秦王(朱樉)與晉王(朱棡)——到鳳陽，從農曆二月的最後幾天到九月，在那裡待了七個月。他們生活在大雨大雪中，體會淮河流域的嚴峻形勢。他們參加軍隊——包括步兵團、騎兵部隊和砲兵部隊——的訓練，學習作戰的所有行爲準則。另外，朱棣通曉了火藥、槍砲、刀劍、矛、十字弓扳機、箭頭、彎刀等等[19]。這種軍事訓練教導他怎樣成爲領袖、怎樣運用權威，而且強化了他煽動主義的另外基礎——他對獨裁主義的偏愛，以及他對自己的信心。

兩年後朱棣回到鳳陽，這次是跟周王(朱橚，他的弟弟兼密友)以及兩位同父異母兄弟，楚王(朱楨，1364-1424)與齊王(朱榑)。這回他待了漫長的兩年，除了學習怎樣在作戰最前線指揮軍隊之外，他特別留心作戰的後勤學，諸如運輸、糧食供應，以及財源籌措。朱棣無疑地開始學到組織技巧，而他後來獲得的成功，部分來自於他充分利用可得資源的能力。在這段軍旅期間，他有時打扮成一般士兵，找機會跟農民閒談[20]。因爲走入現實世界，朱棣進一步領會，他父親所言的關於經歷長時間混亂仍待復原的人民：「百姓財力俱困，如初飛之鳥，不可拔其羽，新植之木，不可搖其根，在安養生息之而已。」[21]朱棣想起，那是他青年生活最快樂的日子，而他青年生活則活在自己

18.《明史》，卷40，志16，頁912。

19.《明太祖實錄》，卷71，頁5a，洪武5年正月；卷98，頁2a-2b，8年3月；卷104，頁4b，9年2月。

20.《明太祖實錄》，卷117，頁6a，洪武11年3月；卷122，頁1a，12年正月。

21.Chan, *The Glory and Fall of the Ming Dynasty*, p. 29.

的幻想世界。他經常詢問鄉村居民米、豬肉、蔬菜和其他日常必需品的價格，展現出平易近人的美德。每當情況允許的時候，他用他自己的大明寶鈔，向路邊小販購買新鮮的水果和堅果。大明寶鈔以五種面額流通。就像崇拜者所宣稱的，燕王在群眾之中，始終是個草民，是個一般士兵[22]。

他首度到鳳陽的旅次期間，朱棣妄自尊大地吩咐他的表哥李文忠將軍(1339-1384)，建造和重新裝飾他北平藩國的建築物。李文忠是洪武皇帝的外甥，也是養子，雖然在1372年慘遭擴廓帖木兒擊敗，但他那時還是負責北方的軍事事務。新的親王府之建造，通常必須遵循洪武皇帝擬定之「祖訓錄」的方針，不過，因爲北平恰巧是元朝京師，皇帝願意稍微放寬規定，允許燕王搬進蒙古皇帝的故宮。因此，燕王擁有的宮殿，比起他的兄弟在西安、太原、開封和其他地方的宮殿，要來得大且有較好的防禦工事。事實上，他的一些兄弟，沒有那麼幸運，必須居住在寺廟或縣府辦公室。然而，由於黃色是中國帝王的象徵，李文忠將軍必須將宮殿屋瓦的顏色，由黃色改爲綠色。另外，他強化了城牆和宮門的防禦性能。這座城市的防禦工事構築得如此之好，以至於李文忠將軍的兒子李景隆(死於1421年)，在1399年帶領朝廷軍隊討伐造反的燕王時，他的軍隊甚至無法通過北平城牆[23]。

燕王在1380年住進北平藩邸之前，必須完成另一件極爲重要的義務，也就是迎娶父親爲他挑選的合適配偶，而這位年輕女子乃是徐達的長女。徐達是洪武皇帝的戰友，在明朝初期的軍事指揮官之中排名第一。徐王妃是個有聰明才智、堅強意志和精力旺盛的女子，比燕王小兩歲，兩人可能十三、四歲就訂婚。對於皇室或貴族的婚姻而言，這並不是不尋常的；依照當代對心理和品德發展的想法，一般接受的

22.《明太宗實錄》，卷24，頁6a，永樂元年10月。
23.王璞子，〈燕王府與紫禁城〉，頁74。

法定成年年齡是，女性十三歲，男性十五歲(中國人的嬰孩一出生就算一歲)。直到以後，女性到達十五歲和男性十七歲的青春期，這樣的婚姻才會洞房完婚。

在1376年早期，燕王與徐王妃的聯姻顯然是一樁政治婚姻，意在進一步鞏固兩個家庭之間的結盟。事實上，徐達另外兩位女兒，嫁給了洪武皇帝的第十三子和第二十二子。雖然如此，這對年輕的皇室夫妻，似乎相互愛戀對方，共享著往後三十一年的歡喜和悲傷。兩年後，1378年8月16日，他們共享的第一個喜悅是長子高熾的出生，1380年次子高煦隨後出生。

就在這些快樂的日子之中，這對年輕夫婦和他們的幼子全家，被派遣前往他們的北平宅邸，此時燕王得知，他的父親剛剛打破反叛大明王朝的陰謀。此次陰謀的領袖，是相當傲慢又經常橫衝直撞的宰相胡惟庸(死於1380年)，他爲洪武皇帝效命很長的時間了。爲了抑制胡惟庸不斷增長的權力，洪武不僅捏造了這個人的罪狀，也捏造了幾千名跟他有牽連之資深官員的罪名。作爲指證所謂罪犯的證據，不是皇帝假造就是虛構，胡惟庸及另外一萬五千餘人，在1380年2月被處死。詭計多端的皇帝所捲起的這場政治風暴，震驚了明廷的每個人，包括將領和翰林學士。他對官員的不信任，似乎跟他對無辜人命的藐視十分相似。雖然如此，對於怎樣運用造假的政治陰謀來維繫其獨裁權力，給了燕王一個很大的政治教訓。他亦得知，他的父親下令廢除丞相之職和大都督府。從那時開始，政府的運作，由六部與五軍都督府執行，其首長都直接聽命於皇帝。儘管燕王還不到二十歲，但他已經見證了許多野蠻例子，無疑相當熟悉權力遊戲。他從中吸收了什麼，在他的心理大部分還不明朗，有待十年後變成明確的決定。

當黃色紫色的野花星羅棋布於南京鍾山(今日紫金山)的山麓時，華北平原上的最後雪蹤，幾乎消逝無影了。就在1380年初春，年僅二十的燕王，告別了洪武皇帝和馬皇后，在皇家的祝福聲中，他和家人啓程到北平。燕王了解，從那時開始，除非有特別的理由或緊急狀況，不然他跟兄弟只能偶爾見面，不過，他必須按規定，每年到南京覲見父親一次。享有歲祿大約五萬石(約略三十公噸)米，加上各種布匹、食鹽、茶，以及由他處置的草料，還有三個由他指揮的藩國衛所，跟權力有約的燕王，如今走上一條道路，這條道路變化無常地引領他成爲中國歷史上最卓越的君主之一。實現上天意圖的命運，安排他到戰略上相當重要的領域北平，而且最終也給了他獲得最高權力的方法。

在五千七百餘名藩國衛所士兵的護衛下，皇室的隨行人員在大運河沿途的一個重要碼頭揚州，作了第一次的停泊。考慮到殘餘的海盜在海岸的非法交易，以及山東岬角的危險，皇家一行人依靠著船隻，將他們和家庭貨物，從揚州載運到淮安，隨後使用馬車和馬匹到達了山東濟寧。這趟旅程中的這一段，如此辛苦又危險，以至於燕王登極之後幾年，他就下令建造會通河，便利跨越黃河的北河道，加快運往北平的貨物運輸。皇家一行人緩慢地沿著山東的西部高地行進，最後抵達了大運河的北段。他們往北繼續前進到白河，在沿著通惠河航行八十一公里之前，在通州作了停泊[24]。當他們抵達北平城牆的時候，燕王的岳父徐達將軍，在那裡等著他們。1381年，徐達受命爲征虜大將軍，而且下一個四年，這位未受過教育、安靜但又超群的戰略家，將他的女婿置於麾下，訓練他成爲一流的陸軍元帥。不過，每個冬天徐達仍奉命返回南京，探望他住在京師作爲洪武皇帝人質的家人。

晚近的戰事和橫征暴斂，迫使北方邊境的農民變成了殺人犯、打劫者和盜匪。1368年初秋，當徐達將軍開始占領蒙古的大都時，他的

24.有關大運河的討論，參見Ray Huang, “ The Grand Canal during the Ming Dynasty”.

軍隊毫不鬆懈地建立起新的管理部門。他發現，這座城市的安全體系弱點過多。尤其，因爲第6世紀以降，長城不再是個有效的屏障，很容易就遭致北方入侵者的攻擊。因此，徐達將軍決定，在有時間和資源重建城牆，使其成爲一個有效的防禦工事之前，他在居庸關(最靠近長城的關口)與最近重新命名爲北平的城市之間，需要一個更大的緩衝區域。由於有這樣的戰略考量，他將城牆南移，使它更小、更能防禦，從而破壞了其原先的對稱，也在這座舊蒙古城市的北面留下一大片空地。他隨後建造了環繞北平北方區域的新城牆，只有兩個通道口——安定門和德勝門——清楚表明，大明的新天命與新紀元開啓了。東西兩邊的城牆大大地加強。1419年，朱棣將南牆更往南移[25]。不過，戰爭、瘟疫、飢荒，以及伴隨而來的社會脫序所產生的毀壞，造成一種令人吃驚的現象：北平的人口在1350年代和1360年代大幅減少。例如，在1358年與1359年之間，接近百萬人死於疾病和饑饉。十一個城門各自的門外，超過一萬具屍體躺在那裡無人聞問[26]。的確，早在徐達將軍抵達那裡之前，馬可波羅(Marco Polo)在他《東遊記》(*Travels*)裡所浮誇描述的這座氣勢宏偉城市已不復見。

當燕王抵達蒙古舊都的時候，十二年過去了，儘管中國北方尚未從民生凋敝中全盤恢復，不過，北平大都會經濟衰退的核心，重新恢復一些人口，重新獲得生氣，甚至雄偉壯觀。除了幾十萬大明軍隊駐紮於這個地區之外，大批政府員工不斷補進新設的辦公室，而且來自全國各地的一大批工匠和工人，還在修護這座城市。最迫切的問題是食物供給和每日必需品，需要滿足這一人口激增之城市的需求。一些農田得到開墾，而農民、士兵，甚至囚犯，被強制參與農業生產，政府則提供他們種籽、牛隻、農具，還有稅收減免。於此際，政府鼓勵

25.北京大學歷史系編，《北京史》，頁207-209。
26.同上，頁126。

商人運米糧到這個區域，但不是付給他們寶鈔，而是由戶部發給他們買賣鹽的執照。商人從指定的鹽田裡取得食鹽，販售到市場獲得暴利。政府亦重新開放沿海的運貨，以便將米糧運至渤海灣，但由於天氣不可預測，加上海盜死灰復燃，這類的營運經常遭受嚴重的損失。在此時刻，燕王了解，爲了供應北平不斷成長之人口糧食，他至少每年需要從中國南方，運來六百五十百萬石的米糧[27]。

燕王和他的家人在這座重整的宮殿定居後不久，遭遇到文化與軍事兩者的管理問題，這在他年少的經歷裡，是從未面臨過的。舉例來說，蒙古習俗在北平仍舊清楚可見，而蒙古語文仍舊通行，且在官方公文中跟漢文並置。他留意到，他的父親禁止了一些蒙古習俗和風尙，下令百姓恢復蒙古入侵之前的穿著，不再使用普遍的蒙古姓名。燕王發現，要立刻執行這些命令有困難，因爲他確信，新社會要有深刻改變，需要一些時間。幸運的是，他的周遭是剛正、有高度才能之士，他們建議他開放密封的蒙古「皇室」藏書和名作選集，保留一些被留在那裡照顧宮女的蒙古籍太監。燕王私下操練他的護衛軍隊，將他們部署在不同的管轄區域。他亦成爲傅友德將軍(死於1394年)的侍從武官。傅將軍是一位極有膽量、相當能幹的指揮官。追溯傅友德從他在安徽的卑微出身，一躍而成顯赫陸軍元帥的途徑，就會看出朱元璋賞識人才和獎賞忠誠奴僕的訣竅。在一個接一個霸主——其中有幾位是朱元璋最難對付之敵手——的麾下效命之後，傅友德在1361年向朱元璋投誠。1371年，在四川的輝煌戰役之後，傅友德封侯，當燕王在1380年見到他時，他擔任徐達的副將，訓練軍隊，指揮邊界巡邏部隊，而且也監督長城沿線之防禦工事的建造。然而，他作爲機靈的戰場戰術家之專家意見，會使他最新的門徒燕王受益[28]。

27.北京大學歷史系編，《北京史》，頁447。
28.《明史》，卷129，列傳17，頁3801-3803。

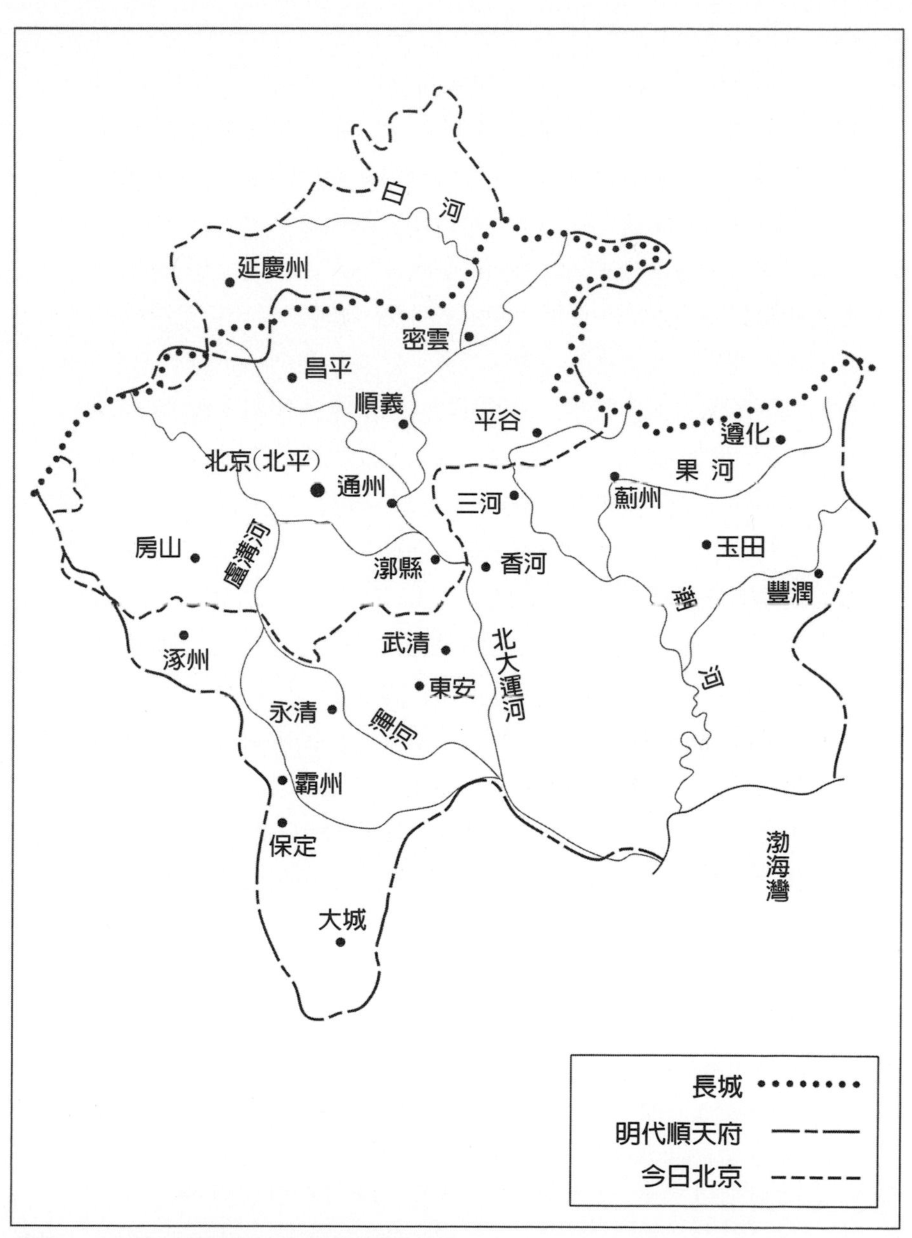

■圖2　永樂在位期間北京及其鄰近地區

馬其頓亞歷山大大帝(Alexander the Great)接過他父親的指揮權，最後建造出一個大帝國時，他才二十一歲。燕王接受戰地洗禮，學習怎樣在北方區域操縱權力槓桿時，也是相同的年紀；他開始了一趟旅程，而這趟旅程就在二十一年後讓他取得皇位[29]。1381年，他的岳父與傅友德將軍帶領他，跟乃兒不花領導之蒙古殘餘部隊交戰。燕王的初體驗是成功的，因爲大明軍隊獲勝。雖然乃兒不花脫逃了，但大明軍隊還是俘獲大量的俘虜和牲畜。當燕王在中國北方不毛的、褐色的荒原跟蒙古人作戰時，他學習如何蒐集敵人情報，尋找蹄印和馬糞，以及仔細檢查北行的陸路跋涉中，他能找到的每一口井和動物屍體。最重要的是，他從兩位導師那裡學到的重要功課，有謹慎、跟士卒同甘共苦，以及將敬重和忠誠灌輸給他的部屬[30]。這回的初次戰役，鼓舞著燕王運動機能亢進的人生。

燕王還來不及對他的第一次軍事戰役作總結，就要告別導師傅友德將軍，因爲1381年秋，傅將軍奉命在雲南——那時還是蒙古殘餘勢力的前哨地——指揮一支三十萬人的軍隊。往後幾個月之間，燕王藉由這類的活動，諸如前往欣賞北平北邊兩條龍形的天壽山；走在宜人的北海海灘；以及觀察幾條跟大運河連接的河流，使自己熟悉藩國領域。後來，他出遊到山海關，這是座落在山脈與大海之間的一座堡壘，長城在此入海。他亦檢查易受攻擊的市鎮、堡壘、圍場、碼頭、關口、柵欄，以及需要持續警戒的其他北平戰略地點。從岳父那裡，他得知防衛這些地方需要多少軍隊，以及怎樣從附近的衛所輪流分派軍隊。在這趟觀察學習之旅後，燕王確信，大明政府能完成他轄下的守備防禦工事之前，還缺少兩種因素：至少十七個衛所的徵募和訓

29.亞歷山大與永樂之間最明顯的類似之處是，他們愛好榮耀和擴張。參見Michael Wood, *In the Footsteps of Alexander the Great*, PBS電視紀錄片，1998年5月5日。

30.呂本等編，《明太宗寶訓》，卷1，頁54-55；卷2，頁134-135。

練，總數超過十萬人，以及在八達嶺(北平西北大約七十公里)一座新牆的建造，以便大明指揮官能爲騎兵部隊和步兵團的配置，更新烽火臺和新設施。

當燕王在北平成長茁壯時，才剛慶祝五十歲生日的母親馬皇后，卻在1382年9月過世了。整個家庭立即籠罩在悲痛，尤其是徐王妃，她住在南京時對婆婆甚爲孝順。儘管每一位皇族成員都穿傳統喪服三年，但徐王妃同時還吃全素，遵循跟她佛教背景相符的一種慣例。這對皇室夫婦不久就南下安慰皇帝。皇帝中止了朝廷業務，因失去他的妻子和最信任的顧問而傷心不已。燕王隨後得知，他的父親選擇南京東北海平面上四百四十八米的鍾山南麓，作爲皇后的埋葬地點。

10月31日，也正是她死後的第四十四天，一輛精巧裝飾的馬車載著皇后的靈柩，先通過玄武門，隨後環行麻雀湖，朝北從大金門轉到她最後安息的地方。矗立在鍾山上的林木，以紅色和金色拋過光，大自然向這位受人鍾愛的皇后告別。她埋葬在孝陵，由特殊軍隊嚴密守衛著。太監每天輪流點香和蠟燭，確保陵墓中的香火不斷。在馬皇后逝世的周年紀念上，穿著罩衫的太監，服喪和祈求四十九天。爲了減輕悲痛，燕王回憶起母親始終教導他不要輕率行動。關於他的個性，尤其他自我調適的強度，似乎遺傳、學習自母親受攻擊時保持冷靜的特性。二十餘年後，亦即他登極爲皇帝之後不久，永樂下令尊諡他的母親爲孝慈高皇后。他亦敕令著名的翰林學士解縉(1369-1415)，爲他母親寫了一篇熱情洋溢的傳文[31]。

31　《明史》，卷113，列傳1，頁3508。

第三章

等待的歲月

1382-1398

朱棣爲母親守喪的三年期間，作爲其未來的政府所要依靠之基礎的大明法律、制度、對外政策，以及行政慣例，發生了很多的變動。舉例來說，在1381年頒布了黃冊——其記載了家庭成員人數、居住地和傜役。1382年，廢除了里長，他們的功能被移轉到里甲制，藉由里甲制將農戶組織成相互負擔稅賦的團體(然而，三年後重新設置了有原先職責的里長)[1]。在同一年間，來自爪哇的一個朝貢使節團，帶了七萬五千斤(大約4.6公噸；一斤等於604.53克)的胡椒粉到南京，兩年後，朝鮮送了兩千匹馬給明廷。不過，因爲日本海盜持續劫掠沿海市鎮，中國與日本之間的關係中斷了。洪武皇帝在1384年恢復了科舉考試，1385年開始，每三年舉行一次會試[2]。1384年，皇帝增設了太監管理的機構司禮監，其職責爲「掌宮廷禮儀：凡正旦、冬至等節，命婦朝賀等禮，則掌其班位儀注，乃糾察內官人員違犯禮法者」。在一則給禮部的具有高度刺探性的指令中，皇帝亦禁止中官跟文職官員通信[3]。

燕王在1382年1月亦得知，他的導師征南將軍傅友德平定了昆

1.《大明會典》，1587年萬曆重修版，卷1，頁17、19-20。亦參見Ho, *Studies on the Population of China*, pp. 2-23；以及Ray Huang, *Taxation and Governmental Finance in Sixteenth-Century Ming China*, pp. 32-63.

2.羅侖，〈明代的鄉試、會試與殿試〉，頁76-81。

3.Tsai, *Eunuchs in the Ming Dynasty*, pp. 30-31.

明，而蒙古的雲南統治者達里麻自殺身亡。更好的是，1384年初，雲南和貴州的戰役宣告結束，征南將軍傅友德封公，歲祿米糧三千石。但相當悲痛的是，燕王的岳父在北平指揮軍隊時患了病。1385年4月17日，征虜大將軍徐達最後不敵疾病，死於南京，享年五十三歲。然而，由於對明朝開國有偉大貢獻，他被葬在鍾山北麓的附葬墓陵。發自內心悲痛的徐王妃，爲她父親的過世另外守喪三年，附帶吃素一千多天。1385年，征南將軍傅友德來到北平，接收徐達死後留下的軍事指揮空缺[4]。然而，在某些方面燕王家族的人生是幸運的，因爲就在此時，傅友德帶來了一位那時才十四歲的去勢穆斯林男孩馬和（1371-1433），而且一如往常對去勢戰俘的處置，把他送給了燕王。

馬和出生於雲南昆陽州，但他的祖先來自中亞，隨忽必烈汗的軍隊征戰雲南。儘管他的六世祖先賽典赤・贍思丁，在1274年成爲雲南省平章政事，不過，這個家族後來遭到了不幸。馬和的父親在1382年死於懲罰雲南的戰爭，而馬和十一歲遭受腐刑，作爲戰俘被送進了征南將軍傅友德的營地。馬和有偉大的人格，而且他的手腳長得格外的長，使他在藩王府邸的其他閹侍裡顯得相當突出。他有好奇又活潑的心靈。他的聲音明亮，他的黑眼溫柔又端莊；這些都是贏得燕王青睞的特徵。當馬和變成熟時，他成了燕王的一位得力助手，也是一位熟練的軍事戰略家。他很輕易就與宦官同僚建立密切聯繫，而且對燕王展現出百折不撓的忠誠[5]。登極後的燕王把馬和的名字改爲鄭和，敕令他帶領了六次非凡的海上遠征軍到東南亞和印度洋。

當傅友德接收了北平守備部隊的戰場指揮時，他有十七個衛所，十三萬一千餘人，而全國的兵力則超過一百萬。北平守備部隊是1376年設置的三個額外軍都督府的其中一個，其戰場指揮官，諸如傅友德

4.徐道鄰，〈宋濂與徐達之死〉，頁56-58。
5.中國航海史研究會編，《鄭和家世資料》，頁2-5。

與徐達，都是特別指派，而且直接對皇帝負責。這些軍隊中也有三十個特別衛所——略低於全部的10%——由洪武皇帝之子節制，而親王封地則戰略性地打散，主要分布於南京的北方和西方。無疑地，大明的軍事布局意在確保皇帝及其家人的最高地位持續不變。雖然如此，由於皇帝努力維持中心與邊陲之間的平衡，這些安排亦反映了此類軍事組織相當不牢靠。在此一龐大的軍事地理體系內，直接由皇帝控制的軍隊，始終比任何類似的區域軍力聯合體要來得強大。然而，一位控制不住之藩王的造反，就會造成這樣的體系失靈。莎士比亞(Shakespeare)的名句「戴皇冠者，寢不安席」，不僅適用於英格蘭的亨利四世，而且也適用於明代的洪武皇帝，因爲他一直活在焦慮和恐懼之中。經歷1380年的整肅胡惟庸，以及五年後的後續整肅行動，大明的軍事機構提供了幾個層次的防備，防止陰謀活動。五軍都督府統合所有的衛所和千戶所，管理所有的軍籍。每一都督府，由未正式規定人數的都督(正一品)、都督同知(從一品)和都督僉事(正二品)負責。雖然軍都督掌控軍隊用兵上的方向，監督專業的軍事管理事宜，但南京一位正二品尚書和兩位正三品左右侍郎所負責的兵部，擬定基本的戰略，掌控人員、補給，以及軍隊動員。質言之，都督僅執行兵部的命令和政策，在戰場上領導軍隊。當有戰事的時候，依皇帝的命令從不同衛所單位調動軍隊，且從五軍都督府裡挑選指揮官來領導他們。在征伐期間，指揮官的家人必須留在京師作人質，擔保指揮官的歸來。一旦戰爭結束，軍隊就回到他們各自的衛所區域，將領則交回佩印。因此，此一體系預防指揮官建立私人黨羽，或掌控會成爲其權力地盤的地區。

然而，當洪武皇帝不斷地修訂和調整「祖訓」時，京師與藩國之間的平衡舉動，就變得有點微妙，因爲「祖訓」爲其封王建藩的制度，提供了一種基本的政策指導，詳細解釋管理親王行爲和薪俸的規章。洪武皇帝建立了一條藩國鎖鍊，要求他的兒子協助鞏固朱家的統治，預防朝臣的篡位，以及抗衡都尉的權力。不過，洪武皇帝愈是被防衛措施的問題所困擾，他就愈了解其封建體系的弱點。從漢朝和唐朝——兩者皆因手足相殘的悲劇而遭受破壞——的皇位繼承歷史裡，他學習到，每一個新的君主統治時期，都是一個新的紀元；帝王子孫之間總是有一種嚴重分裂的危險傾向。

由於他習慣性地擔憂顛覆行動，洪武皇帝試圖要監控、抑制藩國威脅朝廷的能力。因此，1380年冬，燕王在新居安頓下來正好七個月，洪武皇帝便第三度修訂他的「祖訓」。根據新的規章，燕王不能再保有文武參贊，改由兩名低階行政官員——一名正五品資格較老的成員和一名從五品資格較淺的成員——來協助他，而這兩者都由朝廷派遣。

至少在書面形式上，新規章似乎限制親王的權力，約束他的活動。他每年到京師的朝覲依舊如昔，不過，他抵達南京的日子，根據他的輩份——他的年紀，加上他母親的身分地位——來安排，以便防止他在朝覲期間，會見他其他的兄弟。他只有每三、五年，或者，有些情況下十年，才能見其他親王一次。他在京師不能停留超過十天，而且出席朝廷大臣或姻親舉行之宴會時不許吃喝。他停留在京師的期間，朝廷不會提供飲食；出席帝王盛宴時，親王必須自備食物。親王回去他的王府時，必須留他的兒子在南京，以確保他在起兵反叛皇帝之前會三思[6]。

新的祖訓亦取消了先前賦予藩國的一些特權。舉例來說，藩國護衛軍隊現在由兵部管理，藩王不許討好地方指揮官，或者，與他們的軍隊來往。在招募新的軍事人員之後，不論是臨時性或世襲性職位，藩王都必須呈遞名單給朝廷批准。如果朝廷希望調任或再任命藩國的

6.朱元璋，《明朝開國文獻》，頁1716-1719、1744-1745。

僚屬，那麼藩王須立即遵守此一要求。在藩國內部，藩王禁止僱請「投機取巧的野心家、自作聰明的人，或政治評論家」，他也不許接收這類人的訴請。在轄區內部，如果有非凡知識和能力的傑出人士，藩王不能留用這些有品德的人，而要直接送他們到皇帝宮廷效勞。藩王皆不許在他的軍隊裡收容不法者或亡命者。在藩國及其鄰近區域，所有地方政府的知縣和官員，皆由朝廷任命，而藩王不得干涉地方的施政。不必說，管控政府資金、糧食和訴訟的職權，完全歸屬這些朝廷指派的官員。如果藩王府邸需要勞工或其他勞務，那麼藩王僅能夠要求政府機關提供給他，他不許爲營造計畫找他自己的工人。最有趣的是，祖訓亦明確說明，從農曆4月直到9月，藩王不許出塞打獵或軍事演習，以免遭遇蒙古的劫掠者[7]。

不過，新的「祖訓」實際上給了燕王在封地裡有許多自由活動的餘地。他的地位和威信依舊高貴，幾乎等同於太子。皇帝給親王的所有信件，必須蓋上一枚叫皇帝親親之寶的特別國璽，否則不具法律約束力。當特別的朝廷使節抵達藩國——爲了公事或僅僅路過——的時候，他必須向藩王參拜四次。甚至公爵和將領在端坐的親王之前，也必須執行這種叩頭的封建形式。一個月兩次，初一和十五，所有的地方行政官員——包括布政使、都指揮使、衛兵司令、知州、知府與知縣——必須參加預定的王府會議，向他叩頭。藩王每逢有正事要跟這些官員討論時，也可召集他們[8]。

再者，親王派到朝廷的使者，帶著特別的通行證和象牙牌，在顏

7.同上，頁1614-1617、1657-1659。有關洪武「祖訓」的轉變、大戒律、百姓的指示牌，以及大明律的內容，參見Farmer, *Zhu Yuanzhang and Early Ming Legislation*, pp. 114-229.

8.更多有關大明親王之權利和義務的討論，參見黃彰健，〈論皇明祖訓錄所記明初宦官制度〉，《中央研究院歷史語言研究所集刊》，第32本(1960)，頁119-137。

色光亮的藩國旗幟下前進；他不必經由例行檢查站通關，或者，向任何政府機關諸如禮部報告。他准許直接見皇上。除非皇帝下令，不然任何膽敢攔阻王府使者的人，會遭指控謀反。事實上，使者一行人一抵達午門，那裡的守衛必須立即通知值班太監。一小群穿著錦衣袍的司禮監太監，馬上小步疾跑，恭迎使者，引領他進內廷。如果值班人員，不論守衛或太監，未能迅速向皇上傳遞王府信差抵達的消息，那麼他們會遭指控謀反。於是，詭計多端又無情的親王，總是能夠運用他的地位和威信，擺平他討厭的朝臣，獲取他能信任之朝臣的忠誠[9]。

所有皇室宗親的紀錄——包含出生、死亡、婚姻、譜牒和諡號的訊息——由宗人府掌管。當皇親國戚違反了大明祖訓或犯了罪，宗人府幾乎都是提交給皇帝，而皇帝反過來派他信任的太監和司法大臣，去查明事情的真相。然而，實務上要使親王受審是極端困難的。原因是，如果調查證明對於親王的指控是錯誤的，不論原告是御史或平民都會被處死，而他的家人則流放到邊境。這類的懲罰帶著威脅，警告任何膽敢報告親王不端行爲的人，可真要冒自己性命危險。縱令調查導致親王被起訴，依照大明的習俗，親王的家庭教師或參贊會受罰。理由是，親王的行爲大半依靠他老師和總管的建議。偶爾，兩位親王相互提出指控；在這類的情況下，皇帝通常選擇私下嚴責親王，但也總是會以竹棍，將他們的許多參贊和共事者杖一百下。僅有在極爲罕見的情況，諸如謀害親屬，親王才會被奪去貴族頭銜，不准戴帽子、繫腰帶，禁閉在鳳陽的一間特殊監獄[10]。

先前，藩王的軍事指揮權，由他正二品的左相掌握，而且他的舉

9.《明史》，卷116，列傳4，頁3557。
10.《明史》，卷72，志48，頁1730；卷175，列傳5，頁3580-3582；朱元璋，《明朝開國文獻》，頁1714-1716。

動受到文職家庭教師密切監視，但現在他享有更多的自由，有更多的餘地經營他自己的藩國。他所有的僚屬之中，只有兩位王府行政官員，加上地方鎮守和護衛指揮官，是由朝廷派任。藩王因而能夠指派他其餘的文武雇員，包括職位經常成爲世襲的千戶所和百戶所。王府行政官員是帝王耳目，意在密切窺探親王的行爲，不過，由於位階很低，他們在藩王府裡，變成不起作用的帝王耳目，經常甘於傳送公文，處理食物、娛樂、醫藥和生日之類的例行事務[11]。他們當然不是權力的競賽者，而只是政策的苦差。

在新「祖訓」的方針下，燕王提出了有關他自己封地之規定、習俗和法律的章程。他下令，文武僚屬每天早上到他的辦公室，提醒他們，他對自己雇員和軍隊的生死，以及升遷和降級，有最高的權力。他亦清楚說明，他領地內的所有居民，要服從他的號令，御史和北平按察司的官員，不能干預他的人事和司法事務。他進一步頒布命令，每當有各種勞務或進行營建工程，他的僚屬應適時支付給工匠和工人所有應計的開銷[12]。正是在這樣的情況下，燕王開始發展他尚未成熟的管理技巧，將他的影響力擴展到蒙古人還占了人口三分之一的周圍區域。他有機會失了足，又重獲平衡，從錯誤中學習。僅僅很短的時間，他就跟北平的一些最有才幹的人，建立起一張牢固的關係網。華特・史考特爵士(Sir Walter Scott)這麼說：「當我們開始欺騙，就爲自己編製了複雜的網羅！」在他的網絡裡，協助他編謊的那個人，是傳奇的僧人道衍。

道衍，原名姚廣孝，1335年生於蘇州一個懸壺濟世的家庭。他的身體有點畸形，「目三角，形如病虎」。但他的私人生活不同於他怪誕的外表。他年十四歲便進了寺院，十八歲剃髮爲僧。除了儒家經典

11.《明史》，卷75，志51，職官4，頁1837-1838。
12.朱元璋，《明朝開國文獻》，頁1703、1744-1745。

之外，他研讀兵法、陰陽術數和《易經》；他也是著名的詩人和書法家，致力於學問、辛勤工作，以及獲取淵博知識，以超脫出肉體的誘惑。由於他的多才多藝，布政使、朝臣與將領的各項事情，從其職責的有形資源和思想對策，到自己的政治前途，都諂媚地向他請教。據說，這位怪和尚鐵口直斷，誰能成就「偉大」事業。不久，他就變成一位在社會上受人崇拜的人物。

1382年，在馬皇后的喪禮儀式上，道衍——被找來誦經薦福的其中一位高僧——第一次見到燕王。據信，閒談之間這位怪和尚告訴燕王，他要給他一頂白帽。在中文裡，如果「白」字加到「王」字的上頭，就成了另一個字「皇」。換句話說，膽敢戴白帽的親王，有朝一日會變成中國的皇帝。據傳聞，皇帝在妻子臨終之時向她透露，他偏愛燕王作爲皇儲，勝過長子朱標[13]。誹謗燕王的人堅稱，根本沒有這回事，故事是由道衍之流對王位繼承有興趣之人杜撰出來的。根據傳聞，皇帝與燕王之間在馬皇后葬禮有一些爭執，不過，當燕王要求把道衍給他的王府當宗教顧問時，皇帝並沒有反對[14]。

到了1382年11月時，道衍抵達了北平，住持慶壽寺。這一歷史性神龕，最初在12世紀由女真人建造，而且經蒙古人多次重新粉刷。它有兩座磚造寶塔，一座九層樓，另一座七層，是北平的佛教禮拜中心。不久，燕王正式地歡迎道衍的加入，成爲其智囊團的最新成員。親王與和尚之間有著意氣相投的心思，他們經常長談到夜晚。幾年後，道衍安排了一位算命師，建議燕王鬍鬚長過他的肚臍，就開始反叛行動[15]。在燕王登極之後，他兩度任命道衍監修《明太祖實錄》（1418），而道衍與他的編輯從中技巧地刪去所有不利燕王或使燕王困

13.王崇武，《奉天靖難記注》，頁4。
14.《明史》，卷145，列傳33，頁4079-4080。
15.Dreyer, *Early Ming China*, p. 160.

窘的事。另外，道衍監修了不朽的《永樂大典》(1407)和其他官方文獻，可能也監修了《奉天靖難記》，有關燕王對惡運的侄子建文皇帝(1377-1402)的反叛行動，以及他最後在1402年的「篡位」，該書作了辯護。《奉天靖難記》對燕王作了極爲有利的描述，後來構成了《明太宗實錄》(1430)前九卷的基礎。這份巧妙文獻的一部分，記載了下述文字：

> 上文武才略，卓越古今。勤於學問，書一覽輒記。六經群史，諸子百家，天文地志，無不該貫。日延名儒，講論理致，自旦達暮不休。言辭從容，簡明典奧，謙虛處己，寬仁愛人，始終如一，意豁如也。任賢使能，各盡其才，英賢之士，樂於為用。下至廝養小卒，咸得其歡心。暇則閱武騎射，便捷如神，雖老將自以為不及。每料敵制勝，明見千里，賞罰號令，不爽而信。用是威震戎狄，虜人帖服，不敢近塞。修明文物，力行節儉，故國內無事，上下咸和，年穀累豐，商旅野宿，道不拾遺，人無爭訟。每出親訪民間疾苦，撫循百姓，無男女老少皆愛戴焉。度量恢廓，規模宏遠矣[16]。

即使一般都同意，燕王身材高大，是個非常英俊的男子，留著讓人羨慕的漂亮髯鬚，上述的說法還是引起學者的懷疑。爲了證實他聰明、博學、仁慈、節儉，和勤奮的特點，他的諂媚者必須以據稱是其向來嚴厲之父親的話語作基礎，設計出一段讚美的話。根據這一段話，洪武皇帝曾說：「待臣下則以謙和，撫民人則以仁恕，勸耕耨以

16.王崇武，《奉天靖難記注》，頁2-3；Farmer, *Early Ming Government*, p. 211 n. 51.

省饋餉，禦外侮以藩帝室。如此，則能盡其職矣。」[17] 這些特點當然是當皇儲的重要條件，而皇帝喜愛他四子的活力和堅韌，可能也是真的；不過，在長子繼承權的規則下，燕王自動喪失繼承父親皇位的資格。退一步說，因爲非常多的文獻，在修訂和消毒的過程中，據傳被毀掉了，有關洪武皇帝的意向，在證據上零碎又矛盾。那麼傳記作者必須回答的問題是：洪武曾經打算支持燕王，撤銷他謙恭又博學的長子作繼承人嗎？而燕王何時真的有這種念頭，認爲皇位當然是他的呢？

據朝鮮史料的記載，燕王早在1390年，他剛剛三十歲時，已懷有這樣的野心。兩年之前，也就是1388年，大明政府沿著鴨綠江，在咸興平原北方的鐵嶺關建立一支守備部隊時，(朝鮮王氏的)高麗王朝違抗大明，派遣都統使李成桂抵抗大明領土擴張。都統使李成桂未與遼東的中國人作戰，反而把軍隊帶回鴨綠江口的威化島，監禁了最後一位高麗國王。不過，李成桂在朝鮮建立他自己的朝代之前，爲了確保大明皇帝的支持，乃派遣了一個朝貢使節團到南京。平壤府院君趙浚帶領的朝鮮代表團，未走不安穩的海路，而是走陸路(經東北)到北平。1390年仲夏，趙浚抵達北平謁見燕王。在漫談期間，跟這位極有信心又具魅力的藩王一對一交談時，朝鮮的來客判斷，燕王已經有成爲中國皇帝的想法。畢竟，燕王剛剛從對蒙古人的勝仗中凱旋而歸，而且根據儒家的傳統，三十歲的男子應該在事業和想法上獨當一面。雖然如此，吾人不應把朝鮮使節的回憶作過多的解釋，1402年之後，燕王已成爲朝鮮國王的最高君主，他講了這一故事，可能有不可告人的動機[18]。

17.《明太祖實錄》，卷85，頁3a-3b，洪武6年9月；《明史》，卷5，本紀5，頁69。

18.吳晗，《朝鮮李朝實錄中的中國史料》，冊1，卷2，頁209。

儘管事實上洪武皇帝用冷酷的父親眼神，看著他所有的子女，但第四子的熱烈幹勁和冒險行爲，常常給他很深的印象。燕王機敏地執行他的勤務，尤其對蒙古人打了勝仗，似乎屢次能夠支配他自己的命運。在政治軍事體系的架構裡，賦予他最重要的權力是，他作爲自己軍隊指揮官的特權。如同燕王所了解的，他的軍隊乃是要平衡區域軍事指揮官的軍隊，因爲後者沒有皇帝與藩王批准的命令，不能調動他的軍隊。但藩王不僅能夠如他所願地調動和操練他的軍隊，他無須通過分層的軍事官僚制度，也能夠獎賞和晉升自己的士兵。再者，每逢有緊急狀況時，他能夠掌管他自己的軍隊和地區守備部隊。的確，在1380年代晚期和1390年代早期的這段期間，農業的漢族與放牧的游牧民族之間幾世紀以來的對立衝突會重新開啓，也因爲大明無法給蒙古人致命的一擊，因而燕王被賦予節制其導師傅友德將軍和另一位老練的戰場指揮官馮勝(1330-1395)所訓練的軍隊[19]。

1380年代早期，一位名爲納哈出(死於1388年)的蒙古太尉，建立了遼東——現代的名稱爲東北——的兀良哈小族群，在大明領土作小規模的侵襲。就像其他的游牧民族那樣，兀良哈主要依靠畜牧、打獵和少許的漁業，結果跟農業的漢族有了衝突，因爲漢族定居在整個東北南部的市鎮和農村之中心。爲了去除東北邊境的這根刺，洪武皇帝敕令馮勝將軍和燕王籌備一支招討遠征軍。在靠近長城的四個前進基地，貯藏了數百萬石的糧食之後，二十萬人的大軍在1387年7月渡過了遼河。僅僅幾天，大明軍力已包圍了蒙古人在瀋陽北方一百二十公里處的金山據點。傅友德將軍指揮前鋒，另一位傑出將領藍玉(死於1393年)指揮後衛，協助曾任洪武皇帝護衛的大將軍馮勝。即使燕王大概只是個剛出師學徒，在有限的行動中指揮他藩國的護衛軍隊，但

19.Farmer, *Early Ming Government*, p. 92；朱元璋，《明朝開國文獻》，頁1756-1758。

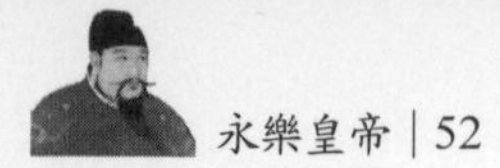

他有機會目睹其家庭教師的英雄事蹟和無情行爲。另外，這是他第一次有機會研究近鄰的地形，它的民政管理是歸山東，但其軍政管理則在北平都指揮使司轄下(後來，它由遼東和北平共同管理)。

在藍玉將軍打垮長城北方蒙古軍隊的同時，米、武器和其他補給也跨過長城，運進了東北的中心地帶。納哈出及其追隨者，爲數幾十萬，最後沒有太多抵抗就向大明軍隊屈服。然而，在藍玉的帳篷舉行受降典禮的期間，馮勝將軍的女婿用匕首刺傷了納哈出的肩膀，搞成了一個糟透的場面。更糟的是，馮勝將軍隨後把幾匹珍貴的蒙古戰馬，當成他自己的戰利品，哄騙納哈出的妻子交出大珠異寶，又強娶蒙古公主爲妾[20]。燕王厭惡這類行爲，可能向他父親敘述了這些事情。於此際，他反覆思考，他是否能將這些人變成自己的資產。誠然，在他登極後不久，他允許了兀良哈南遷，居住在長城北方的領土，以補償他們[21]。

由於強勁的經濟和強大的軍隊，1388年對大明國是有利的一年。大明爲了更能防禦日本海盜，沿著福建海岸建造了十六個新城市，而且把幾十萬蒙古人從山東遷徙到雲南，以便改善俘虜的生活條件，減輕對中國人口的憂慮。到了5月中旬，藍玉將軍指揮的另一支十五萬人的大明軍隊，行軍到北平北方大約八百五十公里處，到了戈壁沙漠的極端。在進行這種奇襲戰法的時候，大明軍隊實際上找出了蒙古皇帝脫古思帖木兒(1378年至1388年在位)和太子，但兩者都勉強逃逸了。雖然如此，他們俘獲脫古思帖木兒的次子，以及一位名叫哈剌章的將軍，加上幾十萬蒙古人及其牲畜[22]。當燕王得知，驕蹇自恣的藍玉所俘獲的一位蒙古嬪妃上吊自殺時，他很快就精神不振。燕王對藍

20.《明史》，卷129，列傳17，頁3798。
21.Lin, “Manchuria in the Ming Period,” pp. 8-12.
22.《明史》，卷132，列傳20，頁3864-3865。

玉始終有疑慮，他充分利用此一情勢，讓他的父親獲悉，藍玉對戰俘的駭人聽聞行爲，以及他極度沉溺於縱慾。

洪武皇帝的確非常關切歸順的蒙古人所遭受的屈辱，以及一般說來粗魯成習的軍事文化。1389年他因馮勝將軍在遼東的冷酷無情行爲，而將他關進了鳳陽的土牢。更重要的是，皇帝念念不忘要永保家族至上的權力，開始猜忌作爲一個階級的武將，尤其更容不得藍玉的下流和醜聞。基於這些理由，他免除了老練將領——協助他打下天下的那些人——的戰場指揮權，以自己的兒子取代他們。因此，自1390年開始，燕王與他的兄弟晉王和齊王，在對大明敵人的征伐中，被賦予了他們自己的指揮權。幾乎在同時，對於退休丞相李善長之類的貴族，所進行的血腥整肅行動，在1390年重新開始了。從那時開始，馮勝將軍和傅友德將軍都在燕王麾下供職。到了1395年，洪武的兒子接二連三地塡補軍事和政治的真空。

其他能讓敵人捲土重來的潛在棘手地區，是在甘肅和陝西。1390年1月，洪武皇帝第一次任命三位成人兒子——晉王、燕王和齊王——帶領一支遠征軍，招討乃兒不花和阿魯帖木兒的部隊。晉王從他的太原封地出發，接管王弼將軍的山西地區指揮權，加上河南的六千兩百人和四千四百七十匹馬。燕王指揮傅友德、趙庸與曹興所訓練的北平地區軍隊，而齊王則領導他自己的軍隊，加上山東的兩個騎兵衛所[23]。在這次征伐的期間，燕王展露出他作爲將領的出眾統御力，也證明他是絕頂的戰場指揮官。他在下大雪的時候，沿著古北口充滿危險的山口，跟乃兒不花作戰，最後終於俘虜了乃兒不花和北元知院阿魯帖木兒，軍隊因爲他在這類事件中展露的勇氣和戰鬥力而敬畏他。兩位蒙古指揮官及其大部分的蒙古軍隊，後來在燕王麾下供職，跟其他親王相比大大提高了他的地位。

23.《明太祖實錄》，卷199，頁1a-1b、3a-4a，洪武23年正月。

燕王的表現引來他父親的讚美，他說：「清沙漠者，燕王也，朕無北顧之憂矣！」[24] 另一方面，皇帝對晉王的稚嫩行爲，無疑感到失望。在事後論功行賞時，除了其他禮物之外，賜給燕王鈔一百萬錠，緞五千疋，給晉王的只有鈔五十萬錠，緞兩千疋。再者，五萬九千人的北平軍隊，每個人都賞有各種衣服和棉布，但山西軍隊則沒有[25]。這時，燕王不再對他的才能諱莫如深，極想要有更重要的軍事任務。1391年暮春，他再度在傅友德的協助下，成功地擊潰另一位番將阿失里的軍隊[26]。就在這一段時間裡，由於有考量將京師從南京遷徙到西安或洛陽的念頭，太子朱標準備到陝西和河南作考察之旅。

從1391年9月到12月，太子大約花了一百天，考察和研究黃河中段流域，因而能夠去找他在太原的弟弟晉王聊聊。太子的性情有教養又體貼，他告訴晉王，他先前在戰場上的表現，並未使他喪失了皇帝對他的敬意。正相反，未來他應要求接受更重要的任務，以便抗衡燕王的坐大[27]。不幸的是，對太子來說，此一旅程是一趟嚴峻吃力的冒險活動，他回到南京後不久病倒了。在長期疾病折磨之後，他在1392年5月17日過世，享年三十七歲。明廷幾乎立即癱瘓，因爲長子的過世，年邁的皇帝悲傷不已，而且往後四個月，一直擔憂著皇位繼承的問題。皇帝心裡在想什麼難以探知，因爲很少文獻說明這段守喪期的朝廷情況。1392年夏天的期間，燕王到南京朝覲他的父親，尋求政治背書。突然間，明廷瀰漫著一股緊繃又極度不安的氣氛，而京師則陷入一連串的傳聞——有的是謠言，有的不是。不可預測的皇帝會選擇他的四子，成熟幹練的燕王，作爲他的皇儲，或者，詭計多端的朝代開創者會遵守長子繼承權的傳統，指定朱標的十幾歲兒子朱允炆，成

24.《明太祖實錄》，卷201，頁2b & 3b，洪武23年閏4月。
25.同上，卷201，頁2b & 4b，洪武23年閏4月；卷202，頁7a，23年6月。
26.談遷，《國榷》，頁720。
27.王崇武，《奉天靖難記注》，頁6-7。

爲他的繼承者呢？

畢竟，任性是晚年的一種特權和武器。讓燕王懊惱又極度失望的是，老年人聽從了劉三吾這類顯赫的翰林學士的話，他連同絕大多數的官員都認爲，皇位的繼承是一個憲政的議題，極力捍衛長子繼承權的原則。在經過一段苦悶的長考之後，朝代的創始人放棄了已經展現自己能力的兒子，取而代之地選擇了一個無法估量的人——他的孫子朱允炆，作爲中國下一任的統治者[28]。更糟的是，洪武皇帝亦任命藍玉爲年幼皇儲的太子太傅，馮勝與傅友德爲新太子的東宮師保官[29]。當然，沒有人能夠及時描述燕王這時的心境，但從那時開始，他一直惦念著身分的確認——亦即，一直想知道馬皇后是否的確是他的生母。這種縈繞不止的念頭，跟這樣的信念相伴而來：他是朱氏皇族的合法繼承人，朝代創始人駕崩之後，他有資格扮演一個重要角色。

燕王了解，他現在是跟他真正對手，亦即藍玉和馮勝作較量。他在嘗試玩信任賽局時，繼續向他的父親表示尊敬。他確信，他多疑的父親對朱氏皇族的安全愈來愈焦躁，在緊要關頭，皇帝會挺他自己的兒子，而除掉這些武將。此外，以忠誠之名挑起仇恨不是一種罪行。燕王尤其不信任藍玉，他跟年輕的太子走得很近，實際上還是朱允炆的繼舅公(藍玉的甥女死於1378年的冬天，是朱標的元配。朱允炆的母親是姓呂的小妾)。然而，藍玉高估了他自己的重要性，誤判了政治情勢，最終因過度自信而賠上了他的生命。

早先在1388年，平定東北兀良哈蒙古人之後，藍玉贈送幾匹珍貴戰馬給燕王，但燕王靈巧地回絕他說：「馬未進朝廷，而我先受獻，是非所以尊君父也。」藍玉後來成功地深入蒙古北部，因而受封爲公爵，但也導致他在行爲上逐漸變得傲慢又輕率。當燕王仔細思考不可

28.《明史》，卷137，列傳25，頁3942。
29.同上，卷132，列傳20，頁3866。

避免的權力鬥爭時，藍玉突然變成了他最大的障礙。極有可能是聽取了燕王的建議，洪武皇帝才派他的間諜監視藍玉、馮勝與傅友德之類的老練將領。根據明代著名學者、1547年進士王世貞(1526-1590)的說法，藍玉被控謀反，在1393年3月22日處決，燕王要負主要的責任。在此一特別的整肅行動期間，大約兩萬名跟藍玉有牽連的其他文武官員，不是見了上帝，就是被流放。另外，馮勝與傅友德都被召到京城，目睹了藍玉的處決。這種毫不留情的政治把戲，燕王如今瞭然於心，因爲據傳說，傅友德在1394年12月20日，以及馮勝在1395年2月22日的離奇死亡，跟他有點關係[30]。現代的明史學者傾向於相信，1393年標誌著明廷軍事統治的結束；兩次血腥整肅行動期間，因爲如此眾多的卓越指揮官(大部分是南方人)喪生了，以至於在15世紀之交，真的缺少軍事人才。燕王留用北方軍事領袖，而他侄子無法找到真正有天賦的戰場指揮官來對付叔叔，這是燕王最終爲何贏了靖難內戰的一個非常重要原因[31]。

在藍玉、馮勝與傅友德死後，僅剩少數的武將有資格當戰場指揮官，諸如魏國公徐輝祖(1368-1407，徐達的長子，也是燕王的大舅子)；曹國公李景隆，李文忠之子；武定侯郭英(1335-1403)；以及長興侯耿炳文(1335-1404)。同樣地，洪武皇帝開始讓他自己的兒子，承擔更多的防禦責任，最終授予他們權力，以確保邊境的控制。到了1393年的春天，晉王得到了所有山西官員、軍隊和馬匹的指揮權，而燕王接管了北平作戰機構的指揮權。再者，這些親王獲得了許可，在他們各自的管轄範圍裡，可以作重要的軍事決定。例如，他們可以在其轄區賞罰將領，不需徵求朝廷的同意。他們也不必向朝廷報告例行事

30.王世貞，《弇山堂別集》，卷20，頁17-18。
31.王心通，〈明初的文武之爭〉，頁80。

務[32]。在這樣的情況下，連一度失寵的秦王也被派回他的西安封地，受命指揮陝西軍隊，平定一支邊境部落。大群的牲畜是西北邊境放牧經濟中最重要的資產，有一支喜馬拉雅血統的游牧民族，沿著這一邊境生活，叫羌或党項。爲了照顧獸群，他們不斷地找尋水草，因而侵掠了定居在洮州(在今日甘肅)之農業社群的土地。皇帝很高興，秦王終於完成了一些有意義的事情，因爲他在1395年初擊潰劫掠者，接受了党項酋長的投降。然而，緊隨此一好消息之後，秦王過世了，使得晉王和燕王成爲大明北境防禦的兩根臺柱[33]。

痛心於三年內長子和次子相繼過世，又擔憂年幼的皇儲與眾多有權勢的叔叔之間的微妙關係，洪武皇帝決定(第四度)修改他在1380年親自起草的《祖訓》。到了1395年初秋，稱作《皇明祖訓》的新文件裡，公布了管轄所有藩國的規則和方針。對於執行皇儲與親王之間的公務，以及朱允炆與他眾多叔叔之間在主持家族事務時的禮節要點，新的訓令提供了規章。新的訓令目的在於抑制親王權力，使藩國這一巨大混合物更負責任，因而在幾個方面不同於1380年代版的《祖訓》。先前，親王每三、五年得以拜訪他的兄弟一次，但如今這類的拜訪是被禁止的。舊的規章准許親王在他自己的領地內，僱用他自己的文武官員——少數由朝廷任命的官員例外——以及對他自己僚屬的生死，行使藩王的權力；新的規則要求，藩國的所有文職官員都由皇帝指派，如果藩王府的僚屬被控犯罪，親王必須根據法律作判決[34]。

新的《祖訓》亦要求親王，要忍受有才德之官員的勸告和批評，不要侮辱或脅迫那些想協助保護藩王府的人。如果文官犯罪，那麼根據過錯來處罰他們，但不能逼他們仰藥自盡。以前，要是文官對親王

32.《明太祖實錄》，卷225，頁1a，洪武26年2月；卷226，頁2a-2b，26年3月；吳晗，《朱元璋傳》，頁148。

33.《明史》，卷116，列傳4，頁3560。

34.朱元璋，《明朝開國文獻》，頁1628、1707。

傲慢無禮，親王有權就地處罰所謂的冒犯者，但新的方針規定，這類的案子必須先提交給南京朝廷，如果批准，那麼就由政府的司法部門來處理。此一新規章明確的目的是要平息老百姓愈來愈深的憂慮，他們抱怨皇族家庭成員濫用權力。有關親王對勞動服務和施工費用的支付，舊的文件提供了規章，但新的文件對這類事情則未置一詞。最後，每位親王的歲祿由先前的五萬石米，減少到只剩一萬石，以便減輕中央政府的財政負擔[35]。雖然如此，親王還是繼續享有其軍事大權，且在邊界防禦上扮演重要角色。

儘管他的俸祿和司法權被削減，但新的規則和方針對燕王的地位僅有輕微的影響，因爲這時他主要注意防禦事務和軍事人員，而且通常跟京師派給他的文職官員保持距離。不同於他的幾位四面楚歌的兄弟，諸如秦王和周王，他總是極端謹慎，不要跟看重他的父親唱反調。1393年初，舉例來說，洪武皇帝接獲密報，歸順且復職的蒙古將領乃兒不花與阿魯帖木兒，密謀反大明。那時兩人都在燕王麾下擔任護衛隊指揮官，但皇帝要求帶他們到南京來處決。他隨後派遣魏國公徐輝祖到北平，要求燕王要交出他的兩名蒙古部屬。在這樣的慌亂中，燕王並未幫他的將領作辯護，而是貫徹了敕令。兩個月後，蒙古將領被處死，但燕王甚至未遭到訓斥，他與父親之間也未有任何的情感斷絕[36]。

在處理外交事務上，燕王相當謹慎，不逾越到皇帝的界域或侵犯到中央的權威，每逢朝鮮權貴贈送給他禮品或馬匹，他逐條列記，按時上奏皇帝，明確表達他無意爲了自己的利益而去討好朝鮮人。1394年和1395年，朝鮮各個朝貢使節團之中，朝鮮王國王儲負責的那些團

35.朱元璋，《明朝開國文獻》，頁1629、1631；《明太祖實錄》，卷242，頁2a-2b，洪武27年閏9月。

36.同上，卷225，頁4b，洪武26年2月；卷227，頁2a，26年4月。

在北平停留，當燕王照例接待了賓客時，他總是遵循已制定的禮節。連朝鮮間諜在燕王府，也找不到什麼不尋常的事情，能夠讓他們向南京的最高君主洩露[37]。有關那方面，就算他兄長晉王的封地，鄰近北平，也找不到好戰的弟弟有任何不法行爲。或許，是後來1395年的戲劇性時刻，重新點燃燕王肚子裡的火，讓他想掙得皇位。

根據一則盛行的明代說法，一日，燕王衣著如一般士兵，跟九名護衛到客棧想喝杯酒。一位六十一歲能預知未來的人，名爲袁珙，走向燕王的桌子，輕語說：「殿下何輕身至此？」燕王假裝什麼也沒聽到，行爲舉止一如其他士兵。然而，他一返家就找來袁珙，而袁珙要到王府宮殿之前，則沐浴焚香，鬆開他灰條紋的頭髮。當這位預言者抵達宮殿時，他恭敬地站在燕王面前，凝神佇思，上下左右地端察燕王的身體，最後注視著他的臉龐。袁珙鞠躬、俯伏參拜了很多次，隨後帶著令人振奮的率直說道：

> 聖上太平天子也。龍形而鳳姿，天廣地闊，日麗中天，重瞳龍髯，……。龍行虎步，聲如鐘實，乃蒼生真主，太平天子也。但年交四十，髯鬚長過於臍，即登寶位[38]。

後來，袁珙亦幫燕王的幾位僚屬算命，預言他們大部分會成爲貴族、將領和大臣。確切地說，燕王此時不僅已招募了一群堅決、野心勃勃的人，而且獲得了其軍隊的擁戴。他的統御力如有什麼顯著特質，那就是他有能力讓他的人馬對他忠心耿耿，對他從未喪失信心。官修《明史》證實，袁珙不是江湖騙子，而是博學、相當受尊敬的卜

37.吳晗，《朝鮮李朝實錄中的中國史料》，冊1，卷1，頁119、179。

38.王崇武，《奉天靖難記注》，頁3-4；谷應泰，《明史紀事本末》，卷16，頁163。

卦大師。雖然如此，道衍和尚或許先在客棧向這位預言者揭露燕王的身分，他或許也跟袁珙共謀，捏造這種誇張的阿諛之詞，激勵這位孚眾望、剛愎自用又具野心的親王，去追求他的政治前途。他們可能了解，燕王採取行動之前，他要用護身符、咒語與黃道帶光線之超自然世界的預兆，來消除疑慮。畢竟，像道衍和袁珙這樣有學問的人，要審視當時的政治景色，幾乎不會有問題。太子朱標最近逝世，皇帝不久人世，而年幼的朱允炆太過缺乏經驗又軟弱，無法禁得起他眾多叔叔的襲擊。他們預計，皇帝一駕崩，明廷就會因內訌而分裂，隨後這些有才幹的人會團結在燕王周圍去爭取大位。

這些有學問的機會主義者，包括另一位名爲金忠(1353-1415)的卜卦專家都相信，根據燕王青年時期以來二十年累積的跡象，他有超越任何對手的非凡特性和龐大優勢。這位能幹又精力充沛的親王，私人生活相當高尚、節儉，大抵上很愛他的家人，有能力獲取大眾的支持。一旦他開始認爲人民真的要他當皇帝，他的自負便大大地增進，而且當他繼續享有成就時，要轉移那樣的自負是困難的。北方的防禦工事，從東北的遼東到西北的甘肅，綿延了六千餘里(三千公里)，北平藩國的位置自然將他放在此一防禦工事的中心。這一有利的位置，的確提供給他最佳的機會，去擴大他的軍事權力。在廣大的地理／軍事防禦體系中，洪武皇帝安置了六個兒子去防禦北方邊境。依照輩份排列，他們是太原的晉王、北平的燕王、大同的代王(朱桂，1374-1446)、廣寧的遼王(朱植，1377-1424)、大寧的寧王(朱權，1378-1448)，以及宣府的谷王(朱橞，1379-1417)。

最年長的兩位藩王有更多的餘裕，指揮不同的區域軍隊，不過，因爲晉王在智力和能力都比燕王要來得弱，在北境的防禦上，後者最終比任何其他的藩王扮演了重要得多的角色。舉例來說，1395年初，燕王指揮遼東區域的七千名騎兵和一萬名步兵，其任務乃是剿捕「野人」。一年後，他帶領軍隊進入熱河南部，協助寧王平定邊境的劫掠者。而在1396年初春，作爲指揮官的燕王，打敗了黃河轉彎處東方的蒙古人，追趕他們到兀良哈地區，而且俘獲數十名蒙古指揮官，包括孛林帖木耳將軍[39]。1396年的夏天，在例行的邊界巡察之後，他和晉王周遊開平(今日的多倫)北方幾百里。皇帝一知道這件事，馬上派了一位欽差去阻止他們，嚴厲地警告兒子們，如果他們太深入北方，那麼他們會招來災禍[40]。皇帝了解，除了皇儲之外，這兩個人是大明國土裡最重要的競賽者，他禁不起失去他們的風險。此外，他們似乎相處極爲融洽，事實上也提供了平衡，因爲兩人彼此相輔相成。不幸的是，晉王死於1398年4月，使得燕王不僅爲最年長的健在大明藩王，而且也是北方軍隊無與匹敵的至高指揮官[41]。

39.《明太祖實錄》，卷236，頁2b，洪武28年正月；卷244，頁7a，29年2月；卷245，頁1a，29年3月。

40.同上，卷253，頁5a-6b，洪武30年6月。

41.同上，卷257，頁5a，洪武31年5月。

第四章

接連爭鬥的歲月

1398-1402

當晉王過世的時候，洪武皇帝已經七十歲，他不僅跟長城外的敵人交戰，也跟自己不免一死的命運搏鬥。他在一個月內就病倒了，幾個星期後，在1398年6月24日，大明的開國者隨著他三子之腳步進了墳墓。六天後，亦即洪武緊鄰著馬皇后安葬在孝陵之後，年僅二十一歲、仍然還不太成熟的朱允炆，即位爲建文皇帝[1]。不幸的是，在人多數的情況下，有精深學問的顧問主導了他的朝廷，而他們並不總是作出明智的判斷。新皇帝極度仰賴齊泰和黃子澄的建言。齊泰(死於1402年)是兵部尚書，1385年的進士，而黃子澄(1352-1402)則是太常寺卿兼翰林院修撰。年輕的建文皇帝極其擔憂會有武力示威，甚至是叛亂，他立即宣布已故祖父遺囑中的規定，敕令現存的二十一位叔叔，不得出席洪武皇帝在南京的喪禮儀式。洪武的遺囑據信是由齊泰草擬，根據此一遺囑，藩國的所有官員和百姓，此後由朝廷直接管理。信號極爲清楚，如果無法將半自治的親王控制住，他們就代表著對皇位的潛在威脅。

儘管洪武的四十位嬪妃之中，有三十八位遵循元朝制訂的蒙古陪葬習俗和榮譽準則，結束了她們的生命，也儘管各階層的朝臣在南京

1.《明史》，卷3，本紀3，頁55；本紀4，頁59。根據新華社的兩則報導(1999年2月13-14日)，洪武皇帝和馬皇后被葬在地表下數十米的一個秘密設計的建築群。中國當局聲稱，從這個所謂的「地下宮殿」找到花瓶、黃瓦和其他明代製品，而且向社會大眾擔保，陵墓會保存完好。

哀悼明朝開國者駕崩三天，但燕王卻違抗這份「假造的遺囑」，帶領他的藩國護衛部隊南下，打算在喪禮儀式上向他的父親告別[2]。南京方面將燕王的舉動，看成是他愈來愈傲慢的一種讓人不安的表露，建文皇帝立即在長江北岸部署大軍。燕王才到了淮安的運河碼頭，就被迫帶著羞辱和怒火返家。然而，他想方設法派遣他的三個兒子——朱高熾、朱高煦和朱高燧(死於1431年)——代表他去參加喪禮儀式，無懼於他們可能會成爲建文皇帝的人質。接下來的冬天期間，忿忿不平的燕王想要親謁他父親在鍾山南麓小丘的孝陵，但他的請求再度被駁回[3]。在後來的著述裡，有一些時刻，他似乎怨恨他的父親，愛與恨在他憤怒的心裡糾結。這些纏繞著他的苦澀回憶，對於似乎能運用所有資源將逆境轉變爲好運的人，乃是一個強大的動力。從那時開始，燕王做的每件事都是爲了證明，他的父親作錯了抉擇，他才是能夠維護父親帝國的繼承人。燕王將痛苦和憤怒揉成了一團，填入了他的靈魂。但他這種人是不會任人擺布太久的。

一種新的政治光譜突然浮現。無疑地，新皇帝與他親近的顧問正採取著措施，削減藩國，去除可能會危害到新政權的任何——不論真實的或可察覺到的——威脅。因爲他在皇室家族裡最資深，他也證明了擔任北方指揮官的能力，燕王已變成新朝廷最大的威脅。突然間，南京放出一連串關於其生母的猜測，對於燕王的個人身分發動攻勢。很多年來，燕王的母親身分是八卦的來源，但它現在變成一種嚴肅的政治議題。如果他的母親的確不是馬皇后而是小妾，那麼根據明朝已制定的規章(繼承權是父系的，但亦局限於皇后的兒子)，他登上皇位就等同於篡位。再者，既然燕王有如此眾多的同父異母兄弟，如果他

2.根據1990年6月李露曄(Louise Levathes)對大明陵墓史家魏玉清所做的訪談，洪武皇帝陪葬的嬪妃人數超過一百人。她們不是被活埋，就是被割喉(Levathes, *When China Ruled the Seas*, pp. 66, 214)。

3.《明史》，卷141，列傳29，頁4014-4015。

不是馬皇后所生，他就不能宣稱他是宗族裡的長輩，也不能擁有至高權威來處理皇族內部的事務[4]。誠然，甚至在燕王成爲皇帝之後，身分上的鬥爭還是繼續下去，因爲效忠他的編史者確信，《明實錄》的幾段內容，不僅指出他的母親是馬皇后，而且父親對他也格外的信任。這類的文字繼續說道，洪武皇帝駕崩的前幾天，他告訴燕王說：「朕之諸子，汝獨才智，克堪其任。秦晉已薨，汝實爲長，攘外安內，非汝而誰？」[5]

在接連爭鬥的歲月期間，燕王要讓整個世界知道，他比朝代創始人活得長，的確是所有皇子中最年長的，而且建文實際上是朱標的次子，由小妾呂氏所生。那麼繼承洪武皇帝的順序誰排首位呢？燕王的喉舌，道衍和尚之類的人，進一步嘲笑建文優柔寡斷、虛弱又愛挑剔——這些特質致使年邁的洪武懷疑他孫子的韌性。根據官修《明史》所記載的喻辭，十四歲的建文在哀悼他父親過世時，這類的疑惑再次浮現。建文憂心如焚，以至於健康幾乎嚴重受損。這類自任的苦行最終驚動了他的祖父，他對年幼的皇儲說道：「爾誠純孝，顧不念我乎？」[6]雖然如此，在1392年9月28日冊立建文爲皇儲之後，洪武仔細地培養他的孫子，一絲不苟地讓他爲皇帝的身分作準備。當然，燕王怨恨建文的即位，但他確信，侄子的政權只會等同於一種平淡乏力的君主政治(Caesarism)。他日夜認真地助長他的鬍鬚。

選定他的孫子接掌政權時，洪武皇帝也挑選了最值得信任的家庭教師，教導他文學、領導藝術和儒家道德。他們輪流給他講解政治與軍事機構，以及法律、經濟與社會制度。洪武皇帝有時要求皇太孫代表他作決定，諸如對刑事案件作判決。幾乎每個這類案件，年輕的

4.吳晗，《朱元璋傳》，頁232-233；孟森，《明代史》，頁83。
5.同上，頁89-90；王崇武，《明靖難史事考證稿》，頁46ff。
6.《明史》，卷4，本紀4，頁59。

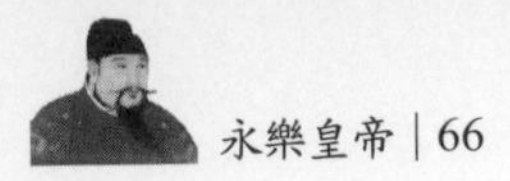

皇太孫宣判的處罰，都比法律規定的還要來得輕。沒有人知道，皇帝是否賞識孫子對刑罰的寬大標準，或者，擔憂他可能會過於和藹、隨和。但有一件事是確定的：中心與地方之間的平衡，很快就傾斜了[7]。

對於年輕的建文皇帝發揮巨大影響力的傑出儒家學者方孝孺（1357-1402），是浙江寧海人，也是著名學者宋濂的門生。那時四十一歲，以文學才能和倫理體悟聞名的方孝孺，很快就成爲建文的導師，而且催促他建立一個模範的儒家國度。方孝孺對古代滿懷敬意，很快就帶領年輕的統治者認識《周禮》——又叫《周官》——的政治智慧。長久以來被許多學者視爲不可信、後人寫作的這部作品，提供了詳細、有系統的周朝(西元前1122年至西元前256年)施政藍圖，而且以天、地和四季爲官職名稱。

建文顯然相信其天地演化論和聖王概念，恢復了古代的地名和官銜，大開法律規章的倒車。不過，年輕的皇帝全神貫注於古代儀式和制度的細節時，他輕率改制的結果是紊亂又效果不佳[8]。因此，這些狀況驚動了許多巨頭，他們對於不許出席洪武的葬禮仍然懷恨，也認爲這些改變嚴重損害了大明帝國的根基。他們很快就找到漏洞，如果幼嫩的或失去能力的皇帝信任奸回，《祖訓》賦予他們權利和責任，用武力干預朝廷事務[9]。

齊泰與黃子澄被賦予制定政治與軍事政策的權力，更糟糕的是，建文採納了兩者的建言。齊泰據說能夠憑記憶朗讀儒家經典。他曾經在洪武皇帝的面前，正確說出每一位邊境防禦指揮官的名字，而且展現了關於軍事戰略、地圖、圖表和路線的豐富知識。雖然齊泰在一些防禦議題很有見識，但他沒有管理——在兵部這種規模的官僚制度中

7.夏燮，《明通鑑》，洪武26年7月，卷10，頁510；傅維鱗，《明書》，卷4，頁121。

8.《明史》，卷143，列傳31，頁4053；卷151，列傳39，頁4174。

9.談遷，《國榷》，頁840-843。

極其重要的技能——的經驗。另一方面，該果決時黃子澄從來就不是退縮的人。他雄心勃勃，壟斷了談話，經常自大，也大聲吼叫。然而，這位自負的人也很天真。他對於七位親王向漢景帝(西元前157年至西元前141年)造反的這段古代史相當著迷，以至於他屢次催促年輕的建文下手，以免太遲。漢朝的七位親王之中，封地在今日江蘇的吳王最爲強大。不過，漢景帝不直接攻擊吳王，一舉消滅他，而決定對較小的藩王，諸如楚王和趙王採取行動，最後逼吳王造反。到了西元前154年，漢景帝打敗了全部的七位親王，再度維護了中央權力大過地方的權威[10]。

這類的歷史教訓聽起來很理想，但古怪的黃子澄卻食古不化，因爲當他建議年輕的主子仿效漢代戰略時，忽略了這樣的事實：時代、涉及的人物，以及環境完全不同。此外，朝廷僅能繼續推測和猜想，卻沒有燕王意圖謀反的確鑿證據。其他的大臣表達過不同意見，對皇帝的問題提出了解決方法，好比調換燕王到南方戰略上較不重要的區域，諸如江西南昌[11]。儘管如此，建文皇帝仍同意依循黃子澄的方案，傳送了一則尖銳的信息給他所有的叔叔——亦即，他不直接面對強有力的燕王，因其至此並未犯任何的錯，而決定先削了周王、湘王、齊王和代王之類的較小藩王，希望大大削弱燕王的奧援，逼他造反。到了1398年暑夏，年輕的君主開始進行「削藩」。首要目標是周王(朱橚)，因爲他和燕王一起長大，關係親密，也因爲周王的開封藩國，其職能是南京與北京之間的一個緩衝區。1398年初秋，建文皇帝派遣大將軍李景隆去接管開封，以捏造的指控判定周王有罪。他隨後削了周王的藩，將他放逐到雲南[12]。

10.《明史》，卷141，列傳29，頁4014-4015。
11.《明史》，卷141，列傳29，頁4024；卷143，列傳31，頁4058。
12.同上；David B. Chan, "The Problem of the Princes as Faced by the Ming Emperor Hui, 1398-1402," pp. 183-193.

周王尚未在雲南蒙化落腳之前，黃子澄擬定了另一個精明的計畫，分化建文的叔叔。周王被送回南京，作不利於他兄弟的證言——尤其是，代王（朱桂）、湘王（朱柏，1371-1399），和岷王（朱楩，1379-1450），他們犯了所謂的各種不法行為。周王在被脅迫下的證詞，增強了藩王陰謀活動的指控，結果是1399年2月代王在大同藩邸遭逮捕；也致使湘王在湖廣荊州放火燒了自己的宮殿，在1399年6月1日燒死他自己和家人。接下來的兩個月期間，朝廷也廢了齊王（朱榑）和岷王；他們與皇權相衝突之後，並不會比周王安全[13]。這個時候，在南京這個地方，謊言經常比真話來得可信；罩布籠罩在每個藩國的通道，較資深、更具戰略位置的五個藩國，已經在皇帝的控制之下。經過這些大膽的手段之後，南京的朝廷同時也採取謹慎的步驟，對付建文最懼怕的叔叔燕王。先是任命張昺為北平左布政使，指派謝貴與張信為北平都指揮使。1399年4月，派遣都御史暴昭採訪北平，以燕邸事密聞於朝廷[14]。

應注意，這時燕王仍舊安然無恙，因為朝廷尚未正式指控他有任何不法或參與煽動的行為。事實上，建文皇帝與燕王之間的溝通管道依然暢通，因為燕王祈求皇帝赦免周王，也懇求他修補他們破碎的關係。建文倒是喜歡用更加節制的步驟，去削減叔叔的權力，據說燕王出自內心深處的請求，讓他深受感動。不過，兵部尚書齊泰雖然欣賞皇帝對家族有強烈的孝行，但黃子澄堅決認為，家族關係已成往事，無法回頭，這場衝突必須繼續，直到削除了燕王的藩國。要勇敢面對意志堅強的燕王，還是低調解決跟他最資深之叔叔的爭端，庸懦的建文顯然躊躇不定。接下去的艱鉅四個月，他敕令總兵宋忠去接管燕王藩國三個護衛（大約一萬五千人）的指揮權，將燕王軍隊移防到開平屯

13.張奕善，〈奪國後的明成祖與諸藩王關係考〉，頁52-55。
14.谷應泰，《明史紀事本末》，卷16，頁233。

田站。燕王的軍事人員，包括蒙古籍護衛指揮觀童被召回。跟燕王有緊密關係的永清左、右衛，調離了燕王的影響範圍，分駐彰德和順德。再者，朝廷的心腹將領徐凱，被分派去保衛臨清的運河碼頭，而另一位受信任的指揮官耿瓛，駐紮在長城的重要隘口山海關。到了1399年的仲夏，燕王的藩國被朝廷軍隊團團圍住，而且根據流傳甚廣的傳聞，燕王發瘋了[15]。不過，南京當局仍然心神不安，因爲燕王的陰影——雖說表面上式微了——繼續籠罩著帝國。

毫無疑問，在人生最消沉的時刻，對燕王來說，這是一場嚴峻的精神折磨。當他看著鏡中的自己時，他的臉龐愈來愈暗淡，宛如鏡子吞噬了他的神采。然而，他是裝瘋賣傻的，而他在外的放蕩言行，是策劃好的表演；在他採取行動之前，實際上是在爭取時間(以及等待他的鬍鬚觸及他的肚臍)，雖然努力強化他的決心，但他記得母親教導過他不要輕率行動，對於朝廷的挑撥，不要有不經思考的反應。於此際，他祈求朝廷把他的三個兒子從南京送回家，他們是代表他到那裡參加明朝創建者的傳統服喪典禮。齊泰與黃子澄之間，對於釋放燕王的兒子與否，有過激烈的辯論。齊泰先前拜訪過北平，知道燕王是披著羊皮的狼，他建議建文扣留燕王的三個兒子作爲人質。出乎意料地，古怪的黃子澄建議建文釋放他們，讓燕王不會生疑。徐增壽是徐達將軍的小兒子，也是三位燕世子的舅舅，皇帝跟他磋商之後，決定遵守《祖訓》——其禁止以親王之子當人質——不顧齊泰的強烈反對，釋放了他的三位堂兄弟[16]。

此舉證明是一個致命的錯誤。預示著即將陷入內戰的危機，更加惡化，而非得到化解。這三位燕世子一離開南京，燕山護衛百戶倪諒就密報朝廷，燕王正策劃謀反。後來，戰爭爆發，情況對建文不利之

15.《明史》，卷141，列傳29，頁4015-4016。
16.黃彰健，《明清史研究叢稿》(臺北：臺灣商務印書館，1977)，頁38。

後，他在宮殿親手殺死徐增壽，爲他自己的愚蠢找了代罪羔羊來承擔責任。就在靖難內戰爆發之前，三位燕世子往北逃跑時，他們差點遭到另一位舅舅徐輝祖的攔阻。此時7月下旬，情勢劍拔弩張，風吹草動都可能會讓兩個陣營開戰。1399年8月6日，朝廷欽差張昺和謝貴試圖進入燕王府邸，逮捕幾位燕王的僚屬時，致命的接觸終於到來。無疑地，朝廷繃緊了對付燕王的羅網，不過，因爲他已經建立了蒐集情報的間諜網絡，很快就找到脫逃的路徑。由於李友直(北平按察使)和張信(北平都指揮使)的情報和協助，燕王能夠迅速招募到大約八百名護衛，帶領他們進入他的宮殿，隨後埋伏在端禮門殺了朝廷欽差。他的人馬後來奪取北平全部的九個門，也由於張信的變節，其他鄰近地區的指揮官亦加入他的陣營。唉，會持續到1402年7月的靖難內戰最後開打了[17]！

燕王接下來發表一份檄文，從《祖訓》引述他武裝造反的開戰原因，因《祖訓》允許親王(們)帶兵到南京，靖奸臣所作之難。在這個事例裡，他告訴他的同胞，建文皇帝是個乖張又不孝的侄子，他遭受奸臣齊泰與黃子澄的蒙蔽，以及不正直之太監和僧侶的胡亂建議。他繼續宣稱，爲了驅逐朝廷奸回，拯救宗社，他必須行使他作爲親王的傳統權利和義務。他僅是奉天命而已[18]。然而，燕王的檄文是狡詐的，因爲《祖訓》亦規定，親王只有收到皇上的密令，他才能到朝廷；一旦靖難結束，親王就把他的軍隊撤回到兵營，親自向皇上報告情況；而且在待了五天之後，他必須回到自己的藩國[19]。

當然，燕王並未遵守這些規章；再者，他自己在作決定之前，經常跟太監和僧侶磋商。另一方面，他推斷說，他的封地遭到攻擊，性

17.《明史》，卷4，本紀4，頁61。
18.呂本等編，《明太宗寶訓》，卷4，頁304。
19.王崇武，〈論皇明祖訓與明成祖繼統〉，《東方雜誌》，43卷7期(1947)，頁46。

命吉凶難料，他以上天給予他的權利，保護他自己。後來，在他自己的追憶，他會聲稱，從來就不喜歡看到大量殺戮，但當他後退到角落，陷入不能忍受的境遇時，他必須反擊[20]。可以肯定的是，靖難內戰結束之後很久，文字戰爭還在繼續，因爲他的代言人敗壞了建文皇帝的名譽，妖魔化建文的顧問。明史學者大抵懷疑官方的內戰文獻，傾向於將過錯強加在敗者身上，清除勝者的不良形象，來爲後者統治之不朽作辯護。

他的確作反擊。燕王亦開始封官爵給已加入他征伐的指揮官。8月9日，燕王軍隊拿下薊州，隨後沿著長城前進到居庸關。效忠朝廷的將領宋忠，帶領軍隊從開平南下，試圖奪回居庸關，但8月17日在懷來遭到燕王軍隊打敗，被殺。宋忠大部分的軍隊最早就是由燕王訓練，他們樂於回歸燕王的旗幟下。接下來，北平指揮體系中最後一位資深官員郭亮，將永平(今日之盧龍)歸順於燕王，而且在流下第一滴血之後，才二十天的時間，北軍之中不只十九個衛所，總計超過十萬人的軍隊，前來加入他所謂的靖難軍[21]。無疑地，事與願違，黃子澄逐漸孤立和抑制燕王的戰略失敗了，朝廷如今面臨一場大規模的內戰。在這一關頭上，建文皇帝指派長興侯耿炳文擔任三十萬大軍的總兵官，敉平反叛。

耿炳文是個無數戰役的老手，也是洪武皇帝的「鳳陽秘密組織」裡僅存的碩果宿將，當他肩負起此一任務時，已接近六十五歲了。滹沱河流到天津，在渤海灣出海。9月24日，他以大約十三萬人的兵力，沿著滹沱河的北岸跟燕軍作戰。燕王了解地域的地勢人和，有效地利用誘捕和壓縮的戰略，贏得一次重大的勝利。他迫使耿炳文極度

20.呂本等編，《明太宗寶訓》，卷3，頁216-217。

21.對於靖難內戰所作之詳細又證據充分的敘述和分析，參見Dreyer, *Early Ming China*, pp. 161-170.

疲憊的軍隊，撤退到北平南方的真定；燕王攻擊這座有良好防禦工事的城市三天，但最後不得不撤退。在這次戰役期間，他徵募一個由歸順的蒙古家族組成的騎兵護衛。這個特別的護衛，由卓越的蒙古人火里火真(1349-1409)指揮，而他在1381年9月，帶領相當多的部落族人歸附燕王。火里火真此後成爲燕王的得力助手，擔任燕山中護衛千戶。在真定的戰役，火里火真的蒙古分遣隊，兩度擊敗耿炳文的朝廷軍[22]。即使耿炳文是個出眾的總兵官，而且還有大約十萬左右的兵力，牽制著反叛的燕軍，但神經緊張的黃子澄覺得天搖地動，催促同樣嚇壞的建文皇帝，把耿炳文免職。燕王頗爲沾沾自喜，因爲他成功地破壞了敵人的計畫，造成長官與部屬之間的衝突。建文選來取代耿炳文的人，是曹國公李文忠之子李景隆，根據中國的宗譜推算，他也是燕王的侄子[23]。不過，李景隆不是耿炳文，主要因爲他雖繼承了他父親的特權和地位，但並未遭遇過真正強悍敵手的檢驗。

在這類的戰役裡，時機勝於一切，但李景隆完全沒有意識到其至爲重要。他的當務之急是去徵調五、六十萬人，以便能夠利用人數優勢打敗燕王。此一策略讓燕王嘲笑，因爲在徵調期間，李景隆錯失了戎機。廣爲人知的是，燕王通常藐視李景隆的能力，在燕王的陣營裡，李景隆甚至變成黑色幽默的題材。孫子西元前6世紀的文本《孫子兵法》教導說，交戰通常靠智慧和計謀取勝，而不是靠純粹的軍事力量，戰略遠比用刀劍和弓箭的勇敢和技能來得更重要。燕王顯然是《孫子兵法》的好學生。李景隆還在集合他的軍隊時，燕王離開北平去鞏固他的後方，跟長城外一些先前的敵人締結同盟。在這麼做的時候，他把北平基地的防禦，留給了他的長子朱高熾。這位年輕郡王長得肥胖、病弱又笨拙，而且眾所周知，他對有益健康的體能訓練與

22.Goodrich and Fang, eds., *Dictionary of Ming Biography*, p. 1127.
23.《明史》，卷4，本紀4，頁62。

趣缺缺。雖然如此，他父親不在的期間，未來的洪熙皇帝(1424年至1425年在位)朱高熾，證明他有毅力度過令人恐懼的任務。讓李景隆和其他所有人驚訝的是，他不僅在行政上，而且在戰鬥上都有突出表現。

這個時候，燕王徹底了解其軍隊的能耐，據以組織他的戰場計畫和決定。他的戰略乃是運用奇襲和欺敵的原理，而他的主要目標是李景隆將軍的心理。他先到永平解圍，因其遭到吳高帶領的遼東兵攻擊，同時也跟該區域的朝鮮人培養良好關係。他隨後越過長城，行軍到大寧(在今日熱河)，俘獲了寧王(朱權)。連同寧王藩國護衛，以及蒙古盟軍的另外三個衛所，總計大約八萬人的軍隊和六千輛車，燕王班師回北平去對付圍攻該城市的李景隆[24]。於此際，火里火真指揮的騎兵衛抵達，給了燕軍另一股力量。在北平被圍城的期間，燕王的夫人動員軍人妻子來協助她的兒子防禦。她們向攻擊麗正(後來改爲正陽)門的李景隆軍隊投擲石頭。幾年後，每逢朱棣紀念這一特殊事件，他對於妻子、妾、女兒和媳婦，以及無畏之軍人妻子的表現，便發出得意地咯咯笑[25]。

燕王親自訓練過的一些內侍，在這個關鍵階段，也開始一再作爲戰場指揮者，表現突出。其中的佼佼者是馬和(未來的正使總兵鄭和)，他潛進到北平蓄水庫鄭村壩。馬和拖延了敵軍的推進，爲燕王爭取足夠的時間派遣援軍[26]。1399年12月2日，燕王的騎兵援軍部隊，由外攻擊李景隆圍城軍的陣營，而朱高熾打開北平的城門，開始由內反擊。突如其來的攻擊和混亂，致使朝廷軍潰散整個戰場，放棄了真定城，最後一路撤退到山東德州。燕王立即要求談判，但卻堅決主張，

24.同上，卷117，列傳5，頁3591-3592。

25.同上，卷113，列傳1，頁3510。

26.中國航海史研究會編，《鄭和家世資料》，頁2-3。

建文皇帝要罷黜那幫陰險利用他的顧問。建文皇帝底下的其他人，最初的誤判造成一團混亂，李景隆戰敗後，他爲了幫自己找臺階下，的確罷黜了齊泰與黃子澄。不過，盛庸(死於1403年)打了幾次勝仗之後，齊泰在1401年1月又被重新任命爲兵部尚書。盛庸是一位老練的戰士，在耿炳文將軍麾下服務和學習很多年。

就在這一段時間裡，深謀略、諳兵法的燕王，決定再度愚弄李景隆。1400年初，燕王親自帶領他的騎兵部隊進入山西北部，假裝打算攻擊大同。李景隆的軍隊大部分是南方人，不習慣嚴寒的天氣，軍隊一開拔去拯救大同，他就聽到兩支小守備隊向燕王投降。然而，朝廷軍在3月到達大同的時候，燕軍已消失無蹤。對李景隆來說，德州和大同之間的這趟往返旅程損失慘重，因爲無數的朝廷士兵凍死、累死。燕王從《孫子兵法》裡學得的虛擊和假裝撤退，又再度奏效。儘管事實上李景隆似乎不是那種會跟軍隊同甘共苦的總兵官，但建文皇帝卻繼續依靠他來鎮壓這場叛亂[27]。西塞羅(Cicero)的名言，「成大事不是靠力氣、速度和身體的敏捷，而是靠沉思、性格和判斷」，可適用於建文的情況，他的沉思、性格和判斷，都不適宜處理靖難內戰。

1400年5月，朝廷軍於涿州(在今日河北)沿著白溝河跟燕軍交戰。李景隆再度被瞞騙，他的軍隊潰逃，而燕軍則是竊笑。李景隆丟棄了一百萬石的糧食——他的軍隊依賴其爲食物——給燕軍，一路撤退到山東的首府濟南。對朝廷軍而言，幸運的是，山東布政使司參議鐵鉉(1366-1402，可能是突厥人或蒙古人)，以及老練的指揮官盛庸，不僅能夠抵擋燕軍三個月，而且還發動了一次成功的反擊。因爲戰功，盛庸被封爲歷城侯，取代了這一次完全玷污了他作爲征虜大將軍之名聲的李景隆。鐵鉉升爲兵部尚書。1401年1月1日和2日，盛庸

27.《明史》，卷4，本紀4，頁62-63。

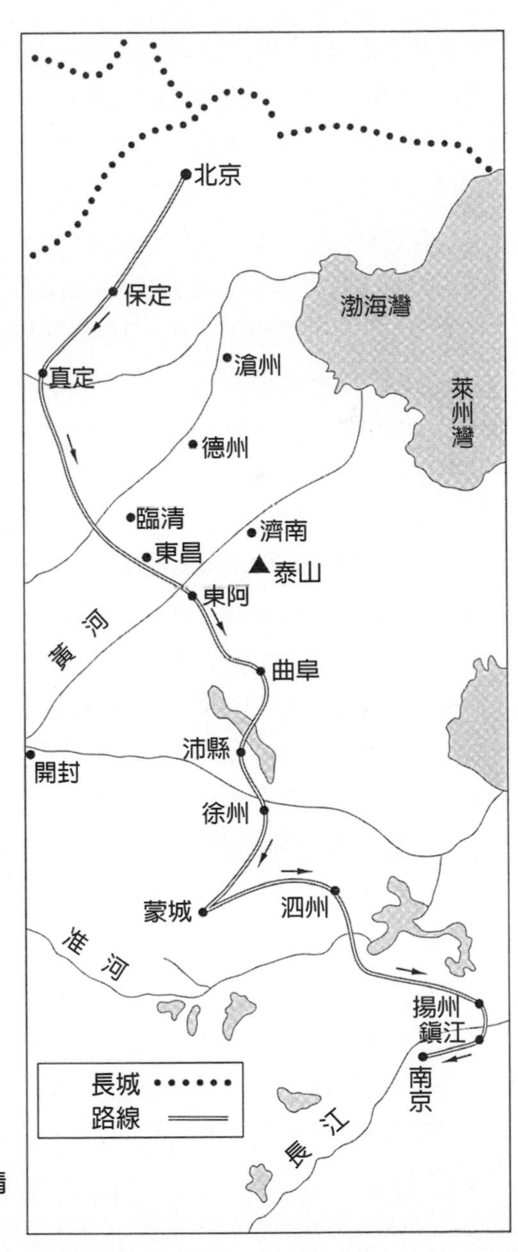

■圖3　1402年，終結靖難內戰。

的軍隊在山東東昌打敗了燕軍時，勢頭似乎轉而對南京有利。這一役勝利後，南京士氣稍稍恢復，因爲建文給齊泰與黃子澄重新任命了職位。三個月後，盛庸在保定一帶破了燕軍，使其潰散，而燕王僅帶著少數幾位護衛離去。剎那間，盛庸認爲，他能生擒燕王。隨後，在1401年4月6日，兩軍短兵相接，肉搏戰鬥時，燕軍在東北，盛軍在西南，驟時間，從東北吹來飛沙走礫，盛庸的士兵被逆風所迷，盛庸被迫退回德州[28]。民間盛傳，燕王施魔法，召喚不合時令的天氣，而他的道教顧問用巫術對盛庸將軍下咒。事實的真相是，此乃他難以置信的膽量，也可能是上天的一個祝福，或者說，也許是歷史的狡黠（the cunning of history）。

兩個月後，燕將李遠帶領他的部隊，僞裝成朝廷的軍隊，經過山東，一路到江蘇，焚燒了政府的米糧駁船。1401年的其他時間，燕軍在幾個地點與朝廷軍搆兵，包括大同和永平。儘管前三年的期間，燕王勝仗多，敗仗少，但他似乎滿足於待在北平附近，不打算占領他征服的領土。不過，情勢顯然對他有利。一名朝鮮使節從1401年秋到1402年春在中國參訪，如同他觀察到的：「燕兵勢強，乘勝遠鬭，帝兵雖多，勢弱，戰則必敗。又有韃靼兵乘間侵掠燕、遼之間，中國騷然。」[29] 在僵持狀態的期間，雙方都運用間諜和反情報措施。在收到一名閹宦內應關於南京情況的第一手情報之後，燕王先跟和尚顧問道衍磋商，隨後決定出其不意拿下防衛空虛的金陵。

1402年1月15日，燕王繞過朝廷主力軍拒守的德州和濟南要塞，帶領他的軍隊直驅南京。他開始行軍南下的期間，他的軍隊幾天之內就拿下東昌和東阿，進入了山東南部，幾乎沒有遭遇什麼困難。一個月內，他到達了孔子出生地曲阜的郊區。他爲了對這座神聖的城市表

28.《明史》，卷144，列傳32，頁4068。
29.吳晗，《朝鮮李朝實錄中的中國史料》，冊1，頁168。

示他極度的敬意，下令士兵連一草一木都不得傷害。2月28日，燕軍占領了沛縣著名的七個碉堡，四天之後，也就是3月3日，包圍了徐州這個重要漕運城市。然而，接下來的三個月期間，燕王面臨幾個問題——包括明顯更強大的敵軍抵抗、糧食補給的減少，以及缺乏在河流和湖泊上作戰的水師——因而舉行了戰情會議。他的指揮官再度感受到他的統御力魅力，發誓說要不惜任何代價渡過長江。

於此際，盛庸下令朝廷軍一路撤退至淮河，但在6月9日遭到燕王徹底打敗。戰場如今集中在長江下游一帶，對建文皇帝失去信心的朝廷指揮官，愈來愈多叛變投靠燕王[30]。忠誠消逝了，取而代之的是實用主義和生存本能。右軍都督僉事陳瑄(1365-1433)向燕王投誠，提供船艘讓他在7月3日渡過長江。但燕王不急著拿下南京，因其附近地區還有大約二十萬兵力。他轉而先攻占南京以東九十公里、長江與大運河交匯點的鎮江[31]。以長江三角洲的豐富物產鼓舞戰士之後，在仔細考慮怎樣對這座按理難以攻陷的京城南京作最佳攻擊的同時，他揮師緩慢西向。

在此一時刻，建文皇帝渴望降低由於他的政治天真所造成的傷害。他絕望地派了試探者，包括一名公主和李景隆將軍，跟燕王言歸於好，甚至給他帝國的北半邊也行。於此際，苦惱的建文派遣官員去徵募和統籌地方義勇軍的訓練，萬一靖難內戰持續下去，他們可以派上用場。燕王認爲建文的談和建議是虛僞的姿態，因而加緊他的攻擊。7月13日，當他的軍隊出現在南京北方城牆前的時候，那時失勢的將軍李景隆和谷王(朱橞)打開金川門，讓燕士兵進京師。不過，當燕王穿過金川門時，御史連楹攔住燕王的駿馬，從他的袍子裡拔出一

30.《明史》，卷142，列傳30，頁4035；卷144，列傳32，頁4070-4071。
31.《明史》，卷4，本紀4，頁65-66。

把匕首。連楹行刺失敗，他當場被殺[32]。於此時，大約四百六十位建文的官員逃離京師。在一片混亂和恐慌中，南京城牆內部的皇宮圍牆著火了，而建文消失無蹤。他和他的妻子可能被燒死，然而，民間卻傳說，他作了不同裝扮，在大約二十人的協助下，經由一個秘密通道脫逃，後來化為僧人，躲在蘇州城外。其他的謠言則暗示，建文逃到海外，準備捲土重來[33]。齊泰把他的馬用墨水塗黑，逃跑了一段時間。但馬汗最後把黑墨洗脫，齊泰被人識出，縛執至京師。黃子澄試圖在蘇州組織反抗軍，但很快就遭到燕軍平定[34]。爭鬥的歲月最後結束了：1402年7月17日，燕王「勉強」接受侍臣的請願，登上了皇位，從此以永樂為號，開啓了一段新的統治時期。

1402年的下半年期間，永樂皇帝在鞏固他剛取得之權力的同時，冷酷又有條理地整肅建文在文武官員裡的支持者。九百至一千位官員被污衊為「奸回」或「大逆」，他們的幾十萬宗族、鄰居、教師、學生、僕人和朋友，則遭到圍捕、下獄、流放到邊境，或者處死。清朝史家谷應泰稱這些人為靖難內戰的「附帶犧牲品」，記載說在這次毫不留情的整肅行動期間，理學家方孝孺再三地給建文壞建議，而遭到處死，坐死者八百七十人。在大理寺寺丞鄒瑾的案中，誅戮者四百四十人。御史大夫練子寧之獄，棄市者一百五十人。禮部尚書陳迪與他的兩個兒子被斬首，他的妻子上吊，而他的家人和同族者，杖戍者一百八十人。僉都御史司中，召見，不屈、姻婭從死者八十餘人。在胡閏的案子中，全家抄提者兩百一十七人。御史董鏞遭逮捕，從一等到五等親，姻族死戍者兩百三十人。1402年的整肅行動，在中國歷史上是最野蠻又殘暴的政治行動之一，但它也包括了許多英雄式

32.《明史》，卷141，列傳29，頁4028。
33.王崇武，《明靖難史事考證稿》，頁53-84。
34.《明史》，卷141，列傳29，頁4014-4016。

的、啓示性的事蹟[35]。

永樂像他父親那樣是個兇殘的惡人，或者，如同他的朝臣所喝采的，他是個睿智、有雅量、寬大又仁慈的統治者呢？有一件事是確定的：他在位的期間沒有發生其他的整肅行動。或許，當時的政治文化和根深柢固的儒家意識形態，要求建文的官員不能認可其他天子，不服侍其他主子。這種對於忠誠和忠貞的強調，要求一臣不侍二主，一妻不侍二夫；官員不能把他的忠誠轉移到另一位君主，就像孀婦不能再婚。建文的舊臣亦關切皇位的神秘性；如果皇帝能夠廢立，那麼憲政會遭到破壞，長子繼承權的原則遭到摧毀，而且沒有人能預測未來。方孝孺之死例示了這類的道德與意識形態標準。據說，燕王離開北平之前，道衍要他承諾絕不傷害方孝孺。燕王攻占南京之後不久，他召見方孝孺，要求後者當作什麼都沒改變，繼續爲王朝效命。但方孝孺滔滔不絕，對朱棣大談儒家德行，以及主子建文的安危。當方孝孺得知，建文死於大火時，他決意一死。四十五歲的方孝孺隨後堅稱，應該冊立建文的兒子爲新皇帝。這種大膽的要求大大激怒了這位得勝的親王，他說道，繼位議題是他的家務事，外人沒有置喙的餘地。據說，永樂命令方孝孺起稿詔文，發布他的皇位繼承時，方孝孺把紙筆擲到地上，宣稱說他寧死也不願爲「篡位者」效勞[36]。從那時候起，方孝孺的生涯和殉節，豎立了忠貞的最佳榜樣。中華文明的根基，建立在少數幾個跟南京鍾山一樣悠久的簡單觀念；其中顯著的觀念是忠貞[37]。

建文的另一位臣子劉璟(1340-1402)，亦碰到正當性的議題，面臨生命與忠貞之間的一種困難抉擇。劉璟的父親劉基(1311-1375)，

35.谷應泰，《明史紀事本末》，頁218-219。

36.《明史》，卷141，列傳29，頁4019。

37.沈剛伯，〈方孝孺的政治學說〉，《大陸雜誌史學叢書》(臺北，1967)，第2輯第4冊，頁16-18。

是明朝開國時洪武皇帝最信任的顧問，劉璟就像父親那樣，有才氣、剛毅又忠誠，曾擔任七位不同親王的行政官員。他經常參訪北平，跟燕王下棋。在靖難內戰的初期階段，劉璟急忙趕回南京，獻十六策，但建文皇帝不聽。1400年，劉璟不顧自己健康不佳，再度向建文求見，獻上冗長的建言書，年輕的皇帝僅僅命令他回家，好好休息。當燕王攻占南京時，劉璟稱病，拒絕作禮貌性的拜訪。他被列入奸臣的黑名單，被逮送至宮廷。當劉璟見到燕王時，他說：「殿下〔而非陛下〕百世後，難逃一個『篡』字。」[38] 劉璟被關進牢裡後不久，他便自殺了。

當時的政治文化與正當性問題，使得建文的其他幾位臣子，不爲新的君主效命。對於被冠上篡位者的名稱，且比擬爲漢朝的王莽(西元9年至23年在位)，永樂是極度神經過敏的。黃子澄被執之後，送到永樂面前，永樂稱讚黃子澄博學善書，告訴他不要效法方孝孺的執迷短見。黃子澄平靜地回答說：「若用臣是不欲以綱常治天下乎？殿下向來悖謬，不可爲訓，恐子孫有效尤而無足怪者！」黃子澄接著闡述他的天命觀，大膽地批評永樂。永樂問道：「朕知汝必不爲我用，當認何罪？」黃子澄毫不猶豫地回答說：「是爲先帝文臣不職，諫削藩權不早，以成此凶殘，後嗣慎不足法。」聽到這些尖銳、侮辱的話，盛怒的永樂以黃子澄大逆不道，即刻下令將他「千刀萬剮」。黃子澄的胸膛、腹部、手腳和背部遭到切割，讓他緩慢、痛苦難忍地流血至死[39]。

對先前二十年的政敵展開復仇的同時，永樂也想塑造聖王形象，希望減弱對他暴虐行爲的批評聲浪。因此，他需要一個打手去執行他的政治仇殺，巧妙又迅速地捏造不利他敵人的罪行，其中有些人完全

38.鄭曉，《吾學編》，〈皇明遜國臣記〉卷5，頁27a-38b。
39.錢士升，《皇明表忠記》(17世紀版)，在「黃子澄」詞條下，頁17a。

無辜，但仍然因為與某人有關而獲罪。這個人就是陳瑛(死於1411年)，一個也對建文政權滿懷怨恨的殘酷的人。陳瑛的職業生涯始於南京國子監的監生，不久被洪武皇帝擢為山東按察使。1399年，他轉調到北平，繼續他的御史工作，因而跟燕王熟識。陳瑛後來被建文皇帝貶到廣西的一個職位，自此以後，開始支持燕王的政治議程，跟燕王的核心集團保持密切聯繫。永樂登極後一個月，厚顏無恥又精明的陳瑛奉命返回南京，成為都察院左都御史。根據大明官員的體系，陳瑛的工作理應局限於彈劾不聽話之官員。然而，他行使的權力，範圍非常大，包括他認為有根據，就能著手預防性、矯正性和懲罰性的權宜手段。

陳瑛就任他的新職務後不久，呈遞給永樂一份奏摺中說道：

> 陛下應天順人，萬姓率服，而廷臣有不順命、效死建文者，如侍郎黃觀、少卿廖升、修撰王叔英、按察使王良、知縣顏伯瑋等，其心與叛逆無異，請追戮之。

皇帝回覆說，他只要懲罰和處決極少數的奸臣(諸如齊泰與黃子澄)，想饒恕奸臣榜上最後二十九人(諸如張紞、王鈍、鄭賜、黃福與尹昌隆)中的一些人，讓他們繼續為王朝服務。永樂清楚表示，在朝廷裡，只有他能擁有帝王至高權力，朝臣不許代表他行使那樣的權力[40]。雖然如此，陳瑛似乎能夠看出永樂的心意，完全知道在讓人不寒而慄的政治迫害裡，他能進行到什麼地步。的確，正是陳瑛閱覽方孝孺的獄詞，以及對建文政權的主要政治人物，及其數百位宗族提起訴訟。即使永樂吩咐他控告無辜之人要有節制，但陳瑛還是繼續殘害

40.《明太宗實錄》，卷274，頁4a，永樂22年9月。亦參見談遷，《國榷》，頁866。

建文的官員。整肅行動不會平息[41]。

永樂說他會饒恕和留用的二十九人之中，沒有一位會在政府久待，而且最後大部分都難逃一死。前吏部尚書張紞保有他的職位，直到有一天的清晨，易怒的永樂開始批評建文重組明朝政府組織的決定，因爲皇帝認爲張紞也有責任。在遭到永樂免職之後，張紞在吏部的後廳上吊，他的妻子和子女跳入池塘溺斃。張紞自盡後，只有他先前的一位僚屬膽敢探視他的屍體，打理他的喪禮儀式。永樂的軍隊進入京城時，擔任建文戶部尚書的王鈍，是另一個受害人。王鈍越過了城牆，但爲永樂的士兵所執。在短暫地保有他的職位之後，王鈍被重新指派去作協調和監督中國北方的農田與穀物分配。1404年，他擔任布政使，負責地方事務的例行管理，但顯然對他的工作悶悶不樂。王鈍在消沉和絕望中死去。

當前任工部尚書鄭賜是北平左布政使時，他跟燕王有良好的工作關係。的確，當他成爲皇帝時，永樂任命鄭賜當新的禮部尚書，但在1408年的夏天期間，鄭賜因寬恕禮部部屬的犯罪行爲而遭到調查。不久他在恐懼和憂慮中死去。一如永樂所承諾的，尹昌隆逃過了處決，在北平藩王府供職。然而，尹昌隆後來在處死之前，也遭到錦衣衛的折磨。他的許多族人經歷了同樣的命運。唯一的例外是黃福，他曾任建文的工部右侍郎。永樂實際上拔擢他到尚書的職位，但黃福不久遭到陳瑛彈劾，轉調到北平擔任行部尚書。他後來被逮捕，在短暫坐監服刑之後，便指派他去處理大明安南殖民政府的民間事務。黃福在安南一待十九年，協助綏靖大明最南端的殖民地。然而，他在1440年自然死亡時，朝廷並未給他任何的贈謚。可能是永樂對黃福恨之入骨，

41.《明史》，卷308，列傳196，頁7910。

連永樂的繼承者也不敢將黃福的名字從「奸臣榜」中抹去[42]。

除了清算高位的文職官員之外，永樂採取各種措施——主要是暗殺或其他卑鄙行徑——來對付靖難內戰期間在不同時間對抗他的高階軍官。指揮官鐵鉉被捕，但拒絕承認永樂是他新的最高君主。據說，在令人毛骨悚然的處決時刻，三十六歲的鐵鉉大聲咒罵永樂。盛庸將軍以餘眾投降，受命守淮安，但在一年內就被彈劾，盛庸便結束了自己的生命。耿炳文將軍繼續保有侯爵的地位，但後來他遭到指控有叛國行爲時，他也自盡了。李景隆將軍爲燕軍打開了南京的宮殿大門，促進了從建文到永樂的權力移轉，因而受封爲公爵，歲祿四千石米。然而，兩年後他被削爵；他連同其兄弟和妻舅的財產被充公，而他則下獄。儘管在某些時刻嘗試讓自己早日撒手人寰，但李景隆活到1421年才過世[43]。

在整肅行動期間，永樂也必須嚴厲地對付他自己的一些親屬。這麼一來，會使他的靈魂煩擾不安，損及他的心理健康。他妻子的大哥但也是建文舊臣的徐輝祖，就是個例證。當燕王進入南京時，徐輝祖去了他父親徐達鍾山的墳墓，拒絕歡迎這位獲勝的親王。永樂作爲皇帝敕令他的僚屬，準備徐輝祖的死刑執行令，但後者宣稱，他豁免於任何的死刑，因爲他的父親徐達是明朝開國功臣，而且洪武皇帝所賜的丹書鐵券，允諾永不殺徐達子孫。怒不可遏的永樂，削去徐輝祖的爵位，幽禁於府邸。徐輝祖跟永樂在青春年少時曾一起玩耍，他會閉居在自己的宅第，度過五年多壓力沉重的歲月。1407年，徐輝祖自然死亡之後的幾個月，永樂詔群臣：「輝祖與齊、黃輩謀危社稷。朕念中山王有大功，曲赦之。今輝祖死，中山王不可無後。」因此，徐輝

42.《明史》，卷151，列傳39，頁4176-4178；卷154，列傳42，頁4225-4228；卷162，列傳50，頁4398。
43.《明史》，卷126，列傳14，頁3746-3747。

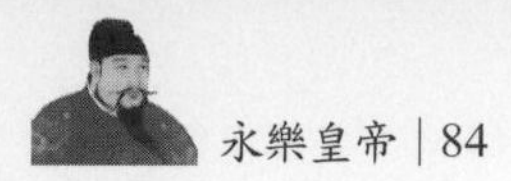

祖的長子，也即永樂的外甥徐欽(死於1424年)，被冊封爲中山公。然而，1421年永樂命徐欽上朝參拜時，徐欽唐突地離開御前會議。這個舉動惹惱了永樂，他立刻將徐欽削爵爲民[44]。

對於他寵愛的妹妹寧國公主(1364-1434)的丈夫，永樂也作了野蠻的攻擊。寧國公主是馬皇后的長女，嫁給了因精通經史兵法而聞名的梅殷(死於1405年)。在所有駙馬之中，洪武皇帝最喜愛、信任梅殷，由於這個緣故，他屢次委託梅殷，力扶幼主建文。在靖難內戰期間，梅殷是淮安的都尉，嚴密地防扼燕王。當燕王要求梅殷讓他的軍隊通過淮安時，梅殷割下永樂使者的耳鼻作爲回覆。甚至永樂登極之後，梅殷還繼續沿著淮河指揮他的軍隊，拒絕接受新皇帝的敕令。永樂隨後壓迫他的妹妹寫了一封信，懇求她丈夫投降。當梅殷讀到寧國公主以自己鮮血密封的信時，他不能自持慟哭起來。詭計多端的永樂，善於忍受痛苦和羞辱，但從未忘記這筆帳，1404年的冬天，左都御史陳瑛彈劾梅殷，畜養亡命，朋邪詛咒，永樂終於顯露出他的狡詐。梅殷全家被流放到遼東。一年後，梅殷抵達京師，奉命到朝廷時，前軍都督僉事譚深和錦衣衛指揮趙曦，把他從南京的一座橋上推下溺水。梅殷的訃聞說他是自殺。心碎的寧國公主那時四十一歲。即使永樂後來定期慷慨地獎賞她，但她還是守寡了二十九年之久[45]。

顯然，爲了能有全新的開始，而且把所有權力集中在他自己的手中，新皇帝想要一個接一個地消滅舊有的藩王衛所。他了解，他首先需要把許多北方藩國，調換到中國的中部和南部，消除最不確定的政治元素。因而把谷王(朱橞)從宣府調換到長沙，寧王(朱權)從大寧調換到南昌等等。有一陣子，他允許代王(朱桂)留在大同，遼王(朱植)

44.永樂的繼承者後來恢復了徐欽的爵位和特權(《明史》，卷125，列傳13，頁3731；黎東方，《細說明朝》，冊1，頁155-156)。

45.《明史》，卷121，列傳9，頁3663-3664。

留在遼東，蜀王(朱椿，1371-1423)留在成都，但稍後永樂解除了他們全部的軍事權。儘管他實際上恢復了周王(朱橚)、齊王(朱榑)與岷王(朱楩)的頭銜和財產，但他們實質上變成了帶有典禮功能的裝飾性象徵，因爲永樂牢牢地將藩國掌握在他個人的控制之下[46]。於此際，永樂廢止了建文所作的術語變更，再度任命他前任者免職或降職的官員。他重新確立他父親的專制統治者與大臣之間的不平衡，抓緊對於文職官僚制度和軍事機構的控制，移交給他親自任命，又能對他負責的行政官員手中。他開始啓用太監來管理間諜組織和內部保安，領導軍事和對外事務，因此，不經意地創造出充分發展的第三個行政部門，而這個部門參與了所有明朝最重要的事情。很多年前，當他還是一個青少年時，朱棣讚賞著他父親的統治者地位。等待的歲月結束了，一個新的「永樂」紀元正要開始。他現在急切地想要建立一個輝煌又有活力的王朝，確切地爲過去三年的劇烈混亂作辯護。爲了達成那樣的目標，他必須既扮演救世主(拯救他父親不平靜的帝國)，又扮演償還者(彌補靖難內戰帶來的破壞和死亡)的角色。

46.吳晗，〈明代靖難之役與國都北遷〉，《清華學報》，10卷4期(1935)，頁933-934。

第五章

重建的歲月：政府與政治

1402-1420

1402年7月17日，前往父親中山的陵墓作簡短拜謁之後，恰好四十二歲的朱棣，在南京最高的宮殿建築物奉天殿，登基爲永樂皇帝。然而，他直到四個月後，才冊立他的妻子爲徐皇后。直到7月30日，他在南京的南郊主持國家祭祀典禮時，才發出他的登極詔令，宣告皇帝的旨意。在他的第一份敕令中，永樂對於有良好行爲的囚犯，給予例行的大赦，而居住在戰爭地區，以及鳳陽、淮安、徐州與揚州的人民，則免除土地稅一年；全國其餘地區，免除土地稅半年。但北平、河南與山東的家庭，再度徵徭役三年，使飽受戰爭蹂躪的華北平原，更迅速重建和復原[1]。他亦表示說，既然建文政權的所有主要罪犯，都已經遭到逮捕，當局會加以處理，但不會縱容對早前敵人作任何未被授權的報復性劫掠、報仇，或懲罰性的行動。爲了緩和平民的畏懼，防止各地的混亂蔓延，永樂敕令兵部發出布告，催促百姓不要聽信謠言，回歸他們平常生活，恢復他們的日常業務。他隨後命令士兵，釋放靖難內戰期間他們所俘獲的所有婦女。幾個星期以後，在1402年9月，江西官員奏請永樂派遣軍隊，逮捕江西的盜匪時，他斥責江西官員，並要求其提供食物、善待亡命之徒，永樂相信，他們因前任政權的重稅和弊政，而被迫偷搶。在此期間，他把成千上萬山西

1.《明史》，卷5，本紀5，頁75。

沒有土地的農民，遷徙至北平的公地[2]。

在國家歷經四年的衝突和動亂之後，永樂努力癒合創傷，同時合法化他的權威、確保他的地位。他還是不怎麼相信，他能夠這麼輕易地接管南京；在當上中國皇帝的早期，他持續有極度的不安全感。這就是爲何他同時採取了三種立即的措施來建立控制。首先，他持續不斷地找尋他侄子建文的下落，清除密謀造反的人，以及無情地整肅建文朝廷的關鍵政治人員。其次，他吸納低職位的文人來辦理行政上的文書工作，設立內閣部門來建立他自己的政治派系，從而逐漸鞏固他的集權又獨裁的統治[3]。其三，他先在錦衣衛設立秘密警察機關，後來大膽又廣泛運用太監，從事於情報蒐集、軍事監督、外交任務等等。所有這些措施都是明代絕對主義的根源；永樂恐怖的整肅行動，並非惡性政治趨勢的結束，而是開端。他言聽計從的內閣，有效地抑制了一切反對帝王意見或遏制皇帝權力的獨立組織。而他對閹宦的廣泛運用，不經意地使太監涉入了宮廷政治、間諜組織和內部保安、軍事與外交事務、稅款和貢品的徵收、帝國專賣品的營運等等[4]。永樂的確是個權傾一時的人物，他繼續他父親的計畫，將所有權力集中在他自己的手中，改造了中國政府與政治的特性。

務實的永樂亦知道，他和家人要長久享有絕對權力，最好的方法就是復甦和扶持農民群眾。因此，在1403年的夏天期間，成群的蝗蟲大舉湧至河南，毀壞農作物時，永樂趕緊送救援物資到災區，而且對那裡的粗心官員展開調查[5]。四個月之後，戶部尚書郁新（死於1405

2.呂本等編，《明太宗寶訓》，卷2，頁27-28。

3.1382年，洪武皇帝將翰林院擴大，包括了幾位大學士，但開始利用這些翰林學士在政府裡扮演執行角色的是永樂（黃佐，《翰林記》，卷2，頁12-13）。

4.有關太監管理部門的全面性研究，參見Tsai, *Eunuchs in the Ming Dynasty*.

5.呂本等編，《明太宗寶訓》，卷2，頁37。

年)報告說，湖廣給南京的夏稅積欠很久，奏請皇上處罰該省的地方官員。永樂告訴郁新要更寬大地處理拖欠租稅事宜，找出延遲繳稅背後的真正問題。他提醒郁新，永遠優先考慮人民的利益，急責必導致人民反感[6]。那個冬天真定也遭受各種自然災害，永樂賑濟以食物、衣服，減輕真定百姓的稅收負擔。他的一個緊急重建計畫乃是山東衛河的疏浚，如此一來，南方來的運糧船就能夠一路航行到北京(從前的北平)濟荒賑災[7]。隨後，1404年的夏天期間，禮部尚書李至剛上奏，山東祝賀代表團祈求向皇上獻上野蠶繅絲，但永樂告訴他的大臣，野蠶成繭是常見之事，不值得朝會上慶賀。他補充說，山東能夠用野蠶來增加其絲綢產量是好事；不過，帝國的每個角落都衣食無虞，臣民沒有人挨餓受凍，他才會感到快樂[8]。應注意，在他整個統治期間，永樂過著儉樸的生活，不可能不在意帝王的象徵。

這些軼事不是記錄在一般的明代歷史記載，而是在《明太宗寶訓》。該書由禮部尚書呂本編輯，永樂孫子宣德皇帝朱瞻基在1430年出版，其以對話形式撰成，到處都有永樂的身影；顯然，剛登基之皇帝的意圖是想贏得人民的效忠。登極之後兩個月，永樂獎賞和拔擢了一百零九人——包括封公的兩位，封侯的十三位，以及封伯的十一位——他們協助他打贏如今委婉稱作「靖難」的內戰。在勝利典禮上，永樂告訴他的戰友要永遠忠心，繼續爲國家立功勳。他宣布，他正在找尋新的人才、徵求好的建言來復興國家時，他無疑了解孟子——其指出國家對百姓的生計有職責——的教誨。建言的官員裡有一位西方邊境的下級軍官，名字叫做張真。即使張真的奏章不够成熟又有點天真，永樂敬佩他的真摯和勇氣，賞賜給他衣一襲，紙鈔一千貫(1390

6.呂本等編，《明太宗寶訓》，卷2，頁29。
7.同上，頁32。
8.同上，頁38。

年，一貫值兩百五十文錢）。他亦敕令，晉升張真的職位[9]。

新的在位期進入第六個月，永樂在敕諭他的高階文武官員時，最後明確說明其統治者地位的思想基礎。他說：

> 上天之德，好生為大；人君法天，愛人為本。四海之廣，非一人所能獨治，必任賢擇能，相與共治。堯、舜、禹、湯、文、武之為君，此道歷代以來，用之則治，不用則亂，昭然可見。我　皇考太祖高皇帝受天明命，為天下主三十餘年，海內宴然，禍亂不作，政教修明，近古鮮比。亦惟任天下之賢，保民致治，以克臻茲[10]。

這份詔令間接表明，永樂充分意識到，中國的帝國制度不易推動，需要繼承而來的內廷君主政體，與招募而來的外朝文人官僚制度，作爲一個團隊一起運作。

1403年，永樂在偶然給戶部官員的訓令中，進一步闡述他的統治哲學：

> 朝廷設官分職，本以治民。治民之道，在乎安養之而已。即位之初，一遵　皇考成憲，首命爾等，荒蕪田土無人佃種者，即令所司，覈實蠲除其租，庶不貽患於民[11]。

9.《明太宗實錄》，卷13，頁10a-10b，洪武35年10月。
10.同上，卷16，頁1a，永樂元年正月。
11.同上，卷20，頁1a-1b，永樂元年5月。

差不多五年後，也就是1408年，永樂向全帝國大約一千五百四十名地方官員送別時，他作了另一次類似的表達：

> 君國之道，以民為本，故設官分職，簡賢用能，惟求民安而已。為臣能體其君愛民之心，推而行之，斯天下之民，舉得其所[12]。

毋庸置疑，永樂注意歷朝統治得好的皇帝，努力效法他們。不過，如果他的話聽起來也像現代政客在競選總統，正是因爲他遵循孔子的至上規則：「衣食足然後知榮辱。」明史學者愛德華・德萊耶(Edward L. Dreyer)觀察到，永樂努力想「實現中國式和蒙古式的帝王理想」。因此，即使他先前的經驗是軍旅兵戎，而且也是他喜愛的生活，但作爲皇帝，他需要提倡人道政府的儒家理想，亦即，密切注意饑荒賑災，減輕租稅負擔，履行無止境的傳統儀式，贊助文藝計畫，以及任命博學之士擔任高階職位[13]。也應指出的是，永樂是中國千年帝王傳統的產物，此一傳統以道德領導與人本主義感受性的儒家學說，合理化帝王的絕對權力。實際上，他曾說：「朕所畏者天，所保者民，所資爲理者賢才。」[14] 因此，永樂的治理哲學可概括如下：順從天意，找到英明又能幹的官員，以及保護百姓。

法天聽起來極爲抽象。但永樂即刻的任務在於，使他自己成爲他父親的合法繼承者，於是他聲稱侄子建文倒行逆施，喪失了天命。因此，永樂在位的二十二年期間，朝廷舉行定期的儀式，顯示他的政治權威，重申他作爲天子的角色。在鞏固作爲世上至高權威之地位的同

12.同上，卷87，頁1a，永樂7年正月。

13.Dreyer, *Early Ming China*, p. 173.

14.《明太宗實錄》，卷160，頁1a，永樂13年正月。

時，永樂找到一種宗教準則，將宇宙論和現實政治作融合，藉以傳達上天的裁判力量。爲了勸誘世人皈依他關於天的概念，他在1409年初，效法偉大的唐太宗(李世民，西元626年至649年)，出版了一本小冊子《聖學心法》。在序言裡，永樂說他想要「采輯聖賢格言切於修身、齊家、治國、平天下之要者」。他進一步寫道：

> 天者至尊無對，觀其高高在上，若不吾見，然無時而不監焉。蒼蒼不言，若不吾與，然無時而不保焉。天之視聽相為感通，人心之敬息有間，則天命之去留無常，吉凶晦否，匪降自天，實由於人。永保天命者，其在於敬乎[15]！

永樂依賴上天的力量和慈悲來維持他的天命，無異於基督教統治者祈求上帝支持的禱告。即使儒學主要探討俗世倫理、社會和政治，缺少神職人員和聖典，但它可看成是一種宗教，因其強調對更高力量的依存，關懷生命的意義和人類的命運[16]。 永樂實現儒家理想的決心，因此不僅可看成是政治的奉獻，而且也是宗教信仰的轉變。有鑑於遵守聖人教誨和修身養性，是贏得天命不可或缺的，作爲敬天之公開表達——永樂對其極度嚴肅看待——的頻繁儀式，也是同等重要的。有明一代，北京午門以南的九座廟宇之中，最神聖的兩座是通往午門路上東側的太廟，以及西側的社稷壇。由於中國宗教信仰的核心焦點是在祖先靈魂，其據信變成居住在天上的有神性之人，因此往生者受到崇敬，被視爲是陽世子孫生活的積極參與者。而且也因爲大地和穀物提供物質資源給人類，農曆一月、四月、七月和十月的初一，

15.朱棣，〈聖學心法序〉，《聖學心法》，頁1b-4a、5a-5b。
16.Smith, *Chinese Religion*, p. 33.

永樂在這些廟宇勤奮地作國家祭祀。每逢日蝕或閏月，祭祀典禮則改爲初五。在其他的國定假日和特殊時刻，諸如嚴重又持續很久的乾旱或蝗蟲群襲，永樂會祭天，親自祈雨。

每次典禮之前，永樂會徹底沐浴，不茹葷、不飲酒，也不臨幸嬪妃。吃素和禁慾基於這一想法：節制不僅有內在的宗教價值，而且也增強皇帝的對精神事務的專注。前往獻祭的廟宇之前，永樂會日夜祈禱[17]。在典禮上，使用了有幾條龍交纏之抽象圖案的全新裝飾性器具，供奉了華美的物體和吉利的食物，以顯示皇帝對超自然力量的敬畏[18]。祖傳的敬神儀式定期舉行，向上天獻祭，以求太平盛世。然而，永樂知道怎樣有效運用這些時刻，改善他作爲可敬可佩之天命繼承人的形象，美化他的政權，傳達他的善意、德行和威嚴。他也似乎相信，好的兆頭是他有道德又人道之統治的預兆，因此，他屢次紀念諸如軍事勳績、穀物豐收、賜以封地、條約和婚禮之類的大事。

另一方面，永樂深切注意到，不幸事件或自然災害是在警告說，天子脫離了常規。舉例來說，1415年的元宵節，大火毀壞一座宮殿倉庫，燒死了幾位衛兵。永樂把大火看成是壞兆頭，立即取消耗費的歡宴。他隨後敕令大臣，拒絕進一步的祝賀或禮物。他也派遣監察御史到帝國各地，找出造成民不聊生的背德腐敗官僚。最後，他要求太子祭天，乞求上天原諒他的不端行爲[19]。在英國公張輔的監修下，於1430年完成的《明太宗實錄》，內容充斥著這一類的故事，顯示永樂並不排除，有時連他也可能犯錯。1421年，京師從南京遷移到北京才四個月左右，三座主要的宮殿建築——奉天殿、華蓋殿和謹身殿——便著了火。受驚嚇的永樂覺得，他可能作了一些擾亂自然秩序的事，

17. 呂毖，《明宮史》，卷2，頁13。
18.《明太宗實錄》，卷274，頁4a，永樂22年9月。
19. 同上，卷160，頁2a-3b，永樂13年正月。

他立即找來高級顧問，提醒有關他的缺點。因此，他同意蠲免因前一年自然災害而遭受苦難的納稅人租稅。於此際，爲了撫慰和協助生活艱苦的人，彈劾和逮捕不負責任的地方官員，他派遣二十六名帝王欽差巡察全國。不知何故，永樂把大火怪罪於自己的愚昧言行和無節制，依照儒家的克己學說，他取消了那年他的生日慶祝活動[20]。

永樂對自然災難的反應，能解釋成對於未實現他的潛力，或未履行他應有義務的悔悟嗎？或者說，這些反應是精神上的心理狀態，讓他內省，面對他的毛病和弱點呢？永樂自己的著述間接指出，他在1402年掌握政權之後，人格變得圓熟了。他變得更加深思和自省。察覺他既神聖又世俗，如今他相信，爲了防止逾矩而邁向革新，及時的悔改甚至偶發的羞愧是必要的[21]。 有明一代，祖先崇拜信仰和儒學，已經跟道教和佛教互相影響、摻雜。可以毫不誇張地說，永樂的宗教觀，就像絕大多數中國人那樣是普世的，認爲以不同的教義適應不同的需求是不可避免的。他因此也支持佛教，舉例來說，贊助幾種佛教經書的出版。

登上皇位之後才幾個月，永樂獲悉，有位烏斯藏(西藏)喇嘛道行卓異，因而渴望會見他。1403年的春天，永樂委派中官侯顯(活躍時期1403-1427年)和著名僧侶智光(死於1435年)前往烏斯藏。在遊歷幾萬里，查找各個寺院的方丈之後，侯顯最後達成任務，帶了烏斯藏上師哈立麻到南京。對於哈立麻的虔敬和博學，永樂顯然很滿意，他在奉天殿延見了高僧，後來於華蓋殿賜宴。1407年4月10日，二十三歲的哈立麻在南京最大的寺院靈谷寺主持宗教儀式，爲永樂已故雙親薦福。哈立麻在南京幾乎待了一年。皇族的幾位成員，包括徐皇后，得到了他的祝福和精神引導。哈立麻教導永樂的家人和祈願的朝臣，增

20.《明太宗實錄》，卷236，頁1a-4b，永樂19年4月。
21.呂本等編，《明太宗寶訓》，卷1，頁2-3。

進樂觀的情緒和誦經，請求佛陀賜福。據說，哈立麻勸阻永樂派兵占領烏斯藏。這位烏斯藏喇嘛亦給永樂預兆，顯示上天指定了他登上皇位，而且向他再次保證，他家人的皇位繼承會萬世不絕[22]。

即使永樂授予哈立麻極高聲望的頭銜，賞賜給烏斯藏賓客各種禮物，他卻從不讓他自己過分沉溺於鋪張的佛教慶典活動。他甚至曾經批評後梁武帝(502年至549年在位)和蒙古末代皇帝妥懽帖木兒，沉溺於過度的佛教典禮，有罪者不刑，紀綱大壞[23]。1403年初，南京與浙江一千八百餘位年輕人披剃為僧，冒請度牒，永樂將他們發戍遼東。他後來嚴厲地警告說：「皇考之制，民年四十以上始聽出家，今犯禁若此，是不知有朝廷。」1407年初秋，蘇州嘉定的知縣報告說，該州原有一千兩百名僧侶，現少了超過一半，奏請皇上的允許，讓另外六百名見習沙彌受戒，以充實嘉定的佛教廟宇人員。這個請求被駁回了[24]。

永樂的宗教政策並不一致。儘管努力削減中國漸增的和尚數目，但他卻採取措施，使非漢族土著改信佛教。他似乎把宗教看成是社會與政治過程底層的一種衍生物，不僅運用佛教來克服中國邊境地帶的落後，而且也用來強化他對中國境內少數民族的掌握。例如，1406年，也就是貴州正式設省的七年前，永樂在那裡設立了一個叫僧綱司的宗教辦事處，勸誘苗族和布依族皈依佛教。永樂了解，佛教不僅能夠提供精神撫慰，而且能夠平息不安定的當地戰士，從而消除這個偏僻地區讓大明當局頭痛的威脅。在政治重建的期間，永樂並未忽略遙遠西南部——一大群非漢族生活的地方——的問題和機會。

中國西南部的土地以前是——而且現在還是——巍峨的，繚繞石

22.《明史》，卷147，列傳35，頁4125。
23.《明史》，卷151，列傳39，頁4178。
24.南炳文，〈明代的寺觀經濟〉，《南開學報》4(1991)，頁48-52。

灰岩丘陵邊緣的森林、湖泊和淺溪是其特色。它也擁有資源：銀、木材，以及產油的植物，尤其是寶貴的桐油，可用來製造肥皂、油布、油漆和罩光漆。這個地區數目最眾多的少數民族是壯族，幾個世紀以來，他們跟漢族有密切的從屬關係。他們跟傣族(種族上近似於泰國人)有共同的語言根源，喜好歡宴的歌舞。另外，還有白族，他們是種稻的農夫，也是雲南平原的原住民。瑤族以火耕栽植稻米、玉米和蔬菜，散居於崎嶇山脈裡的小村寨。另一方面，彝族是好鬥的戰士，其實行奴隸制度(即使奴隸也擁有奴隸)，信奉一種以神聖經典爲基礎的宗教。最後，則是苗族和布依族，其四散於貴州高原迷人的石灰岩丘陵、河川和草木。明代期間，這些土著部落未被漢人社會同化，因而被視爲「蠻人」。他們通常疑懼漢族，對大明政權經常懷有敵意。

大明運用武力、姑息和詭計來應付這些部落。皇帝以名義上的武職或文職，冊封地方酋長爲土官，同意他們「自治」，頗似今日中國給予少數民族「自治地位」。實際上，中國「顧問」亦被指派來協助這些民族處理政務和軍務。最高的土官是宣慰使(從三品)和宣撫使(從四品)，而小一點的官職包括安撫使(從五品)、招討使(從五品)，以及掌管使(正六品)。 1375年，洪武皇帝草草拼湊了個計畫，以支撐他在這地區的行政機關。他在西南區域任命了十一名宣慰使、十名宣撫使、十九名安撫使、一名招討使，以及一百七十三名掌管使。儘管地方酋長執行大明公務員的管理任務，但他們並未領取政府薪餉。就這層意義而言，他們並未真正成爲大明的官員——他們「未入流」[25]。

爲了讓這個雲南地區穩定，洪武皇帝在1382年設立承宣布政使司和都指揮使司，1397年設立提刑按察使司，從而完備了地方政府的三合一自主機構。在此一結構下，三司共享管理權力，沒有人擁有典型

25.《明史》，卷76，志52，頁1875-1876。

地方首長的職權。但隨著時間的推移，大明政府逐漸以真正的中國執行官員，取代「已經入流」的土著酋長[26]。中國的作家經常報導土著的田園悠閒生活，但罕見提及政治體系在邊境地區所造成的種族和經濟分歧。統治的漢族與被統治的原住民之間的關係，實際上是衝突不斷，還有中國官員方面的弊端和壓迫。當管理不善和社會情況變得難以忍受時，少數民族經常進行反華叛亂，而大明當局一般反應是進行招討征伐。然而，在多丘陵岩石的貴州——毗連著雲南和湖廣，介於四川和廣西之間——情勢則棘手得多了。這個區域主要由苗族和布依族居住，他們在延伸到小山頂的梯田上，種植小麥、稻米、茶葉和油桐樹。

大明建立之前的幾十年，貴州地區因小規模族群間的循環戰爭而造成破壞。大明取得統治地位之後，洪武皇帝以烏江爲界，任命宋氏處理烏江東邊的原住民事務，安氏管理烏江西邊的領土。1382年，明德夫人劉淑貞，繼承她的丈夫爲宋氏領袖，且隨其子至南京覲見洪武皇帝。穿著不同顏色和圖案的開襟圍裙，精巧的髮式上戴著帽子的劉淑貞夫人，亦受到永樂母親馬皇后的接待。劉淑貞參訪南京之後不久，大明政府首度在貴陽設立了布政使司，以馬燁爲其都督。在此一時刻，另一位土著婦女，順德夫人奢香，繼承她已故丈夫爲安氏領袖，管理貴州西部所有族群間事務。不幸的是，都督馬燁透過種族和性別的棱鏡來看待世界，其作了一連串傷害苗族的事，顯現出他的偏見，也挑起奢香作一場殊死戰鬥。

馬燁可能認爲，在這類情勢下，女性無法跟男性匹敵，但奢香與他打成和局。慣常對政治敏感的洪武，後來在1385年召見奢香。奢香穿著一襲暗色長袍，戴著尖頂帽子，向皇上陳述她的案情。她的口才和堅毅打動了皇上，後來賜給她錦綺、珠翠、金環和襲衣。洪武皇帝

26.《明史》，卷316，列傳204，頁8169。

亦作了協議，召回都督馬燁予以懲罰，交換奢香的承諾，每年納八萬石穀糧和數目可觀的貢馬給明廷。職務上爲大明宣慰使的奢香，在1388年再度拜訪南京，直到1397年過世之前，她都致力於貴州西部的開發。龍場九驛之中，她所開發的是隆昌驛，明代的傑出哲學家王陽明(1472-1528)後來被流放到那裡[27]。

永樂初次仔細注意到貴州，是在1406年的夏天期間，當時烏江以東的宋氏，拒絕繳納貢糧給大明當局。永樂派遣軍隊去綏靖不服的宋氏，但仍然無法找到最佳的方式來改善關係。1410年，兩位宋氏族長，田琛和田宗鼎，開始爭奪礦產的所有權。永樂獲悉，兩位死敵逐步擴大了爭端而未顧及此舉對其民族造成的後果時，他決意牢牢掌握此一低度開發地區的政治和軍事前線。他敕令夏國公顧成，帶領一支五萬人的招討軍，鎮壓貴州的騷亂。湘潭(在今日湖南)人顧成，最初加入洪武的反元軍時，是個肌肉結實的船夫。他早期的生涯是擔任帳前親兵，洪武郊遊時爲其攜帶雨衣和雨傘。他後來爲建文皇帝效命，但在靖難內戰期間的真定之役，顧成遭到燕王俘虜。顧成投降之後，功績卓著，因而封侯。他受命前往貴州時，他已經七十二歲了。

夏國公顧成輕而易舉地逮捕了田琛，隨後將他捆起，加上鎖銬，送交永樂治罪。永樂也削去田宗鼎的爵位，接著決定罷黜所有土著酋長，代之以大明官員[28]。爲了將貴州正式設省，1413年，永樂在貴陽設立承宣布政使司，以蔣廷瓚爲左布政使，孟驥爲右布政使。這個最新的省分進一步劃分爲十府九州，以及由七十六位掌管使管裡的更小區域。他指派了一名宣撫使，隨後部署了十八個衛所，加強貴州都指揮使司。即使他繼續讓土著當辦事處的侍從官、信差、挑夫和僕役，但從那時開始，那些「入流」的人才有資格擔任縣級以上的地方職

27.《明史》，卷316，列傳204，頁8168-8170。
28.黎東方，《細説明朝》，冊1，頁177-178。

位。新省分的總人口估計才二十三萬人左右，在全國六千五百萬人裡微不足道。不過，由於將貴州併入大明的階層制度裡，永樂不僅將整個西南地區納入中央政府的控制下，也結束了該地區周遭地方的無政府狀態[29]。

既然中央集權制、階層制度和統御力是永樂思維必不可少的部分，那麼他需要協助他經營帝國的有效手段。這些手段包括古代的道德(尤其是儒家的)教誨，以及他父親傳下的恐怖統治和暴力。因此，他不斷認真地找尋高才幹和性情可靠之士，以便能夠改變政治動力，而且比他被廢的侄子更能平穩地運作這個艱難的帝國體系。不過，因爲他的心腹大部分是北方的軍人，也因爲靖難內戰的殘殺，及其接踵而至的整肅行動，致使非常多的官員喪命，永樂亟需新的人才塡補朝廷的空缺。爲了克服這個問題，他要求禮部尚書李至剛會試選士。李至剛報告說，洪武在位期間，每個部新成員人數都不同，有時僅取三十人，但有時也僱用多達四百七十人。永樂隨後告訴李至剛，盡其所能取最多數，找出有才能之士，取其大，略其細；不取目空一切和崇尚虛浮文體之人[30]。

到了1404年初夏，禮部尚書努力徵募了四百七十三名的新進士。他們之中，優等二十八人被授予翰林學士頭銜，這些人留在翰林院俾仍進其學，同時爲帝王作文書工作，包括編修前朝皇帝的實錄。應注意，永樂一掌控了皇室，就下令修改他父親的實錄，洪武的在位期間延伸到1402年，於是把建文5年改成洪武35年，使得建文成爲不合法的篡位者。幾乎每位明史學者都相信，建文在位期間的記載混雜著造假之詞，以至於要重建建文任上的真實面貌是不可能的。毋庸置疑，

29.《明史》，卷46，志22，頁1197-1198；卷316，列傳204，頁8167。1935年1月，毛澤東在貴州重要的城市遵義，重掌中國共產黨黨主席一職，該城市在永樂的時代尚未併入這個新省分。它後來歸四川省管轄。

30.呂本等編，《明太宗寶訓》，卷3，頁1。

剛受永樂委派的一些翰林學士，必須仔細地編修建文皇帝的言行。傳統上，起居注——相當仔細地記載了每位皇帝所有公開的言行，連同所有政府事務，以及除此以外他所參與的事務——是實錄的一手史料。這類的起居注有在位皇帝的潦草字跡和氣味。皇帝一駕崩，他的繼位者就會指派一個委員會，徹底耙梳起居注，將其濃縮成實錄。但幾乎實錄裡所寫的每個字，都是擬稿、再擬稿，來回檢審和潤飾，以至於最後的成果，並未顯示每位編修者的思想特色。歷史學家得到的僅是最後的文獻——精簡、挑過錯字、均勻地留邊頁空白、呆板，顯示出委員會所作之行爲的枯燥乏味。不像現代的備忘錄那樣，實錄沒有提供旁註，反映政策和決定之前的內部爭鬥[31]。因此，有關建文在位期間的訊息，貧乏又不可靠。

永樂徵募到他的優等進士之後的三個月，禮部從不同省分另外選拔了六十名所謂的貢生，在1404年初夏到國子監接受進一步訓練。這群士人不久就被派任到中央政府和地方辦事處的不同部門。爲了探知新進人員的效率和能力，永樂要求按察使和監察御史，每六個月考核一次其表現[32]。 除了新進人員之外，他留用了許多建文的老練官員，尤其洪武皇帝在位期間開始其職業生涯的那些人。永樂表示，因爲這些人是由他父親僱用，他對他們未懷偏見，亦無敵意。爲了履行他的諾言，他把湯宗(死於1427年)從廣西祿州判官的職位，陞綬爲大理寺右寺丞。這是個狡猾的政治策略，因爲湯宗曾彈劾陳瑛——血腥整肅行動期間，永樂的主要打手——收受那時的燕王賄賂[33]。不久之後，永樂明白表示他挑選大臣的標準：

31.有關中國朝代實錄的更多討論，參見Charles S. Gardner, *Chinese Traditional Historiography* (Cambridge. Mass.: Harvard University Press, 1961), pp. 91-97.
32.呂本等編，《明太宗寶訓》，卷3，頁9-10。
33.《明太宗實錄》，卷86，頁4a，永樂6年12月。

> 人君進一人，退一人，皆不苟，必須厭服眾心。若進一人而天下皆知其善，則誰不為善。退一人而天下皆知其惡，則誰敢為惡。無善而進，是出私愛，無惡而退，是出私惡。徇私而行，將何以服天下[34]？

在用人方面，永樂也用容器的容量作隱喻。他說，容器能容數石者，則投以數石。但容器能容數斗者，僅投以數斗。同樣地，如果沒什麼才能的人任大事，則會敗事。但有大才能的人任小事，則枉費其才能[35]。永樂把儒家的君子和小人道德概念，應用在官員的挑選。1409年，在他前往北京之前，永樂找來長子朱高熾，要求他在永樂離開南京時擔任攝政者，因他在1404年已冊立爲皇儲。永樂常常這麼做，以便他的兒子能夠獲得管理經驗，學習怎樣任用對的人做對的事。在這樣的時機，永樂要他的繼承人告訴他，怎樣對君子和小人做區分。高熾引用《論語》的話說道：

> 君子懷德，小人懷土；君子懷刑，小人懷惠；君子求諸己，小人求諸人；君子群而不黨，小人黨而不群。

永樂接著問道，何以君子難進易退，小人易進難退？太子答道，小人逞才而無恥，君子守道而無欲。永樂進一步逼問：「何以小人之勢常勝？」太子答說：「此係上之人好惡。如明主在上，必君子勝矣！」永樂對這樣的答案很滿意，最後嘲弄地問說：「明主在上，都不用小人乎？」太子猶豫了一下，回覆說：「小人果有才，不可棄

34.同上，卷23，頁4a-4b，永樂元年9月；卷29，頁9a-9b，2年3月。
35.同上，卷80，頁5a，永樂元年6月。

者，須常警飭之，不使有過可也。」[36] 至少在名義上，永樂篩選未來的官員時，是根據這樣的標準；但實際上，他也找尋有強烈又絕對忠誠，且很有效率的人來爲他效命，有時在任用上未能將德行擺爲優先考量。在《聖學心法》裡，永樂指出，他會任命有才幹之士，在中央政府擔任行政官員，但會選派有德行之士，到地方政府做日常的官僚工作[37]。雖然如此，永樂的任命紀錄與他說的區別有所矛盾。例如，1409年他最初任命江浩與王儼這兩位「有德行的」國子監監生，擔任蘇州府長洲和嘉定的知縣。不過，江浩與王儼長於品格而短於專門技能，無法處理繁冗政務時，他們便被召回，改用老成諳練者任職[38]。

就性情而論，永樂是個衝動的人，而且就意向而論，他並不尊敬作爲一個階級的知識界。雖然如此，這個階級有許多有行政才能的人，正是他們在重建的期間協助他達到穩定和繁榮。他們通過君主政體來確立國家權力，而且提倡儒學作爲官員的行爲準則，藉以達到穩定。永樂要他的官員有效管理中國的農民大眾，爲公益努力：基本上，就是讓人民衣食無虞。由於有這些目標，永樂極爲謹慎地選擇他的高階管理團隊和核心成員，亦即，六部的領袖，加上他的七位內閣大學士——後者協助他制訂政策，前者貫徹政策[39]。從1402年7月到1424年8月，在當中國皇帝的期間，永樂共任命了三十二位大臣。這些大臣之中，四位曾在建文皇帝底下任職，在權力轉移期間僅在永樂底下當了兩個月的看守人。其他十位大臣要嘛兼領其他職銜，派駐在不同省分，要嘛在南京的職位上待不到一年。他們的任職記載，零散又瑣碎。但剩餘的十八位大臣之記載，跟永樂自己的生涯有密切關

36.《明太宗實錄》，卷88，頁4b-5a，永樂7年2月。
37.朱棣，《聖學心法》，頁11b-12b。
38.《明太宗實錄》，卷94，頁2a-2b，永樂7年7月。
39.同上，卷69，頁3b，永樂5年7月。

係，清楚反映出永樂的跋扈人格、無畏的思想好奇心，還有最重要的是，他的躬親實踐的管理風格。

這十八位大臣出身的地理背景相當平衡：四位來自南京地區(郁新、李至剛、金純與陳洽)；三位來自河南(郭資、宋禮與趙犴)；浙江(金忠、方賓)、湖廣(夏原吉、劉儁)、山東(吳中、黃福)，以及北京(劉觀、李慶)各有兩位；而福建(鄭賜)、四川(蹇義)，以及陝西(呂震)則各有一位。由教育的角度觀之，八位是國子監監生，五位舉進士(都是洪武在位期間的1385年)，而其餘的人則因特殊的才能或好名聲，被委派到高階職位。但永樂最信任的大臣起自武職基層，這個人就是金忠(1353-1415)，其精研占卜和天文，據說在靖難內戰之前和期間，協助永樂做重要又正確的決定。當永樂登上皇位時，他最初任命金忠爲工部右侍郎，但在1404年拔擢他爲兵部尙書；金忠同時監督皇儲的教育。他在位超過十一年，有效率地管理軍事人員；維護軍事設施、設備和武器；以及監督郵驛制度的運作。金忠是個忠誠又誠實的人，也是唯一可稱之爲永樂戰友的大臣。他在1415年的春天期間死於辦公室[40]。

永樂在1402年攻占南京之前，其他三位大臣——郭資、呂震與吳中——也加入了他的陣營。郭資來歸時，是北平左布政使。靖難內戰期間，他負責後勤補給；三年後，由於他對內戰勝利的重大貢獻，他被獎賞了戶部尙書的職位。郭資吸收了按察司僉事呂震，加入燕王的軍隊。呂震先是當知府，後來在大理寺擔任少卿，直到1405年他被拔擢爲工部尙書爲止。三年後重新任命他接掌禮部。吳中歸順永樂時是營州後屯衛經歷。靖難內戰期間，他供應永樂糧食和馬匹，也因爲他的協助，永樂先任命他爲右都御史，之後在1407年指派他爲工部尙

40.《明史》，卷150，列傳38，頁4159。

書[41]。郭資、呂震與吳中處理政策而非政治，他們在主子永樂無情的注視下比他活得長。

永樂的第二群大臣——黃福、宋禮、劉儁、方賓與蹇義——是見風轉舵者，永樂一走過南京的宮殿大門，他們就向新主子卑躬屈膝，宣示效忠。永樂接受他們的效忠，明朝也因而更多采多姿。這群大臣之中，工部尚書黃福受栽培不到三年時間。黃福是個節儉又自律的人，兼具才德，相當注意自己的穿著和行爲，從未浪費公帑。他滿懷理想，而且因爲對同僚的不偏不倚，以及受百姓歡迎而著稱。不幸的是，由於他跟建文政權有關係，黃福從未得到永樂完全的信任，而且被迫在安南和幾個地方省分，度過他大部分的職業生涯[42]。永樂後來找宋禮(死於1422年)接替黃福擔任工部尚書。宋禮也未能加入永樂的權力圈子，因爲他相當多的時間都在四川採伐林木，用以建造船隻和北京的新宮殿。1422年，他死於辦公室。兵部大臣劉儁與方賓，在無法忍受的情況下喪生：1408年，劉儁遭到反叛的安南人包圍時，他結束了自己的生命；而方賓則因倫理理由，被迫在1421年自殺[43]。

見風轉舵者之中，只有蹇義找到贏得主子信任的方法，最終在永樂的朝廷展現了一段出色的職業生涯。四川巴縣人蹇義，在1385年舉進士，開啓了他的文官職業生涯。他的前九年擔任中書舍人，負責繕寫和篩選公文，直到建文皇帝拔擢他爲吏部右侍郎。他跟很多建文官員一起向永樂歸順，他先當了吏部左侍郎，隨後升爲吏部尚書。應注意，洪武皇帝在1380年廢除宰相之後，吏部有更多的職責和權力，在

41.《明史》，卷151，列傳39，頁4179-4183。

42.在1406年前往安南的途中，黃福的日記提供了關於15世紀早期中國西南部情況的無價訊息(黃福，〈奉使安南水程日記〉，卷64，頁1a-11b；黃福，《黃忠宣公文集》)。

43.《明史》，卷151，列傳39，頁4183；卷153，列傳41，頁4204-4205；卷154，列傳42，頁4225-4228。

中央政府負擔最重的工作量；一般來說，其負責所有文職官員的任免、考課和升降，以及有關勳封的事務。從1402年的秋天到1422年的秋天，蹇義把自己奉獻給永樂和政府人員管理二十年。在那段期間，他兼領太子詹事。不過，由於這個附屬職位，他因未能匡正太子曲宥朝參失儀而遭到逮捕，入獄五個月。蹇義獲釋之後復職，他不僅爲永樂，也爲其兒子、孫子和曾孫，繼續掌管吏部，直到七十二歲過世爲止。蹇義工作辛勤，質直孝友，幾乎未嘗在背後中傷他的同僚。除了行政的本分之外，他深入參與《明太宗實錄》的編修，永樂皇帝駕崩後僅五年半就完成[44]。

永樂的第三群大臣來自不同的社會和政治背景，但他們通常是有教養、勇敢而又富有獻身精神的行政官員。他們之中，夏原吉最受永樂及其繼承者的喜愛和敬畏，因爲他說話向來簡潔，發人深省，贊同節省稅款，減輕百姓的勞苦。夏原吉出生於湘陰(在今日湖南)，年幼喪父。以鄉薦入太學，選入禁中書制誥。他因處事悉有條理而聞名，很快成爲戶部主事(正六品)。建文隨後拔擢他爲戶部右侍郎，而且一度派遣他到福建和湖北，調查諸如人口普查、稅款的評估和徵收，以及政府歲入的管理之類的事宜。靖難內戰結束時，有人用繩索綑綁夏原吉，獻給永樂作爲戰利品。然而，永樂知道夏原吉有許多才能，決定讓夏原吉擔任一個會使人畏縮的任務，也就是復甦大明經濟。

永樂先任命他爲戶部左侍郎，後來則是戶部尚書。儘管夏原吉對永樂有絕對又強烈的忠誠，不過，從1421年到1424年，他被監禁了將近三年，因爲他反對永樂所費不貲的漠北親征。但永樂皇帝相當了解夏原吉的忠誠和坦率，因爲他的臨終之言是「夏原吉愛我」。夏原吉在位期間，他從事治水的工作，修築了浙江西部的灌溉系統。他了解地區經濟差異的問題，盡全力說明依次記載於魚鱗圖冊和黃冊的土地

44.《明史》，卷149，列傳37，頁4147-4149。

稅和徭役。即使戶部時常人手不足，他還是設法穩定紙鈔通貨和貨幣供應量，使國家倉庫、糧倉和海關制度化。海關則是徵收大運河上之船隻的轉運稅。另外，他使政府有效控制食鹽和食鹽兌換。由於夏原吉長於財政，永樂不需要擔心他的一些軍事戰役和外交冒險活動過度開支。夏原吉是個寬宏大量的人，也比永樂活得長，而且繼續爲永樂的兒子和孫子效命。他六十四歲時在辦公室過世[45]。

其他四個部門——禮部、兵部、刑部和工部——的尚書，沒有人能夠在苛求的永樂底下屹立不搖，他們都不像蹇義與夏原吉那樣，享有皇帝的信任。如果我們把蹇義與夏原吉描述成「君子」，那麼永樂身邊也有幾位「小人」。最典型的小人是呂震，他有無窮精力且過目不忘。永樂先讓他當刑部尚書，後來則是禮部尚書，而且有個時期，兼領兵部和戶部。但呂震爲人佞諛傾險，爲禮官，不知大體。永樂外朝中的另一位差勁人物是禮部尚書李至剛，他爲人敏給，能治繁劇，善傅會。然而，李至剛黨派性強，憎恨能力與自己匹敵或在自己之上的人。工部尚書吳中先後在工部二十餘年，依孔子的標準，他也是個小人。他負責北京宮殿和三座皇陵的營造工程，但卻是個沉溺於女色的人，而且過著奢侈的生活。最後，禮部尚書劉觀公開狎妓，私納賄賂，成爲知識界的笑柄[46]。

除了上述代表外朝官僚權威的著名尚書之外，極權的永樂亦指派少數幾位翰林學士，協助他處理內廷繁多的日常職責。1402年8月，永樂在東角門設立了內閣。在例行的晚朝之後，他通常找來兩位學士，加入持續到午夜的工作晚餐。一個月後，他又徵募了五名翰林學士來參加和商議。他們原先是辦理行政上的文書工作，但逐漸也參與了重要的軍事和政治決策。這些學士正式名稱是內閣大學士，其亦協

45.《明史》，卷149，列傳37，頁4150-4154。
46.《明史》，卷151，列傳39，頁4180-4185。

助皇帝起稿帝王詔令，後來變成內廷的代理人和發言人。隨著時間的推移，他們變成帝王權位的一種工具，而且在大明政府裡扮演一個舉足輕重的執行角色[47]。

洪武皇帝在1382年開始召開大學士的秘密政務會，指派他們在皇宮內部三個指定的大殿(華蓋殿、武英殿與文華殿)和兩閣(文淵閣與東閣)工作。他們記下皇帝的口述事宜、撰寫給官員的便箋，以及執行其他謄寫的乏味工作，提供內廷文字和學識上的協助。洪武故意不讓他們居高位，以免他們獲得任何權勢或支配權。永樂底下的內閣大學士，如今被賦予了實權，受指派定期在文淵閣工作，而空下了其他先前使用過的建築物。事實上，「內閣」一詞是永樂時創出的；於是，洪武開啓的絕對主義君主政體，永樂做了進一步的發展[48]。1421年，京師遷徙到北京之後，內閣的辦公室仍然叫文淵閣，設立在午門的東南角。永樂在1424年駕崩，他的兒子將華蓋殿、武英殿和文華殿恢復爲內閣大學士的指定工作場所。1425年，他的孫子爲內閣大學士在謹身殿安排了一個新的辦公室。這些著名的建築物自此被用來辨識個別的內閣大學士，而他們集體則被視爲是大明帝國的權力核心[49]。

內閣的功能演變得愈來愈有權力，不斷吸取翰林院的資源和人員時，後者最終成爲前者的附加物。翰林院人員包括侍讀學士、侍講學士、五經博士，而在科舉考試名列前茅的一個特別團體，如今有著修撰或編修、翰林學士，以及檢討之類的頭銜。永樂的七位內閣大學士中，解縉是侍讀學士，而黃淮是編修；兩者於1402年8月開始在文淵閣工作，那時解縉才三十三歲，而黃淮三十五歲。一個月後，其他五位加入了這個入會限制嚴格的會所。他們包括侍講學士胡廣(三十二

47.涂山，《明政統宗》，1615年木板印刷刊本(再版，臺北：成文出版社，1977)，卷7，頁4a-4b。

48.譚天星，《明代內閣政治》，頁10-11。

49.Grimm, “Das Neiko der Ming-Zeit, von den Anfangen bis 1506,” pp. 139-177.

歲)、修撰楊榮(三十一歲)、編修楊士奇(三十七歲)、檢討金幼孜(三十六歲)和檢討胡儼(四十二歲)。所謂的「永樂七人」亦參與了皇儲教育，成爲內廷的決策權力集團。

在大明的官僚階層裡，六部尚書通常官階正二品，但翰林學士位階不高，通常從低階的從七品到正六品，他們升遷罕見超過正五品。到了1402年年底，解縉被拔擢到從五品，他變成翰林學院學士兼內閣大學士時則升爲正五品。胡廣和黃淮都是先升遷到從五品，隨後才是正五品，但胡儼與楊榮最高只到從五品。另一方面，楊士奇依然維持在正六品，而金幼孜從未獲得升遷。雖然如此，因爲他們對皇儲教育的貢獻，永樂給予他們少傅、少師和少保之類的兼職(不過，是名義上的)職銜，都是從一品，而且他們參與朝會時得以穿著正二品級別的大臣制服。然而，他們的影響力來自於他們上達天聽。他們的功能是永樂個人的顧問，永樂每天與其磋商，直接賦予其職責。七位內閣大學士都是南方人：解縉、胡廣、金幼孜、胡儼和楊士奇來自江西；黃淮來自浙江；而楊榮則來自福建[50]。既然永樂的權力基礎在中國北方，那麼他讓南方人的智囊團圍繞在自己身邊，必定有其理由。

14世紀下半葉期間，江西因文風鼎盛而聞名，爲早期的大明政府培養了很多人才。例如，在1400年的會試，前三名進士，包括胡廣，都是江西人。而前三十名之中，十六位來自江西。因此，黃子澄爲首的所謂江西幫，在建文朝廷占主要地位，不過，由於這樣的關係，江西人在靖難內戰期間亦受害很深。在戰爭的餘波中，此一地區依舊貧窮和不安定。在永樂奪得權力之後，具有豐富物質和思想資源的江西人，繼續否定他的正當性[51]。永樂是個專做不可能做到之事情的主子，正是在這樣的背景下，他決定再賭一次，就像他的生涯裡數度所

50.黃佐，《翰林記》，卷2，頁13-19。

51.鄭克晟，〈明代江西籍士人和官僚的政治表現〉，頁55。

爲那樣，他的朝廷大膽地任命了數目可觀的江西菁英[52]。他的訊息強烈又清晰：他要江西人士的合作和支持。誠然，他新取得的政治股份最終會獲得回報。這些年輕又適應力佳的翰林學士，立功心切，會以才能、無私奉獻和毫無疑問的忠心爲他服務。他們對朝廷的貢獻，永樂頗爲心滿意足，他有一次以歡樂的心情說道：

> 卿六人旦夕在朕左右，勤勞助益，不在尚書下，……卿等但盡心職任。孔子云：「君使臣以禮，臣事君以忠。」君臣各盡其道耳[53]。

組成永樂朝廷上層的七位內閣大學士之中，解縉可能是最有影響力，最有才能，也最大膽的。解縉才十九歲就舉進士，他加入永樂的秘密「參謀團」時，僅僅三十四歲。正是解縉與黃淮，「常立御榻左，備顧問。或至夜分，帝就寢，猶賜坐榻前語，機密重務悉預聞」[54]。永樂也讓解縉承擔最重要任務，主持《明太祖實錄》(1418)的編輯委員會，協助徐皇后彙編三卷本的《古今列女傳》，頌揚以成就、謙遜、奉獻和貞潔聞名的婦女。解縉運用精確、簡樸和流暢的語言，描述許多值得讚揚之婦女的引人注意形象。爲了顯示愉快和感激，徐皇后特別在宮殿召見解縉的妻子。由於翰林院的職位，解縉亦參與《永樂大典》和《文獻大成》的編纂，編寫了皇族的宗譜，以及一篇永樂母親的傳記。解縉任事直前，表裡洞達，相當率直又有愛國心。據信，永樂冊立他長子爲皇儲的決定，主要由於解縉持續不斷的遊說。

52.Hucker, *Chinese Government in Ming Times*, p. 185；王崇武，《明靖難史事考證稿》，頁88-89。
53.余繼登，《典故記聞》，明木板印刷刊本，卷6，頁112-114。
54.《明史》，卷147，列傳35，頁4123。

永樂前三位兒子是徐皇后所生，而他的四子高爔，生母不詳，未封而殤。長子高熾，體型與永樂大不相同，他主要有興趣的是文學和詩詞，而不是身體健康和作戰。反之，次子高煦高大、強壯又健美，在戰場上有傑出表現。三子高燧個性和能力平庸，永樂駕崩後才兩年就捲入一次未遂的叛亂，死於1431年。永樂許多有影響力的顧問，屢次催促他立次子爲儲；其中一位是丘福將軍(死於1409年；少數受永樂冊封的公爵之一)，他指出，高煦擁有精神旺盛的身體特質，統御力有永樂和洪武的顯著特徵。這位公爵亦提醒永樂，靖難內戰期間，高煦有幾次拯救了永樂的性命，而且把瀕臨失敗的戰況，逆轉爲勝利。但在做重大決定之前，永樂密問解縉。解縉說：「皇長子仁孝，天下歸心。」永樂不應。解縉又頓首曰：「好聖孫。」解縉是指高熾的六歲兒子朱瞻基，未來第五任皇帝宣德(西元1426年至1435年在位)，永樂寵愛的孫子。永樂最後點點頭，太子遂定[55]。

在1404年5月9日，很快將高熾從北京召喚到南京，冊立爲皇儲。隔天，永樂任命他最有功績的淇國公丘福將軍，爲名義上的皇儲師保官，他的頭號顧問道衍和尚爲太子少師。他也冊封他的兒子高煦爲漢王，管理雲南，他的兒子高燧爲趙簡王，駐在北京。藉由這些任命，永樂明確地表示，繼位問題已經解決，他能夠全心進行他的重建計畫了。然而，高煦繼續圖謀他父親的衣缽，拒絕前往雲南。永樂允許高煦和他的家人留在京師，而他則在這裡暗中損害他的兄長，對皇儲的家庭教師施以政治傷害。最後，高煦找到一個機會，指控解縉違反保密和公正的神聖傳統，在科舉考試期間偏袒他江西同鄉的舉子。1407年初春，解縉被貶，前往廣西和交趾(安南)擔任布政司右參議。

三年後，永樂北征時，解縉奏事，回到南京。解縉謁皇太子而還，他的舊敵高煦開始用一整套新的指控來對付他。高煦指控說，解

55.《明史》，卷147，列傳35，頁4120-4121。

縉私覲太子，「徑歸，無人臣禮」，而且逮解縉下獄，以便進一步調查。審問期間，拷掠備至，然後根據有疑問的證據定他有罪，從而結束了他曇花一現的政治生涯。五年後，1415年，錦衣衛帥紀綱上囚籍，帝見縉姓名，問曰：「縉猶在耶？」紀綱得到此一暗示，便邀解縉喝酒。等解縉酒醉後，這位錦衣衛帥把四十六歲的解縉，埋入積雪中，直到他斷氣爲止。解縉的財產被充公，妻子宗族流放東北南部的遼東若干年[56]。

最初的七名內閣大學士兼皇儲教師之中，胡儼可能是最幸運的，因爲僅在太子府邸短暫任職之後，他就重新獲派，接掌國子監。擔任國子監祭酒的二十餘年期間，他把精力和時間投入高等教育，明代早期的主要學術作品，包括《天下圖志》，幾乎都由其出版。由於他選擇遠離背信棄義的繼位爭鬥，因而能夠活到1443年，在八十二歲的高齡自然死亡[57]。不過，高煦繼續挑太子其他顧問的錯，胡儼的幾位同僚便在宮廷陰謀中代爲受過。例如，在1414年初秋，永樂從漠北班師，皇儲的隨行人員延遲到達歡迎典禮時，高煦就利用此一機會，催促他父親懲罰需負責任的官員。因而東宮官屬下詔獄，包括了黃淮與楊士奇。黃淮遭監禁十年，直到皇儲在1424年登上皇位，反之，楊士奇僅僅短暫監禁之後就獲得釋放。黃淮與楊士奇兩者都繼續爲永樂的兒子、孫子，甚至曾孫效勞，直到黃淮八十二歲，而楊士奇七十九歲過世爲止。楊士奇留下《三朝聖諭錄》一書，描寫內閣緊張又秘密的工作狀況。楊士奇的著述後來以《東里全集》爲名，輯入清皇帝乾隆(1736-1795在位)的《四庫全書》[58]。

1416年，漢王朱高煦受封山東青州府新封地，但他再度提出異

56.同上，頁4121-4122。
57.同上，頁4128-4129。
58.同上，頁4124、4132-4136。

議。這次不是小吵小鬧，因爲永樂嚴厲地斥責他。高煦品德不佳又野心勃勃，他後來瞞著兵部，招募了一支三千人的私人軍隊，而且犯了不法數十事，包括殺害一名軍隊指揮官。永樂再也不能容忍這類欺善怕惡的行爲，據說考慮要削高煦的藩王爵位，貶他爲平民。不過，在皇儲涕泣力救之後，永樂敕令將高煦囚禁在西華門裡，處決了幾名高煦的護衛和顧問。一年後，永樂流放高煦到山東的樂安，開始更有條理地培養皇儲。往後的七年，高煦忍辱負重，等待機會。1426年暑夏，他的父親和兄長都駕崩之後，這位野心勃勃的親王下定決心，該是挑戰他侄子——年輕的宣德皇帝——的時候了。他想重演大約二十年前他父親對建文皇帝的所作所爲。不過，時間和環境完全不同，僅僅三週的行動之後，從1426年8月28日到9月17日，高煦的叛變就被平定。他和諸子遭到奪爵，監禁在西安門裡直到過世[59]。

大力協助宣德皇帝有效地對付高煦叛變的人，是內閣大學士楊榮。他和其他兩位內閣大學士——胡廣與金幼孜，在不同的時期獲得帝王的重用，享有永樂的信任。這三人都擁有深厚的古典知識背景，但每一位都有獨具的特點和專門知識。舉例來說，1400年的第一名進士胡廣，謹言慎行，能委以最敏感的情報。胡廣亦以書法風格優美著稱，永樂每刻石，皆令其書之。另一方面，金幼孜爲人簡易靜默，寬裕有容。金幼孜也在1400年中進士，是五種儒家經典之一《春秋》的專家。他陪同永樂每次的漠北親征，撰寫了一部有關此一主題的兩卷書籍——《北征錄》[60]。最後，永樂朝臣智囊團之中，最年輕(比永樂小九歲)、最聰慧和最有能力的人，楊榮，已經成爲傳奇人物。楊榮沒有解縉那樣的才學，而是警敏，是個過目成誦者。正是他提醒永

59.《明史》，卷118，列傳6，頁3617-3620。
60.金幼孜的《北征錄》，收錄於沈節甫，《紀錄彙編》，卷32。亦參見姜勝利，〈明代野史述略〉，《南開學報》第2期(1987)，頁37；《明史》，卷147，列傳35，頁4125-4126。

樂，在即位爲新皇帝之前，先謁父親的陵墓。他在風格上是個凝聚共識者，而在本能上則是個實用主義者。他在永樂的朝廷裡，看起來一副樂觀的樣子，總是對棘手問題貢獻正面的提議。據報導，永樂的晚年期間，喜怒無常的皇帝每逢看到楊榮來臨時，他立即覺得平靜而放鬆下來。楊榮喜愛軍事學和地理學，亦陪同永樂每次的漠北親征。在幾次征伐的間隔，永樂派遣楊榮到陝西、甘肅與寧夏，視察和規劃邊境的防禦。1410年永樂北征的期間，皇帝命楊榮領三百勇士爲衛，而且四年後，明朝軍隊跟瓦剌交戰時，永樂要他的孫子——未來的宣德皇帝——隨行。帝命榮以間陳說經史。楊榮在營地定期給這位年輕親王講解經史。永樂也讓楊榮兼領尙寶事，確保「凡宣詔出令，及旗幟符驗，必得榮奏乃發」。1416年，永樂拔擢金幼孜與楊榮爲翰林學士，兩年後胡廣過世，楊榮接掌翰林院。1420年，楊榮進一步升遷到文淵閣內閣大學士的職位，兼翰林掌院學士。兩年後，在另一次北征的期間，永樂要求他「軍事悉令參決」，實質上委派楊榮爲總兵官。最後，就在1424年，永樂身體衰弱，終於過世了，他把所有軍務委託給楊榮，讓他實際節制所有大明的軍力。征伐期間，楊榮記下的日記《北征記》，其中記載了永樂的戰略思維、用兵術和膽量。就像他的一些內閣大學士同僚那樣，楊榮成爲另一位好幾代人的帝王顧問，繼續爲永樂的兒子、孫子和曾孫效勞，直到1440年，他在七十歲過世[61]。永樂關於管理方面的遺產是混合的。他證明，他是精明的人物鑑定家，有能力挑選許多有教養、專心又一絲不苟的「君子」，能夠委以秘密。他是個忙碌又不知疲倦的主管，經常拂曉時起床，辛勤地工作到深夜。當其他方面不忙碌時，永樂便責怪自己生活閒散。他提及自己：

61.《明史》，卷148，列傳36，頁4138-4141。楊榮的《北征記》，收錄於沈節甫，《紀錄彙編》，卷34。

> 朕每旦四鼓以興，衣冠靜坐。是時神清氣爽，則思四方之事，緩急之宜，必得其當，然後出付所司行之。朝退未嘗輒入宮中，間取四方奏牘，一一省覽，其有邊報及水旱等事，即付所司施行。宮中事，亦多須俟外朝事畢，方與處治。閒暇則取經史覽閱，未嘗敢自暇逸。誠慮天下之大，庶務之殷，豈可須臾怠惰？一怠惰，則百度弛矣[62]。

既然永樂對怠惰和暇逸的危險有警覺，他僅僅信任兼具才能、深厚的學問、服務的熱情，以及良好道德品格的人士。他爲菁英政治創造了情感環境，要求他的內閣大學士，相互信任和聯合領導。不像他偏執狂的父親那樣，永樂能夠維持與他人的關係。事實上，他仔細挑選的幾位顧問，都以擔任他幾代家人的顧問而告終。楊士奇在內閣任職四十三年，楊榮三十七年，而金幼孜三十年。另外，蹇義當了三十四年的吏部尚書，而夏原吉領導戶部二十九年。這些負責又耿直的人，不僅讓永樂政策得以延續，也使大明帝國在15世紀下半葉，得以維持普遍的政治穩定。

然而，永樂也是個有缺點的凡人。儘管事實上他任命了幾名建文的官員到高位，但他經常缺少雅量和寬容。他粗暴地對待和糟蹋幾位傑出又正直的顧問，諸如黃福與解縉。他遺傳了父親詭譎多變的脾氣，性急地將許多朝臣下獄，諸如黃淮與楊士奇，即使沒有朝廷的共謀。他甚至處死了他的幾位打手，包括聲名狼籍的左都御史陳瑛，以及殘酷的錦衣衛帥紀綱，他們要爲數以萬計無辜之人的死亡負責。雖然如此，究竟永樂管理方面的成績，是其人格或思想領導的結果，難

62.余繼登，《典故記聞》，卷6，頁116；呂本等編，《明太宗寶訓》，卷1，頁17-18。

以確知。有人會爭辯說，永樂的政治哲學得自法家的，跟得自儒家意識形態的一樣多。事實上，永樂希望全世界把他跟聖王的儒家理想聯想在一起，而不是法家、暴君的中國統一者秦始皇(西元前259-210年)。但有關統治者地位，他在思想上調製了一種不同模式，因爲他不僅習自他的父親，而且也習自法家哲學。法家強調刑罰在治理中的角色，統治者與官員互動中的至高無上，以及對官僚制度的控制和密切監視[63]。他父親在1368年建立了這個朝代時，開啓了歷史的轉型，爲了確保他自己的利益和權力，也爲了把中國向前推進，永樂知道，他必須緊緊拴住所有的大臣和顧問。說到底，永樂的暴虐行爲和無情，跟道德語調和高度理想混在一起，使他成爲一個完全的絕對主義君主——一個相信自己是整個世界獨一無二之主子的人。

63.參見Herrlee G. Creel, *What Is Taoism? And Other Studies in Chinese Cultural History*（Chicago: University of Chicago Press, 1970）, chaps. 5 and 6.

第六章

中興的歲月：社會和經濟

1402-1421

在傾軋和混亂的四年之後，永樂皇帝在1402年登上皇位，此時，中國的經濟受創，中國的社會瀕臨解體。整個淮河流域因靖難內戰受損嚴重，而華北平原的若干部分——尤其，北京地區——則幾乎人口滅絕。長江以北的土地、堤防、倉庫、糧倉和運河，都在荒廢狀態。先前繁盛的縣分，諸如順德與保定，有擁擠的人群，但沒有衣食。1402年的稅收陡降至內戰前數額的一小部分，同時有過多的逃民和工資欠款，僅有很少的工匠可供雇傭。再者，幾個飽受社會動亂蹂躪的地區，也因爲新的宗教一政治運動而動盪[1]。永樂初次搬到南京時，他缺乏受人敬重和帝王威嚴的光環，但那是形塑和統治大明帝國不可或缺的。百姓對於建文的駕崩，還處在震驚的狀況，而永樂跟地方縉紳和菁英的關係還很薄弱，在靖難內戰期間，他們有許多人凋萎了。即使永樂贏得繼位的戰役，精神和心靈的戰役才正要開始。爲了把中國從社會與經濟混亂中解救出來，永樂了解，他不僅必須公布經濟復甦計畫，而且也必須跟縉紳階級保持平穩關係，因爲晚近的暴力破壞讓他們感到不安。

中國是個鄉村國家，其社會和財政制度的根底，是所謂的里甲，亦即，以十個家庭爲單位的團體，集體承擔維持秩序的責任，提供徭役和貢物給政府等等。在明代，所有森林產物和建材——包括木材、

1.《明太宗實錄》，卷15，頁2a-3b，洪武35年12月。

竹子、麻類植物、石灰石、鐵、桐油、蘆桿和磚塊——的三十分之一，在個人使用之前，或者，在市場裡販售之前，必須存放在國家的倉庫。此一習慣性作法，就是大明財政用語裡所謂的「抽分」。一群里老，亦即受人尊敬的年老地主，是這個自我管理計畫的關鍵，因爲他們受到委託，肩負徵收租稅和貢品，以及監督漕夫的責任。他們亦負責教導皇帝的臣民，以及召開大會。本質上，他們在人民與政府之間，擔任中間人的角色。因此，在很大的程度上，永樂的中興計畫之成敗，取決於能否有效贏得社區領袖的支持。

爲了贏得里甲耆老的支持，永樂明白表示，他要從縉紳階級之子裡，徵募更多文職官僚的意圖。他亦寬大爲懷，免除租稅，而且採取了措施去開墾土地、修補灌溉工程和蓄水庫、控制河道，以及在荒蕪地區重新造林。然而，所有這些努力需要時間才能實現。永樂的當務之急，是阻止謠言、八卦和猜測四處瀰漫，以免激發民眾的焦慮，加深報復的恐懼。最常聽到的謠言說道，建文逃到偏僻的山區或海外，而且準備班師回朝；不然就是說道，菩薩——佛教的救世主——即將降臨，他會再現爲天子，懲罰永樂的軍隊所進行的恐怖行爲和暴行[2]。因此，對於「篡位的皇帝」來說，急迫的任務乃是使全體居民平靜下來，緩和一般民眾的恐懼。1402年8月4日，也就是自立爲皇帝之後的十八天，永樂任命了十二位新的都察院監察御史，派遣他們到各省去調查和逮捕任何散布無稽謠言的人，因這些謠言使持續的社會混亂加劇。8月13日，永樂發出公告，擔保不會傷害無辜之人，力勸所有的人要安心，重返工作崗位。他說，他會待他的臣民如自己的子女，善盡他的權力來保護他們。然而，如果有惡意中傷的謠言，全然是爲了鼓起公眾的動亂，或破壞他的權威，那麼他要百姓向政府報告。如果發現犯罪，開啓這類謠言的犯人會被處死，其家產給賞告

2.《明太宗實錄》，卷10下，頁5a-5b，洪武35年7月。

人。知道謠言的來源而不告發，與犯人同罪，也會被處死[3]。但注重實際的永樂亦了解，如果里甲耆老拒絕配合，這一類公告對他普遍不識字的臣民，不會有太大的作用。說到底，他必須仰賴耆老向百姓傳播帝王意志，執行他的指令。

然而，這種公告產生了立即的後座力，以及大量的不實指控。想對鄰居或敵人報仇的人，會前往監察御史的辦事處，作荒唐的指控。脫序的狀況如此嚴重，以至於僅僅七個月之後，永樂迫不得已，更改他的政策，來防止不實指控。他下詔說，對三、四人作不實指控者，杖一百下，沒有鐵一般的證據，而對五、六人作指控，則杖一百下，流放到邊境。犯嚴重僞證罪的人，諸如對超過十人作不實指控，則會被斬首。永樂變更敕令，會增加社會混亂，不過，過了幾個月，百姓對他統御力的信心增强，而且在里甲耆老的協助下，監察御史要對付謠言、逮捕新政權的真正敵人，變得容易多了。這些辦事處會長期納入制度，一直存留到明朝滅亡，大概也可歸因於監察御史在永樂中興運動的早期表現得很好[4]。

即使監察御史是由永樂親自挑選，他們在各省分調查罪行或壞事時，通常由皇上的太監陪同。1403年的夏天期間，袁綱受命爲御史，調查南京的周圍地區，而給事中朱亮則在浙江審閱政務和軍務。在袁綱與朱亮接受撫慰任務之前，永樂告訴他們說，他們是他的耳目。然而，在重大事情上，他們需要先跟皇帝的太監及其錦衣衛護衛磋商。傷人、犯盜竊罪，或行賄的人，依法起訴，但陰謀活動和其他嚴重的罪行，必須上報朝廷，作進一步複審。然而，太監涉入刑事調查的慣例，最終破壞了大明司法制度——以組織的模糊性爲其特徵——的機

3.同上，卷10上，頁7b-8a；卷10下，頁2a-2b，洪武35年7月。
4.關於明代早期御史的討論，參見Hucker, *The Censorial System of Ming China*, pp. 30-107.

能，因爲錦衣衛的太監和官員在皇帝身邊工作，能夠(而且經常)僞造罪證，對付皇帝的敵人或他們自己的敵人。

大明的三法司，由都察院、刑部和大理寺組成，永樂將其應用在恢復社會秩序。通常，地方知縣的案件必須循行政階層而上刑部，由其審核後作批准。巡按和按察司的案件，是由都察院審核，而來自軍事單位的案件，則送交京師的五軍都督府。但刑部、都察院和軍都督府批准的所有判決紀錄，都必須呈遞大理寺作最後審閱。朝廷的功能就像美國的最高法院那樣，會檢查司法裁決和判決是否妥當。它能夠維持原判，或者，案子發回更審，但如果案件牽涉到死刑，朝廷總是奏請皇帝裁決[5]。永樂曾經在氣頭上，敕令處決了穀物監督官，後來只能對他的裁決感到遺憾。他說，他以前就從開明的唐太宗(李世民)身上學得，要採取措施來矯正懲處程序。從那時開始，除非謀反大逆，審覆無異，否則罪犯在刑訊以取口供之前，都有五覆奏的權利[6]。

永樂承認人容易犯錯，因而特別關切擁有凌駕別人之權力的那些人。他似乎相信，宇宙的力量與統治者行爲端不端正之間，有一種聯繫。因此，每逢帝國有怪異和讓人不安的偶發事件，諸如瘟疫或自然災害，永樂臆測，他的政府裡有人不公正地監禁了無罪的人。在這樣的情況下，他會親自重新審查原始指控的紀錄、裁決、審判紀錄，以及司法判決是否合宜。這也是他爲何頻繁地施恩，要嘛減少囚犯的刑期，要嘛就乾脆釋放他們。但由於永樂關切可能存在的審判不公，司法官員便小心翼翼，不作輕率的裁決，以至於許多嫌犯羈押超過一年而未被宣告有罪。當監獄的設施無法容納不斷增加的未判決囚犯之人

5.Hucker, "Governmental Organization of the Ming Dynasty," pp. 55-56.

6.《明太宗實錄》，卷119，頁3b，永樂9年9月；《明史》，卷94，志70，頁2320。

數時，悲劇一定會發生。1411年，九百三十餘名未判決囚犯，在一個月內死於挨餓和挨凍，這件事意味著司法體系已經開始偏離了軌道。記載顯示，南京和北京的國家監獄，其配備不足以管理和幽閉服漫長刑期的罪犯，的確，餵養和照料如此狹隘空間中的囚犯，變成了政府真正的負擔。因此，定期的假釋和出獄假變得有其必要，而應時的帝王赦免，有潤滑大明刑事的運轉之輪的效用[7]。另一方面，永樂似乎樂於做這類的事，因爲他喜愛仁慈統治者的形象。

儘管御史的出巡和刑罰的威脅，能夠找出各處的謠言製造廠，掩蓋各省破壞性的暴行，但光靠他們無法恢復和平與秩序；尤其，壓制從宗教和政治抱負中滋長的秘密社會，亦有其必要。令人難以忍受的貧窮和過度的徭役，振興了各種等待彌勒菩薩降臨的千禧年運動。永樂一坐上皇位，就有一位名叫高福興的陝西人，自稱爲彌勒，主要從窮苦農民群眾吸引他的新成員。他的追隨者吃素，拒絕繳稅或服徭役。1409年，宗教領袖李法良亦自稱是彌勒，開始在湖廣湘潭縣造反，不久擴散到江西吉水縣，造成相當大的騷動。九年後，劉化告訴他的追隨者說，他是真正的佛教救世主，也是真正的人類救世主，很短的時間之內就會變成全世界的主子[8]。李法良與劉化顯然都打算重振1350年代風起雲湧的武裝宗教群眾運動，而永樂則提防著他們。另一位宗教的江湖騙子，是名爲唐賽兒的山東婦女，自稱是所有佛陀之母。1420年早期，她吸引了一萬餘名忠實追隨者，伏擊永樂的一名都尉。反叛者最終被鎮壓了之後，永樂下詔，順天府的所有比丘尼和道姑，須到京師接受訊問。然而，沒有人知道唐賽兒的下落[9]。

7.《明太宗實錄》，卷121，頁5a-5b，永樂9年11月；《明史》，卷94，志70，頁2320-2321。

8.王靜，〈明代民間宗教反政府活動的諸種表現與特徵〉，《南開學報》2期(1987年3月)，頁28。

9.趙翼，《二十二史劄記》，卷36，頁521-522。

永樂從歷史中認識到，推翻了幾個前面朝代的秘密社會，可能非常危險，必須立即、強有力地加以對付。然而，懷有敵意的建文舊臣，一開始在人數和勢力上都超過他原來的盟友，永樂因而再度採取大膽的措施，將他的弱項轉爲他的強項。從1402年8月開始，他選擇性派遣一大批建文的前官員，協助他恢復動盪地區的穩定，但他還是帶著偏見眼光看待這些歸順者，不想給他們完全的自主權。爲了確保他們真的變換了忠誠，會認真地代表他行事，他在所謂「巡撫任務」期間，也選派他信賴的太監護送他們[10]。然而，皇帝的計畫在過渡的期間，不總是進行順暢。舉例來說，當揚州有四名地方首長時，徐州和泰州卻完全沒有。這類的混亂經常阻礙永樂早期的重建努力，也考驗著他的耐力。

永樂派遣到各省的歸順官員，包括派到蘇州的都指揮使何清；派到鳳陽(在今日的安徽)的都督僉事趙清；派到湖廣之荊州與襄陽的左都督李增枝；派到四川和雲南的左都督袁宇；派到河南和陝西的江陰侯吳高；派到寧夏和山西的右軍都督府左都督何福；以及派到江西、福建和廣東的右軍都督韓觀[11]。這些指揮官走在一條不可言喻的線，一條介於永樂與依舊死硬派的建文舊臣的憎恨之間的線。儘管他們渴望跟有魅力的永樂建立新的關係，而且盡全力讓他們受指派的地區平靜下來，但他們的職權先是受到永樂無所不在之太監的箝制，最後則完全被剝奪。有幾位的生涯以失勢或死亡而告終。舉例來說，1404年，李增枝和他的兄弟李景隆將軍，遭指控盜用公款而被逮捕，財產充公。1410年，江陰侯吳高婉拒參與永樂的北征，遭受到彈劾，奪去封爵。何福贏得永樂的好感而封侯，後來遭到彈劾，被迫自殺。趙清

10. 夏燮，《明通鑑》，卷14，頁633，永樂元年12月。

11. 《明太宗實錄》，卷10下，頁1b-6b；卷11，頁2b-3a，洪武35年7月；卷11，頁4a、8a，35年8月。

在鳳陽完成了短暫但成功的工作，但他也因爲自我擴張而被剝奪軍事指揮權[12]。

在明智而審慎地消除掉這些歸順者的地方指揮權之後，永樂逐漸用他自己信任的副職官員，塡補空出的職位，因這些人協助他贏得靖難內戰。接連幾年，他派遣豐城侯李彬到陝西；忻城伯趙彝到徐州；都督同知曹德到德州；都指揮使李任到河南彰德；指揮使裴瑾到真定(在今日河北)；都指揮僉事施文與黃瑄到淮安；以及指揮僉事凌嵩到揚州(在今日江蘇)[13]。他稱這些人爲他的心腹，提醒他們要循理奉法，愛恤人民。永樂告訴他們，贏得民心的秘密在於不傷其財，因爲「財者，人之心」[14]。在宣撫活動的期間，軍官仍然比文職官僚更引人注意，對於「北軍」傲慢和弊端的抱怨，時有所聞。更嚴重的問題在福建反覆發生，軍官經常毆打文職官僚。騷亂如此嚴重，以至於福建監察御史周新，奏請皇上親自介入該省分的復原[15]。

然而，正是這些歸順的指揮官，協助永樂完成最初的宣撫任務，即使少數抵制的勢力仍然存在，有賴新皇帝的詭計和勸服。1402年9月，江西廬陵州的居民自我武裝，以搶劫爲生計。江西官員奏請永樂立即制伏這些盜匪，但永樂要求他們有耐心，要訴諸於理。他親自起草詔令，在派遣使者到江西之前，滿意地重讀了一次。他的詔令說道：

> 昔我　太祖高皇帝開基創業，首得江西，資其供給，以定天下。三十餘年，屢加恩澤，民皆樂生。近建文信任匪

12.《明史》，卷126，列傳14，頁3747；卷130，列傳18，頁3815；卷144，列傳32，頁4073。

13.《明太宗實錄》，卷160，頁4a-4b，永樂13年正月。

14.同上。

15.同上，卷19，頁7a-7b，永樂元年4月。

> 人，改更成法，致兵禍連歲，軍需百費皆出於民，科斂誅求，日甚一日。有司又不能撫卹，箠楚橫加，嗟怨盈路，民不聊生，無所控訴，致有潛避山林，保全性命，皆出於不得已也。念其所自，亦可矜憫。朕即位之後，一切罪犯悉赦不問。今為天下主，謹守成法，嘉與百姓，共樂治平。獨爾等未復本業，因而劫掠。郡臣奏請調兵勦捕，朕恐兵戈所加，誤及善良，有所不忍，故特差行人齎勅諭爾宥爾之罪，其即各復原業。……如執迷不悛，發兵討罪[16]。

儘管永樂努力想說服造反者和平地放下他們的武器，但他亦敕令右軍都督韓觀，迅速把他的軍隊調到廬陵區域。韓觀跟永樂的關係相當不尋常，因爲靖難內戰期間，他們曾交戰過。然而，永樂相當清楚，韓觀是一位也徹底了解江西的能幹將領。韓觀喜好格鬥，愛護他跟永樂的新關係，其應用經驗老到的指揮官技巧，甚至未發一彈就恢復了廬陵州的法律和秩序[17]。永樂對韓觀的表現感到滿意，在1411年，讓他擔任駐安南的明朝軍隊指揮官，以獎賞他的忠誠和稱職。不過，江西的動亂並未完全停止，因爲新的暴亂又在其他幾個縣分開始。最終，永樂必須另外派遣三千名士兵，去鎮壓江西的反叛。一如上一章的討論，這類鮮明的抗拒，使得永樂用了大量江西士人在他的朝廷服務，其人數之眾不成比例[18]。

儘管他的宣撫活動，時而訴諸武力，時而曉人以理，但永樂無法完全恢復三十年前大明開國時建立的社會制度。爲了控制國民，大明

16.《明太宗實錄》，卷11，頁5a-5b，洪武35年8月。
17.《明史》，卷166，列傳54，頁4480。
18.《明太宗實錄》，卷28，頁1a-1b，永樂2年2月。

創始人把他們分類成三種功能性的部門——農人、士兵和工匠——而且他下詔說，他們的職業是世襲的，換言之，職業是從父親傳到兒子再到孫子。後來，洪武皇帝依照個別的寶庫、倉庫、糧倉和軍械庫，以及行政自主權，派定部門來監督每一個分工。在這樣的安排下，戶部掌管全體農民，其負擔主要部分的土地稅。兵部負責軍戶，其通常駐在邊境地區和沿海一帶。而工部處理工匠家庭，確保這些有技能的工人居住在南京和北京附近，以及其他指定的城鎮和城市。他們必須到政府經營的工場作義務服務。工匠進一步分成住坐家庭和輪班家庭，前者必須在工場工作一整年，而後者每年只必須工作若干天。從南京到地方縣分，每個社區的里甲耆老每天鳴大鐘，叫工匠上工。他們也一家一家地傳遞木牌，催促其成員大量增產，共同榮耀其里甲[19]。

甚至在靖難內戰開始之前，這種世襲的社會制度由於內部原因開始崩潰。雖然永樂花了極大的力氣，但他無法防止堅固的制度逐漸(或許不可避免)地遭受侵蝕。只不過狀況改變太多，尤其在軍隊的基層，移居工人不斷地搬來搬去。儘管軍戶的減少如此迅速，以至於永樂覺得有必要徵募雇傭兵，但他父親在位期間登記的軍戶數量，還留在兵部的簿冊上。同樣的，靖難內戰期間許多工匠和小地主消失了，使得地方社區雜亂、混亂無序。就在這一段時間裡，數量龐大的農民在全國遊蕩，到處找工作，不論什麼差事都好。最終，這些人大部分加入軍隊當雇傭兵，或者，在礦場「非法」工作，而其他人則寧願從事海盜或盜賊行為。因此，永樂時期的人口普查不能全信。根據明代的官方記載，1393年有10,652,870戶，總人口60,545,812人，但到了1491年的時候，這些數量減小到僅有9,103,446戶，總人口53,281,150

19.同上，卷12下，頁3a-3b，洪武35年9月。

人[20]。范德(Edward Farmer)指出，這些數量大概是以稅款作匯編，而非人口統計[21]。梁方仲晚近的研究顯示，永樂登上皇位的時候，明朝的人口有六千六百五十九萬，不過，根據《明太宗實錄》列出的統計資料，就像表6.1所說明的，永樂在位的二十二年期間，人口減少了將近21%[22]。

當然，永樂所統治的人口數，介於五千兩百萬與六千六百萬之間，相當具有流動性。在重建和中興的期間，人口移動加速了，因爲永樂有系統地將百姓從更富裕、人口更稠密的南方，遷徙到北方邊境一帶受到嚴重破壞的區域。諷刺的是，這一類的政策致使大明堅固的社會制度遭到侵蝕。剛開始，永樂的人口重新安置僅取得有限度的成功，因爲百姓不想離鄉背井，也不想忍受重新安置帶來的許多艱難。舉例來說，永樂從南京和浙江，徵募了三千個富有的家族，讓他們在北京的兩個農村縣分，擔任里甲耆老。不過，儘管有房屋津貼和徭役免除之類的補償，但這些家庭卻很快就從其新的駐地逃脫，從政府的登記簿中消失。幾千名南方人只不過無法適應新的地方習俗，或北京冷冽的冬天和沙塵，因而決定離去。另一方面，來自中國北部的其他地方，諸如山西的窮困移民，則迅速地適應於新的環境，而且不管願不願意，都認領了他們的新土地。其他新到北京的人，包括了定罪的竊賊和其他罪犯，參與了農業生產，以及運送軍隊糧食[23]。

僅僅在很短的時間內，開墾過的土地區域迅速地發展，而永樂知道怎樣利用每一片土地，以及老百姓的每一分力氣。尤其，在他的統治之下，農業和紡織生產增至最大限度。他在遵化(在今日河北)設立

20.《明史》，卷77，志53，頁1880。

21.Farmer, *Early Ming Government*, p. 170.

22.梁方仲，《中國歷代戶口田地田賦統計》，表52。亦參見商傳，《永樂皇帝》，頁308。

23.唐景紳，〈論明代軍屯的性質與作用〉，頁58。

表6.1　永樂在位期間中國的人口

年份	戶	人口	糧稅(石)
1403	11,415,829	66,598,337	31,299,704
1404	9,685,020	50,950,470	31,874,371
1405	9,689,260	51,618,500	31,133,993
1406	9,687,859	51,524,656	30,700,569
1407	9,822,912	51,878,572	29,824,436
1408	9,443,876	51,502,077	30,469,293
1409	9,637,261	51,694,769	31,005,458
1410	9,655,755	51,775,255	30,623,138
1411	9,533,692	51,446,834	30,718,814
1412	10,992,432*	65,377,633*	34,612,692*
1413	9,689,052	56,618,209	32,574,248
1414	9,687,729	51,524,436	32,640,828
1415	9,687,729	51,524,436	32,640,828
1416	9,882,757	51,878,172	32,511,270
1417	9,443,766	51,501,867	32,695,864
1418	9,637,061	51,694,549	31,804,385
1419	9,605,553	51,794,935	32,248,673
1420	9,533,492	51,446,434	32,399,206
1421	9,703.360	51,774,228	32,421,831
1422	9,665,133	58,688,691	32,426,739
1423	9,972,125	52,763,174	32,373,741
1424	10,066,080	52,468,152	32,601,206

* 包括新併吞之安南的數字。

一家鑄鐵廠，製造工具和其他器具。他的努力很快反映出來：稅收因改良過的糧食作物而提升，還有紡織品產量增加。1393年，土地稅的收入達到三千二百七十八萬九千石(接近二十億磅)，而在1412年，靖難內戰結束之後十年左右，農地的租稅據說紀錄空前，到達34,612,692 石。然而，史家黃仁宇堅稱，永樂政府把安南(晚近兼併爲新的一省)稅款加入此一總額[24]。永樂亦重新開啓織布機工場，徵募技術專精的織工，將紵絲和絲線，編接、紡織和搓捻成布料。有旋轉和捲軸裝置的紡織工廠，以及染色廠，慢慢地恢復，而染色廠最初是由他父親在盛產紡織纖維原料的區域所設立的。這些區域包括蘇州和松江(今日的大上海地區)；浙江的杭州和紹興；福建的泉州；以及四川。當全速開工時，光是蘇州和杭州的製造廠，產量就能夠到達每年十五萬疋布料。而且爲了滿足漸增的市場需求，永樂在今日安徽歙縣設立了一座新的染色廠。另外，他在西北省分陝西設立紡織廠，利用來自綿羊、駱駝等等的豐產毛料。這些新的製造廠每年生產數千疋羊毛織品，包括冬衣和毛毯[25]。由於這些努力，蠶絲、棉花和羊毛的總產量創下新高 [26]。

或許永樂最引人注目的重建成果，乃是藉由屯田手段和人口遷移，強化建立在北方和西北方的防禦陣線。他所謂的屯田兵，變成改善邊境地區勞力短缺的主力，而且在15世紀開頭的二十五年期間，維持了大明經濟的繁榮。實行屯田在中國並不新穎，但永樂的父親設法確保他所有的士兵從事於耕作。他的理由很簡單：他不要他的軍隊食老百姓米糧。洪武統治接近尾聲時，明朝軍隊的總數是一百八十萬，

24.Ray Huang, *Taxation and Governmental Finance in Sixteenth-Century Ming China*, p. 47.

25.《明史》，卷82，志58，頁1997-1999。

26.張華，〈略論明成祖的歷史地位〉，頁96。

永樂時增加到大約兩百萬[27]。大明的軍官，就像文職官員那樣，以等級作分類，從正一品到從六品。基層的軍事單位，有一百一十二名士兵，叫作百戶所。在一個縣境內設立的軍區叫千戶所，軍階正五品的千戶指揮官底下，大約有一千一百二十名士兵。涵蓋兩個縣的軍區叫衛所，在軍階正三品的指揮使節制下，理論上有五千六百名士兵。每個部隊必須指定相當數量的時間，履行護衛本分和耕作。洪武和永樂在位的期間，部署在邊境一帶的士兵，概略有30%到40%的時間用在操練和防禦，60%到70%用在生產糧食。駐紮在內地的部隊，有10%到20%的時間用在軍事本分，其餘80%到90%用在生產糧食[28]。

大明制度下的土地，分成兩種範疇——官田與民田。據1393年的記載，整個國家有八百五十萬零七千六百二十三頃(大約五千七百一十萬公頃)的耕地，其中七分之一屬於官田範疇[29]。官田包括保留給教育和宗教目的之用地、皇家農場，以及分配給軍事護衛和特別工匠團體的農田。在此一制度下，屯田兵在法律上並不擁有土地，而是像佃農那樣在官田工作。他必須已婚，而且跟他的家人，有時還加上雇傭勞工，一起耕作他分配到的土地。在永樂奪得皇位之後，他擔保會充分供應必要的器具和工具、騾子和公牛以及種子，給邊境屯田兵，大力促進此一制度。在若干區域，他甚至讓他們前五年免除賦稅。最終，他在1405年標準化了所有屯田的營運，授予每位士兵一小塊土地，但受領者每年必須支付十二石穀糧給政府的糧倉。另外，他必須支付六石給他自己的軍事單位，作爲儲備糧和獎品之用。如果他這塊土地的產量超過十八石，他會受到獎賞；如果他未能達到配額，他的薪資會被削減。每一塊屯田都豎立著一張紅色布告，上面

27.參見王毓銓對明代軍屯的全面性研究，《明代的軍屯》(北京：中華書局，1965)。

28.唐景紳，〈論明代軍屯的性質與作用〉，頁51。

29.《明史》，卷77，志53，頁1882。

記載著每個單位的生產配額，還有獎賞和懲罰[30]。

當然，官田的良窳每個區域各自不同；同樣地，每塊土地的平均生產量也各不相同。永樂注入新的靈活性，用不同基準對屯田兵徵稅，而且鼓勵個人增加產量的積極性。他不時稱讚值得效法的屯墾區，獎賞最有生產力的軍事單位。舉例來說，太原千戶所屯田兵每年產量平均超過要求配額二十三石時，永樂慷慨地獎賞其指揮官。何福將軍指揮寧夏邊境的四個衛所，而他的兩萬零四百一十三名士兵，在八千三百三十七頃(大約五萬零六百二十五公頃)的土地上耕作。因爲何福一向能夠積累差不多三十萬零二百一十石穀糧的剩餘額，永樂以他作爲好榜樣，賜敕褒美。在他統治的早期，永樂把幾十萬的役畜和各式各樣的農具給了陝西農夫。到了1411年，他收到陝西都指揮的上奏時非常高興，他的軍隊有十年的穀糧剩餘額[31]。

除了自給自足之外，軍屯制度有助於使土地成爲耕地，以及加強邊境防禦。遼東(在今日東北東邊)是一個恰當的例子。幾世紀以來，女真人在大明未控制的邊界地方，過著一種特別的生活方式。永樂努力採取行動，創造了一種可信賴又友善的氣氛，有助於良好的地區關係，以及女真的效忠。他給他們貿易特權，而且以相同的衛所等級，將他們編入屯田。他隨後要求他的屬國朝鮮，送一萬多隻公牛，援助他新徵募的屯田兵。結果，到了1419年，遼東的屯墾農田總計達兩萬五千三百頃(大約十五萬四千七百一十公頃)。部分因爲永樂的積極性，大明在東北的勢力變得至高無上，連遠至靠近黑龍江口的奴兒干，都承認其宗主權[32]。

類似的計畫引進了其他的邊境地區。到了永樂駕崩的時候，除了

30.《明史》，卷77，志53，頁1884。

31.唐景紳，〈論明代軍屯的性質與作用〉，頁60-61。

32.同上，頁62；唐景紳，〈明初軍屯的發展及其制度的演變〉，《蘭州大學學報》3期(1982)，頁38；袁閭琨等，《太監史話》，頁171-172。

擴張到東方的黑龍江之外，大明屯田延伸到北方的宣府與大同，中國南方的雲南與四川，甚至最南還到安南。這類的墾殖區星羅棋布於黃河的南北岸。保衛皇家陵墓的三十個衛所之中，十二個被選派作護衛本分，而其他的十八個則定期參與耕作。一則記述顯示，這些農田的穀糧產量超過要求配額的三分之一。永樂在位的期間，騎兵一個月得到兩石，而步兵則得到一石；因此，四萬名屯田兵能夠維持十九萬大軍的生計。的確，永樂在位的前幾年，大部分邊境軍隊通常自給自足，罕見向政府要求直接供應糧食[33]。

但屯田兵逐漸面臨問題，而問題起因於一連串讓人頭暈眼花的規章變更、勞動附加稅和管理失當。誰該帶領耕作計畫、決定賞罰呢？是百戶所指揮官、千戶所指揮官，或更高層級軍官嗎？爲了得到每個月的糧食，年老和殘廢的屯田兵也必須工作嗎？還有，軍事農場是怎樣分配稻米、小麥、大麥、高粱和小米，讓每個家庭會公平得到其高品質穀糧的份額？除了軍事和耕作本分，屯田兵的上司屢次強迫他們執行勞動服務，諸如積聚乾草和木材、放牧牲畜、製造木炭、挖掘溝渠，以及修補牆壁。而且因爲他們不許在自己的家鄉服役，南方人主要定居在北方邊境，而北方人居住於南方墾殖地。許多人無法適應天氣和食物，因此生病死去。其他人則把握機會，擅離軍隊，從所有記載中消失無蹤[34]。亡故而無子嗣的那些人，沒有後代繼承土地的工作權利。

永樂在位的後半期間，這些和其他問題最終造成此一制度衰退。對都尉來說，每年要資助其士兵，支付軍隊的花費，變得愈來愈困難，更不要說會有剩餘額了。而且因爲軍職已經變成世襲，軍官往往認爲這類土地是私人財產。再者，很多軍事殖民地的土地，被貴族、

33.《明史》，卷77，志53，頁1884-1885。
34.同上，卷159，列傳47，頁4342。

太監、道長和僧侶占據[35]。甚至富有的商人還藉由詐騙和賄賂，設法弄到軍事許可權，參與霸占官田。因此，稅基萎縮，軍事農田的糧食生產減少，而軍事機構逐漸無法自給。事實上，早在1411年一些單位就開始拖欠繳給政府的糧稅。在1415年的早期，永樂派了十二位給事中，調查山西、山東、大同、陝西、甘肅和遼東的屯田營運，而他們的報告普遍斷定，此一制度運作得不好[36]。

永樂在他的宏大計畫中，想要運用軍事農田來達成幾個目的：邊境和稅基的擴張，以及人力和物質資源的控制。成果又再度好壞摻雜。儘管明史學者重視永樂在振興軍事農田方面的成就，不過，到了他統治結束的時候，若干這類的農田顯示，其現款不足，無法實現政府的期待。表6.2的統計數據清楚顯示，永樂在位的早期，糧食產量很高，但這種比率僅維持一個世代[37]。

永樂想達成擴張帝國、鞏固防禦，以及控制資源的目標，而他的方法一種是提高屯田的效率。至少也同樣重要的其他方法，則是修補和重建內陸水路，尤其在長江三角洲下游。在明代，這片五萬平方公里的三角洲，其西方有鎮江，東方有東海，北方有揚州，南方則有杭州灣。它包括應天府和浙江省的一部分，以及整個今日的上海。三角洲的土地寬廣又平坦，其大部分在海平面上不到十米。就地形的角度而論，它像個茶碟，太湖居其中，四周有大約兩百五十個不同大小的湖，而且都跟長江相通。它長久以來都是一個富庶地區，出產稻米、蠶絲、棉花、茶葉、小麥、魚類，以及用來製造食用油的油菜和其他植物。爲了控制這些非常重要的資源，永樂把吳淞江(又稱蘇州河)的復原，列爲他的優先事項。吳淞江自太湖流出，穿過上海的北

35.南炳文，〈明代的寺觀經濟〉，《南開學報》4(1991)，頁46-48。

36.《明太宗實錄》，卷161，頁1a-1b，永樂13年2月。

37.唐景紳，〈論明代軍屯的性質與作用〉，頁57；朱鴻，〈明成祖與永樂政治〉，頁193。

表6.2　永樂在位期間屯田的糧食生產

年份	糧食生產(石)	《明太宗實錄》中的卷數和頁數
1403	23,450,799	卷26：8a
1404	12,760,300	卷37：4b
1405	12,467,700	卷49：4b
1406	19,792,050	卷62：6a
1407	14,374,270	卷74：3b
1408	13,718,400	卷86：9a
1409	12,229,600	卷99：4b
1410	10,368,550	卷111：6b
1411	12,660,970	卷123：6b
1412	11,787,000	卷135：4b
1413	9,109,110	卷146：3b
1414	9,738,690	卷159：4a
1415	10,358,250	卷171：3b
1416	9,031,970	卷183：4a
1417	9,282,180	卷195：3b
1418	8,119,670	卷207：3a
1419	7,930,920	卷219：6b
1420	5,158,040	卷232：3a
1421	5,169,120	卷244：2a
1422	5,175,345	卷254：2b
1423	5,171,218	卷266：3a

部，構成長江江口一部分之後流入東海。吳淞江口有幾座翠綠色的小島，其中最大的是崇明。爲了內陸水路運輸，也爲了中國和朝鮮之間在相對淺水的黃海中的航行，永樂的造船工人正是在崇明島上，建造

防沙平底船[38]。

長江三角洲的南方，是數目眾多的湖泊和河川，在15世紀期間，這一帶的城市和城鎮又開始發展。永樂採取措施，防範困擾著這些「水鄉澤國」——長江三角洲下游，尤其是浙江西部——的周期性水患。這些措施包括對難以解決的湖泊和河川作疏浚和路線重定，以便改善水源保存和農田灌溉。但他最重要的水利計畫，乃是將大運河重新建造爲大明帝國正式的大運輸體系。據信，永樂早在1403年就決定將京師遷至北京；因此，部署更多的軍隊，以及重新遷徙人口到此一區域，成了將北京重建爲首都城市的重要先決條件。而且爲了養活他的軍隊、軍人家庭，以及來自帝國不同地方的新移民，他需要從南方輸入足夠的穀糧。怎樣把這麼多的穀糧，運送將近一千六百公里的路程，從而變成永樂最具挑戰的重建任務[39]。

明朝早期，永樂的父親運用海運補給北方的軍隊，而在1403年與1415年之間，永樂亦運用這類的裝運，每年搬運四十萬到八十萬石白米到北方。不過，在山東半島一帶，海上運糧帶有危險性，因爲海嘯、暴風雨和暗礁，經常造成船隻失事，水手溺斃。永樂精力充沛的工部尙書宋禮，告訴皇上說，海運不僅危險，而且也不經濟，他確認，建造和營運作爲內陸水路運輸之用的防沙平底船，會更加安全，也更加便宜。一艘海運船需要的人力超過一百人，但每趟只能搬運一千石貢糧。但建造一艘海運船的花費，能夠建造二十艘較小的江輪，而小江輪每一艘能夠搬運兩百石穀糧，僅需要十人來操作。宋禮指出，二十艘這類江輪的營運，可能需要一艘海船的兩倍人力，但總計能運輸四千石，也就是一艘海船所能夠搬運的四倍。永樂一直在找尋更可靠、更安全且花費較少的運輸穀糧方法，他明顯深信，宋禮的

38.Levathes, *When China Ruled the Seas*, p. 78.
39.Farmer, *Early Ming Government*, pp. 156-161.

想法會實現。不久，朝廷舉辦過1411年農曆新年的慶祝活動之後，永樂便因為雙重目標——將肥沃的長江三角洲跟中國北方作連結，以及利用小船把貢糧搬運到他未來的首都北京——而敕令大運河的重建[40]。

在永樂奪得皇位之前，大運河並未直接到達北京；舊會通河——從東平的安山到臨清(兩者都在山東)——是不能航行的，因為匯入水源的汶水是黃河支流，歷經黃河周期性氾濫而淤塞了。永樂登基時，八十公里長的河道，有三分之一既不夠深，又不寬闊，不足以航行。不過，由於軍隊和新移民繼續增加，北京除了經由海路輸入的穀糧之外，每年至少需要超過一百五十萬石。永樂不得不經由內地的陸路和水路運輸來輸入穀糧。南方的運糧江輪沿著淮河航行到黃河，在河南陽武卸下其船貨，而山西和河南的苦力再從陽武走大約一百七十里(大約八十五公里)的陸路，將穀糧運送到德州。隨後，穀糧走另一條水路渭河，運送到北京。這類的運輸艱鉅、緩慢又昂貴，對徭役制度造成沉重負擔[41]。

讓會通河適於航行，成為大運河重建的關鍵，而永樂挑選的不是別人，正是工部尚書宋禮，由刑部侍郎金純協助，來從事這項任務。宋禮急性又能幹，而且也是個嚴格的人，他要求自己和部屬甚多。另一方面，金純為人粗俗而樂天，但不會容忍行賄和貪污。1411年3月，大雪一融化，他們兩人就動員了大約三十萬工人，開始他們的艱鉅工作。他們使汶水的水流改道，疏浚和拓寬會通河，把河道跟山東的新水源作連結，以及設置大約三十八個水閘，控制流入運河的水量。整個計畫的完成花了三百天；然而，1412年，因為衛河在北方嚴重氾濫，宋禮受命修復其水路，因此，他帶領軍隊挖掘了兩條新的河

40.《明史》，卷153，列傳41，頁4204。
41.同上。

道，讓水流改道。隨著衛河的緩流，以及會通河的修復，大運河的北端終於開通。隨後，爲了使黃河上游地區的水流維持穩定，金純帶領另外一大群工人，修復了河南賈魯的一條舊水路。永樂的工程師也在淮安西北方的清江浦建造了四個船閘，使糧船便於從運河航入淮河。1415年，當這些船閘開啓時，糧船就能夠航行於大運河的北方河段，從淮安一路到北京郊區通州的東門橋。同一年，永樂在北京舉行科舉考試，也決定停止以海路運輸穀糧[42]。

但大運河的南方河段，亦需要修復——尤其，淮安和揚州之間的河段，連綿197公里的低地，是最容易遭受水患的區域。永樂選派陳瑄來監督此一工程的竣工，他是水利工程專家，也是職業軍人，其在1402年將長江水師交給永樂。靖難內戰接近尾聲時，當時的燕王用陳瑄指揮的船隻渡過長江。他隨後有效地管理送往北方的穀糧海運，而贏得永樂的信任。他受委派去修復大運河時，已受爵爲平江伯。總體來說，他完成了一些非凡的工程壯舉，包括建造了四十七處船閘，以及三千艘供淺水運輸之用的防沙平底船。陳瑄擔任漕運的總兵官，直到1433年過世爲止，其身後受追封爲平江侯[43]。在陳瑄的監督下，如今從杭州灣向北方延伸到北京郊區的1,789公里大運河，變成最新的軍方經營的體系，因爲幾十萬的官員和士兵，沿著世界最長的人造水路，操縱幾千艘的糧船。在長度上，大運河比得上從紐約到佛羅里達的州際公路。它連結了錢塘江、長江、淮河、黃河與衛河。它流經浙江、江蘇、山東、河北和天津，提供了一個到北京的可靠運輸方式。永樂在位期間，它每年能夠運輸多達六百萬石白米到北方。

1415年，永樂爲了大運河的管理，頒布了一套穀糧運輸的法令。

42.《明史》，卷85，志61，頁2080。有關大運河重建的討論，參見星斌夫，《明代漕運の研究》；彭雲鶴，〈試論明代的漕運〉，《明清史國際學術討論會論文集》(天津：人民出版社，1982)，頁518-535。

43.《明史》，卷153，列傳41，頁4206-4208。

法令規定，水路由地方漕夫來維護，中央政府沒有任何的津貼，而且每一里甲要建造自己的糧船，把貢糧搬運到指定的筒倉。地方衛所，從軍官到士兵，財政上要對其照管的稅糧負責，而且要建造軍隊的小船，一路上輪班將穀糧運送到北京。農民必須先把他們的貢糧運輸到州筒倉，作短期的儲藏。隨後穀糧被搬運到淮安的國家主要倉庫，也就是太倉。駐紮在那裡的千戶所把船貨搬運到徐州，而南京衛所接手把穀糧運輸到德州。山東與河南衛所在那裡接管和運送穀糧到通州的重要北方接收地點。永樂在沿路上建造了很多儲藏用的大糧倉，包括淮安、徐州、臨清(最初由他父親建造)、德州，以及通州等五個大「水次倉」。接力運輸一年四次，每年能夠提供超過五百萬石穀糧給北京[44]。但永樂亦了解，為了讓此一體系運作，他必須仰賴幾十萬漕丁的服役，加上同等人數的漕夫。

就像史家黃仁宇所指出的，穀糧運輸是一種分權的體系，而且為了控制開銷，永樂的政府對於大運河的維護和營運，不承擔財政的責任。納稅人要嘛支付他們分攤到的貢糧，要嘛變成漕夫，親自把穀糧搬運到政府指定的筒倉，以便減少、甚至免除他們的稅額(運費在按比例分配的基礎上向納稅人徵收)。看守大運河、作為漕丁掌管糧船的軍事人員，從供應貢糧的地區，領取其薪資和口糧。到了15世紀中期，運輸兵團總計有十二萬一千五百名軍官和士兵，沿著運河掌管大約一萬一千七百七十五艘貢船[45]。

除了貢糧之外，大運河及其河川與湖泊的網絡，將食鹽及與食鹽有關的稅收帶到中國北方。除了土地稅，食鹽專賣權成為明代最可靠的國家收入來源。當永樂登上皇位時，中國每年從六個產鹽地區——

44.同上，卷79，志55，頁1915-1916。

45.Ray Huang, *Taxation and Governmental Finance in Sixteenth-Century Ming China*, pp. 54-55.

兩淮，在今日江蘇；兩浙，從長江口的崇明島到浙江南方海岸；順天府的長蘆；山西的河東；山東；以及福建——提煉超過了兩百五十萬引(大約六十萬公噸)。光是兩浙地區就有三十五處鹽田，每年能生產多達二十二萬兩千三百引(大約五萬三千七百六十公噸)的食鹽。政府雇請鹽丁到鹽田工作，在支付工資給這些工人之後，便把鹽引販賣給得到許可的商人。一引容許商人購買大約兩百四十二公斤鹽。鹽商繼之(以現款)支付稅款，也即其購買食鹽之價格的二十分之一。他們隨後把商品在市場上販售。永樂每年通常從食鹽稅收，收到大約一百萬銀兩，他用來維持軍隊、賑濟乾旱或饑荒的災民，以及購買馬匹、金屬、衣服，還有印刷紙鈔的紙張。他也用食鹽稅收來換稻米。既然他每年需要運送五、六百萬石南糧到北京，他因而規定，鹽商運送稻米，而非攜帶現款到北京，以交換運輸和販賣食鹽的許可證。因此，明代商人認為大運河對其生計是不可或缺的[46]。

除了穀糧和食鹽之外，南方美味佳餚和產物也依賴大運河，找尋它們到北方的出路。它們包括揚州的織錦、鏡子和海鮮；鎮江的緞子；常州的錦緞絲綢；蘇州的糯米；以及浙江的紗布。也正是經由此一主要渠道，北京的暴發戶接到細緻優雅的瓷器、上等的好酒、精美的茶具，以及昂貴的紙張和毛筆，而這類紙張和毛筆是永樂新生的高級官吏之標誌。至於棉花和羊毛、木炭、麵粉、寶石、肉乾，以及其他中國北方的產品，很容易就在南方的市場找到了出路，創造出新的貿易和生意機會。沿著水路，諸如德州、臨清、東昌、濟寧、淮安，以及揚州等運河碼頭蓬勃發展，愈來愈都市化。私人所有的渡船、客棧、飯館、當鋪、妓院等等林立，招待沿著水路旅行的官員、生意人和旅行者。

46.陸容，《菽園雜記》，卷12，頁135；《明史》，卷75，志51，頁1847-1848。

永樂並不了解，他爲剛起步之資本主義經濟——就像此時義大利和歐洲低地國的發展那樣——準備了條件。凱因斯主義(Keynesian)經濟學理論也還沒發明。中央計畫完全闕如，永樂的官員經常遭遇困難，因爲他們無法準確估計未來預算。永樂遵循一種基本的儒家「常平倉」經濟政策，亦即，政府承擔穀糧的購買；當價格偏低時，以高於市價購入，嘉惠農民。當價格高漲時，官糧以低價賣出，使消費者受惠[47]。我們並沒有永樂在位期間有關貿易政策、租稅、政府歲出、貨幣政策、資本流動和投資、銀行業、工資和價格控制、財產權、規章和黑市活動——現在用來衡量一個國家之經濟自由和健康的十個範疇——的完整資料。然而，一則官方的記載含有以下對於中國15世紀早期經濟狀況的報導：

> 永樂中，既得交阯，以絹，漆，蘇木，翠羽，紙扇，沉、速、安息諸香代租賦。廣東瓊州黎人、肇慶瑤人內附，輸賦比內地。天下本色稅糧三千餘萬石，絲鈔等二千餘萬。計是時，宇內富庶，賦入盈羨，米粟自輸京師數百萬石外，府縣倉廩蓄積甚豐，至紅腐不可食。歲歉，有司往往先發粟振貸，然後以聞。雖歲貢銀三十萬兩有奇，而民間交易用銀，仍有厲禁[48]。

這些款項中有若干大概來自於永樂的對外貿易和異邦貢品。就在他統治的肇端，由於中國因經濟崩潰的劇痛而倒退，因而獲取海外資源是難以抵抗的誘惑。1403年初秋，永樂開始派遣太監到海外，跨越

47.參見Chen Huan-chang, "The Economic Principles of Confucius and His School," Ph.D. diss., Columbia University, 1911.

48.《明史》，卷78，志54，頁1895。

中國的陸地邊境，找尋諸如珍珠和水晶、蘆薈和玫瑰香精、瑪瑙、珊瑚樹，以及薰香之類的貢品，而他勸誘了大約三十八個國家，派遣貿易使節團到中國來[49]。1405年，爲了促進和管理朝貢貿易，他在福建的泉州、浙江的寧波，以及廣東的廣州，設置了三個海上貿易市舶司。他進一步下詔，泉州負責琉球群島的朝貢事務，其用硫磺換取中國的瓷器製品和鐵製工具。寧波乃專門應付日本人，其用硫磺、銅礦、漆器、刀劍和扇子，交易中國的絲織品、銀器、醫藥和書籍。最後，廣州乃是管理所有東南亞貨物。東南亞的香料和胡椒——因醫療用途和調味，受到中國人的高度重視——豐富又便宜。永樂的政府明確規定船隻的頻率和數量、貨物的種類，以及分配給每個國家的朝貢使節團人員。所有的異邦皆被視爲是中國的屬國。永樂提供政府招待所，給屬國朝貢使節團作爲住所，也提供商品交換的市場[50]。

在朝貢貿易體系下，經濟交流採取了兩種主要的形式：貢品交換帝王禮物，以及以合法或走私方式，與中國人交換一般貿易商品。貢物又叫「官貨」，是送給皇帝的，用以交換諸如龍袍、金幣和銀幣、瓷器和絲綢之類的帝王禮物。外國商人付了6%的佣金之後，就可以把一部分的一般貿易商品(又叫「私貨」)，在入境口岸販賣或以物易物。口岸置提舉一人，從五品，始終是太監，其代表皇帝取最佳的60%之貨物進行易貨貿易，而且讓外國人把其餘的貨物賣給得到許可的中國商人。又一次在中官的注意下，永樂的政府儲存其在皇家糧倉購買的官方貢品和私人商品，隨後以交換價值好幾倍的人爲高價，把貨物賣出。舉例來說，胡椒經常用來補償爲政府作的服務。1403年，永樂把四斤胡椒和三十銀兩，獎賞給爲他製作國璽的一位官員。1420

49.吳晗，〈16世紀前期之中國與南洋〉，頁154。

50.《明史》，卷81，志57，頁1980；張德昌，〈明代廣州之海舶貿易〉，頁4-7。

年，估計有二十五萬軍人，得到胡椒作爲支付款項，而不是冬天衣服[51]。它的確是一種精明的安排，讓永樂在專賣權下取得便宜的外國貢物後，用其作爲給官員和軍事人員的支付款項。

爲了維持大運河和對外貿易的有效營運，永樂的工程師也發展出土木工程和水力工程的前端技術，包括使用夯土和茅草的混合物作爲建材、使用木材來建造橋梁、閘門和船閘的新奇設計，以及不同大小船隻的建造。永樂不僅有資源和技術來建造龐大宮殿，而且開始史詩般的海上探索，同時他也重建了運河體系。運河運輸使得把建材、貢品，以及穀糧和食鹽，搬運到北方變得更容易，也更快速時，焦躁不安的皇帝便想要加快新首都的建造速度。在他的皇儲監督下，新首都的營建工程始於1406年，但不定期地進行。一年後，永樂正式批准中央政府遷移到北京。大明的官僚大多數來自南方縉紳階級，把家庭搬到冷冽又多風的北方城市，可一點都不會讓人興奮，不過，少數公開反對此一計畫的人，包括河南布政使周文褒，很快因流放或下獄而默不作聲了。另一方面，永樂的重要顧問，包括他所有的內閣大學士和六位尚書，表達他們對新首都的支持。自1409年以來，皇帝大部分時間在北京度過，但也派遣皇儲回到南京負責攝政會議[52]。永樂派遣諸如郭資、張思恭與師逵等官員，從四川搜集耐用、芬芳、紋理細密的楠木，從全帝國搜集筆直、堅韌的杉木，以及榆樹、橡樹、樟樹、梓樹，還有其他合適的木材。有些木料重達二十公噸，花了長達四年才搬運到營建工程場所。永樂亦指示資深的軍事指揮官陳珪(死於1415年)，建造能夠生產特別設計之磚瓦的磚窯。1417年初，也就是八十五歲的陳珪過世後兩年，永樂永遠地離開了南京，以便他能夠親

51.T'ien Ju-kang, "Cheng Ho's Voyages and the Distribution of Pepper in China," pp. 188-189.

52.Farmer, *Early Ming Government*, p. 118.

自監督新首都的營建工程。

總體來說，超過二十萬名工人、工匠和工程師，參與了壯觀的帝國建築群的營建工程，其涵蓋區域大約101公頃。帝國建築群位於北京的中央，四周有巨大的太液池，以及稱爲玉河的五十二米寬護城河，而且由一道十米高的外牆防護著。帝國建築群的中心是紫禁城，該區域長961米，寬753米。在紫禁城內部，永樂從南到北建造了六座排成直線的主要宮殿，以及數目眾多的兩層樓建築物，這些建築物覆蓋著黃色的陶瓦，位於不同形狀和大小之庭院的側面。爲了加強紫禁城的防護，他建造了一道內部的宮牆，用十萬根五十尺長(一尺相當於35.8公分)的鷹架支撐著。這道牆塗著朱砂，每個角落以華美的十字形塔樓作劃分，而塔樓覆蓋著七十二根屋頂肋。承擔此一工作的主要建築師，是安南籍太監阮安(死於1453年)，其與工部尚書吳中一起合作。阮安是個有天分的美術家、精巧的建築師和老練的土木工程師，他也因爲忠心耿耿、節約，尤其是廉潔而聞名。事實上，儘管15世紀上半葉的期間，他實質管理工部，但他死的時候卻一貧如洗[53]。

經過雅緻設計的紫禁城，內部是皇帝及其家人的居住場所、書房和藏書室、神殿、御花園，以及一座庭園。據說，爲了從事建造這些場所的精細辛苦工作，阮安招募了大約六千名木匠和泥瓦匠，其中有一些正在服刑，因而在宮殿工作時必須戴上臭名昭著的木枷。木枷是一塊九十一平方公分的木板，中間有個洞，重達十四到四十五公斤。罪犯戴上鎖住脖子的木枷，手用鎖鏈拴住，以作爲懲罰。儘管他不是坐牢，允許在其他方面過正常的生活，但他每天必須在公開場合罰站必要的時數，忍受羞辱。當這類罪犯被帶到施工場所時，手銬便去掉，因而他們能夠用自己的手工作和吃飯。如果他們完成了讓監工滿意的工作任務，那麼他們就會獲得釋放。許多人顯然無法忍受工作條

53.查繼佐，《罪惟錄》，頁2605。

件，試圖逃跑。三座新完工的巨大宮殿建築——奉天殿、華蓋殿和謹身殿——遭到暴風驟雨和閃電的毀壞時，幾位極爲直率的文人，非難遷徙京師與建造新宮殿建築群的代價，其運用這個災難性的時機，對永樂做事後批評。其中有一位名叫李時勉(1374-1450)的翰林侍讀，給永樂呈上一份沾染末日審判警告的長奏摺。這份勸告性的奏摺，其部分內容如下：

> 陛下……建立北京，焦勞聖慮，幾二十年。……然肇建以來，工巨費大，……群臣……措置失宜。……百萬之衆，終歲在官，既不得遂其父母妻子樂生之心，使耕種失時，農蠶廢業。……加之官司胥吏，橫征暴斂，日甚一日。即如前歲買辦青綠顏料，木非產處，科派動千數百戶，民無可得，醵鈔行買。……及至進納，多以不中不肯收受，往復展轉，須二萬貫，而不足供一柱一椽之費。……京師天下之根本，人民京師之根本也。人民安則京師安，京師安則國本固而天下安，此自然之勢也。自營建以來，羣輩工匠，假託威勢，驅迫移徙。……今山東、河南、山西、陝西諸處，饑荒水旱相仍，至剝樹皮、掘草根、簸稗子以為食，……顛躓道路，賣妻鬻子，以求苟活。而京師之內，聚集僧道幾萬餘人，日食廩米皆百餘石。……夫奉天殿，陛下正朝之殿也，災首及焉，自非省躬責已，改革政化，疏滌天下窮困之人，曷上天譴怒之意。臣願陛下駕返南京，奉謁陵廟，告以災變[54]。

54.談遷，《國榷》，頁1179-1181。

即使永樂因這場災害受到驚嚇且心煩意亂，對於李時勉傳統主義的長篇大論，他完全不隱瞞他嗤之以鼻的怒氣，而把李時勉下獄。撒馬兒罕(Samarkand)使節哈菲茲・阿卜魯(Hafiz-i Abru)那時到訪北京，根據他的說法，這一氣勢宏偉之建築傑作的營造工程穩步前進[55]。1421年農曆新年的這一天，在皇儲和他的家人安全抵達北京之後，永樂等不及了，他正式宣布北京爲國家首都，而南京是一個複製中央政府骨架的陪都。他派遣二十六位高階京師官員，巡視帝國的各個地區，安撫軍隊和民間人口。他也部署了七十二個千戶所和衛所，總計三十萬人的軍隊，保衛他的新京師。接踵而至的幾年，阮安和他的工作人員爲這個龐大建築群，添加了假山、青銅雕像、裝飾過的涼亭和雕塑，以增潤其高雅；種植了松樹、扁柏和罕見的花卉，以增加其華麗的景色[56]。屋大維(Augustus Caesar)的行動和話語，反映出西方的相似情況，他說：「我接受到的羅馬是磚造的，而我留給後代的是大理石造的。」1380年，永樂——那時的燕王——看到北京處於一遍廢墟，但四十五年後，他讓它光彩奪目。他卻僅有三年半的時間，享有他的新家、新辦公室和新操場。

北京變成亞洲最大的城市，而永樂付出如此多金錢、時間和精力的紫禁城，對中國人而言，依然是焦點所在，也是永樂之後中華民族世世代代的神經中樞。往後五百年，直到1920年代，中國所有的權力出自北京。二十三位繼任的中國皇帝——明朝十三位，以及清朝十位——會把永樂的紫禁城，變成一個享有特權秘密和秘密特權的世界。正是在這裡，皇帝做出最關鍵性的決定、慶祝無數軍事戰役的凱旋歸來、接受難駕馭的戰俘，以及廷杖他們怯懦的官員。也正是在這個巨

55.Goodrich and Fang, eds., *Dictionary of Ming Biography*, p. 360.

56.更多關於宮殿的規劃，參見王璞子，〈燕王府與紫禁城〉；朱偰，《北京宮闕圖說》(長沙：商務印書館)，1938。

大帝國建築群的與世隔絕房間裡，彙編官方文獻編撰，寫下一卷又一卷所謂帝制中國的正史，傳給未來的世代。正是在那裡記下了討論的會議紀錄，讓我們得以瞬間看了一眼這個巨大宮殿的牆裡面。今日，紫禁城仍舊是世界最大、保存最佳的中古建築範例，中國帝國史的象徵，也是永樂遺產重要的一部分。

第七章

文皇帝

永樂駕崩之後，立即謚以廟號太宗，在中國的朝代中，傳統上這是用在能幹的第二任皇帝身上的。但永樂也有文皇帝的謚號，而這是對中國皇帝的最高讚美。讀者可能會感到懷疑，為何一位精力充沛的政治領袖，其最愛是軍事學，而且整個職業生涯致力於作戰，會博得——的確，也會喜愛——一個因為高尚、正直和道德領導而獲得的謚號。在歷史上，偉大統治者的光輝經常照耀在許多方向。永樂意識到，中國的傳統要求朝代創始人的繼承者，實現創始人創建的事：第一任皇帝憑藉武力、軍事力量和嚴厲的手段來創建朝代，但第二任皇帝不得不運用人文主義、教育和開明手段來鞏固和延續它。永樂的繼位者堅決認為，他應該被視為是明朝第二任皇帝，而不是建文。那也是為何建文4年(1402)事後會被更改成洪武35年。在位期間，好沉思的永樂不想被當成僅僅是個戰士，對中國的文化遺產所知極少，而且又無所作為，對於這方面他非常在意。為了營造聖王氛圍，實現傳統的期待，永樂資助一連串的文藝出版品和彙編。即使有一些出版品僅僅是附加的裝飾品，或者，在目的上是作為政治宣傳而製作的，然另一些文藝計畫，諸如《永樂大典》，則是因為不朽的智慧而光彩奪目，跟永樂建造的紫禁城一樣持久。因為永樂以匯集大量的中國人文經典作為手段，為他的遺產增添文藝名望。

與遵守聖王傳統的目標一致，永樂提倡儒家的道德教育，資助帝國出版品，而且沿襲他父親制定的儀式活動。既然作爲皇帝，永樂必須定期祭天，以合法化他的統治權威，而他相當注意中國帝制政府的兩個密切相關的表現，亦即儀式與音樂[1]。在儀式和音樂的問題上，他通常沿襲他父親在1387年頒布的《禮儀定式》。儘管他把父親的慶典從簡原則放在心上，飭令禮部不得建造著名的「九龍車」——一種了不起的金玉車——之類的車子，但他仍然小心翼翼地遵守孔子推崇的一部古代經典《周禮》，其明確規定有關儀式和音樂的全部步驟[2]。永樂一奪取了皇位，就爲太常寺雇請了更多的典樂官，其皆爲男性，演奏諸如黃鐘、石磬、竹笛、口琴、二弦的提琴、二弦的班鳩琴、月琴和紅色鼓等古代樂器。這些樂器由金屬、石頭、絲線、竹子、葫蘆、陶器、毛皮和木材製成，因此八音是有區別的。鐘屬於金屬範疇；磬的音質和聲音來自L型磬石；有絲線的提琴，屬於絲範疇；橫笛屬於竹子族；有十三管笙的排簫，屬於匏瓢族；大小如鵝蛋的吹奏樂器「塤」，屬於陶器族；皮鼓屬於毛皮族；以及稱之爲「柷」的響板，屬於木材族。最常演奏特定歌曲的典禮是，異邦王子或封臣的國宴、皇帝朝臣的宮廷宴饗、結合大型箭術競賽的慶祝活動、鼓勵關懷老人的典禮、太廟與社稷壇的祭祀儀式，以及朝會[3]。

爲了證明他是個孝子，而且是個足以勝任他父親皇位的繼位者，永樂下詔，有關皇家葬禮和守喪的事情，必須嚴格遵循他父親的《孝慈錄》(1375)。至於皇族成員的個人行爲，永樂也固守他父親的《皇明祖訓》(1395)所提供的準則[4]。 一般說來，他的典樂官不譜新曲，

1. 林萃青(Joseph S. C. Lam)在他最新的著作《明代的國家祭祀與音樂》(*State Sacrifices and Music in Ming China*)裡，解釋了明代音樂與儀式之間的重要關係。
2. 《明太宗實錄》，卷22，頁3a，永樂元年8月；卷47，頁4b-53，永樂3年10月。
3. 《明史》，卷61，志37，頁1500-1516。
4. 同上，卷47，志23，頁1224。

僅止於演奏唐朝和宋朝流傳下來的歌曲[5]。款待皇族與永樂的賓客時，他的典樂官按慣例演奏的歌曲有《宴樂》（一種四部曲，有舞者伴舞）、《長壽樂》（根據傳聞，是由唐武后〔625-750〕譜曲）、《太平樂》、《光聖樂》、《上元樂》，以及《龍池樂》。在特殊的場合，永樂的典樂官會演奏《大定樂》，而一班舞者披五色文甲，手持長矛，或者，演奏俠義又精力充沛的《破陣樂》，而舞者以有力又勇猛的動作撼動山河。當然，永樂在位期間，中國人不分貴賤貧富，還是喜愛有戲劇性曲調的南北方風格的戲劇[6]。

除了儀式和音樂之外，永樂亦支持科舉考試，支持1368年由他父親在南京設立的國子監。例如，1404年，他錄取了四百七十三位進士，一年後選了其中二十八位在翰林院作研究，這一慣例自此以後成了定制。在位的二十二年間，永樂主持了八次科舉考試，相對照之下，他父親在位三十一年僅有六次[7]。再者，永樂以政府津貼招收了許多人進入國子監，而且從縣、州到府，在各個層級提倡教育。永樂運用地方學校，爲他的官場準備了大有可爲的有學問之人，同時指定的課程強調儒家經典、大明法律，以及帝國對於犯罪與懲罰的戒律。他也資助私人書院，從這類書院爲政府的職位徵募有學問、有德行的人[8]。他在位的期間，有三十四所私人書院，其中九所——江西兩所、湖廣一所、廣東四所，以及廣西兩所——在他接管帝國政權後設立[9]。透過地方學校，以及不同書院的推薦，人員的直接徵募，提供給永樂新的、形形色色的人才，其中一些人高升到他朝廷的顯著職

5. 《明史》，卷61，志37，頁1499-1500。
6. 同上，卷63，志39，頁1568-1570；幼獅文化事業公司編輯部編，《中國的藝術》，頁148-150。
7. 羅侖，〈明代的鄉試、會試與殿試〉，頁78-81。
8. 《明史》，卷69，志45，頁1670、1679；志46，頁1694。
9. 白新良，〈中國古代書院考〉，《南開史學》2期(1992)，頁12-13。

位。

爲了表示對於中國傳統的敬畏和注重，永樂決定恢復對孔子的崇敬，以作爲提倡儒家意識形態的手段。在1403年的三月初一，永樂穿上他的龍袍，在南京孔廟舉行典禮。在典樂官演奏許多首儀式音樂時，皇帝面朝孔子的肖像，向至聖先師鞠躬了四次。根據《儀禮樂器考和孔廟樂器》中的描述，儒家祭祀典禮使用的樂器，包括搏拊、鼗鼓、建鼓、應鼓、鳳簫，以及許多其他的古代樂器。在典禮期間，輔祭手持雉尾羽毛，隨著音樂歌舞[10]。這一幕之後，永樂和他的侍從坐著馬車向西行進到附近的國子監，贈送了許多本五經——《書經》、《詩經》、《易經》、《禮記》、《春秋》——給當時的國子監祭酒胡儼。爲了討論一些有關中國重要倫理智慧寶庫的複雜議題，國子監安排了一場五經討論會。在會議進行的期間，永樂所有從三品以上的官員，都坐著聆聽胡儼和著名古典學者講經(皇帝在場時，大明官員通常是不許坐著的)。當整個翰林院觀眾帶著緘默的興奮觀看講經時，永樂則再三地提出有關這類主題的問題，諸如統治者的道德責任，以及統治者履行那些責任的方式。皇帝亦鼓勵他的文人官員，對五經中的古代概念和術語，提出他們的看法和詮釋[11]。

永樂孔廟之行的象徵性，以及他展現有關五經之知識和理解的方式，打動了非常多的文人官僚。不過，他在孔廟和國子監的表現，亦表露出他了不起的政治敏銳。照他看來，藝術和文學用來爲統治者政治目的服務時是有用的。因此，相當精明的是，他尋求這類手段，呈現他自己不是那麼嚴厲的形象，改變公眾對他作爲統治者的看法。永樂曾說：「用儒道治天下，安得不禮儒者！致遠必重良馬，粒食必重

10. 幼獅文化事業公司編輯部編，《中國的藝術》，頁167；《明史》，卷50，志26，頁1296-1297。

11. 同上，卷147，列傳35，頁4125-4128。

良農，亦各資其用耳。」[12] 在中國的帝制官僚制度中，儒家學者的功能就像船隻的鉚釘，而永樂這位新的但機敏的舵手，想要確保沒有什麼事會鬆脫國家這艘易碎船隻的鉚釘。

顯然，永樂在孔廟和國子監的表現，不該被看成是障眼法的技藝，四個月後，他指派內閣大學士解縉，彙編和校訂一本大部頭的書，這部書收錄中華帝國的每個主題和每一部深奧專著，而且保存易損壞、有失傳風險的珍本書籍。永樂構思這個大膽想法，指派這個大型的文藝計畫時，他說道：

> 天下古今事物，散載諸事，篇帙浩穰，不易檢閱。朕欲悉采各書所載事物類聚之，而統之以韻，庶幾考察之便，如探囊取物。……爾等其如朕意，凡書契以來，經史子集，百家之書，至于天文、地志、陰陽、醫卜、僧道、技藝之言，備輯為一書，毋厭浩繁[13]。

在收到此一委派之後，解縉立即徵募一百四十七名學者，協助他進行此一大規模、花了十六個月完成的彙編工作。對於這部作品《文獻大成》在1404年晚期的出版，永樂在禮部辦了一場慶祝宴會。但僅僅兩個月後，永樂便宣稱，這部彙編所纂尚多未備，敕令重行纂編。這次他要求他長期的顧問道衍和尚，以及刑部侍郎劉季篪(1363-1423)加入，與解縉同爲計畫的共同監修。德高望重的道衍，那時七十歲，他的工作進度就算年紀只有他一半的人，也會覺得疲倦。他不言則已，言必有中。他被認爲是個有點陰鬱的人，他被找來跟活潑的劉季篪相輔相成，因劉季篪爲人隨和而有聲譽，受到同儕的

12. 商傳，《永樂皇帝》，頁143-144。
13. 《明太宗實錄》，卷21，頁9a，永樂元年7月。

愛戴。另外，永樂任命翰林學士王景、侍讀學士王達、國子監祭酒胡儼和儒士陳濟(1364-1424)爲總裁。陳濟以前從未擔任過任何政府職位，但以他的博學聞名，成爲實際的編輯。真正的編輯和謄抄工作在文淵閣進行，在那裡兩千一百八十位各種背景的學者、國子監的監生，以及各個政府機構的抄寫員，參與了此一巨大事業[14]。到了1408年初，經過三年的辛勞之後，完成的作品有兩萬兩千八百七十七卷，裝成一萬一千零九十五冊。永樂對於此一彙編的偉大成就非常滿意，以至於他冠上他自己的年號，命名爲《永樂大典》[15]。爲了證實他是此一歷史性事業背後的動力，永樂爲這部合輯寫了一篇冗長的序言：

> 昔者，聖王之治天下也，盡開物成務之道，極裁成輔相之宜，修禮樂而明教化，闡至理而宣人文。粵自伏羲氏始畫八卦，通神明之德，類萬物之情，造書契以易結繩之治。神農氏為耒耜之利，以教天下。黃帝堯舜氏作通其變，使民不倦；神而化之，使民宜之，垂衣裳而天下治。……孔子生周之末，有其德而無其位，承乎數聖人之後而制作已備，乃贊《易》、序《書》、脩《春秋》。……迄秦，有燔禁之禍而斯道中絕。漢興，六藝之教漸傳，而典籍之存可攷。繇漢而唐，繇唐而宋，其製作沿襲，蓋有足徵。……洪惟我太祖高皇帝膺受　天命混一輿圖，以神聖之資，廣述作之奧，興造禮樂，制度文為，博大悠遠，同乎聖帝明王之道。朕嗣承鴻基，勔思纘述，尚惟有大混一之時，必有一統之制作，所以齊政治而同風俗，序百王之傳，總歷代之典。世遠祀

14.《明太宗實錄》，卷36，頁5a-5b，永樂2年10月。
15. 同上，卷73，頁2b，永樂5年10月。

綿，簡編繁夥，恆慨其難一。……譬之淘金於沙，探珠於海，憂憂乎其不可易得也。乃命文學之臣，纂集四庫之書，及購募天下遺籍，上自古初，迄于當世，旁搜博采，彙聚群分，著為典奧。……包括宇宙之廣大，統會古今之異同，巨細粲然明備；其餘雜家之言，亦皆得以附見。蓋網羅無遺，以存考索，使觀者因韻以求字，因字以考事，自源徂流，如射中鵠，開卷而無所隱。……未有聖人，道在天地，未有六經，道在聖人；六經作，聖人之道著。所謂道者，彌綸乎天地，貫通乎古今。統之則為一理，散之則為萬事，支流蔓衍，其緒紛紜。不以統之，則無以一之。聚其散而兼總其條貫，於以見斯道之大而無物不賅也。朕深潛聖道，志在斯文。蓋嘗討論其旨矣，然萬機浩繁，實資觀覽，姑述其概，以冠諸篇，將以垂示無窮，庶幾或有裨於萬一云[16]。

由於這部百科全書的完成，永樂實現了他保存中華文化之偉大的畢生夢想。但他並未立即複寫刊刻，反倒決定僅製作一份謄寫的抄本。當副本在1409年初冬完成時，永樂——要嘛因爲他無法在其他方面節省，以支付印刷費用，要嘛因爲他再三考慮了整件事——便把這兩個抄本放置在宮殿的倉庫。1421年，他將首都遷到北京時，兩個《永樂大典》抄本都被轉送至紫禁城的文樓，閒置在那裡積滿灰塵。永樂的幾位繼承者之中，僅有嘉靖皇帝(1522-1566在位)對於閱讀這部巨大的作品表示出興趣。1562年，由於嘉靖的努力，從毀掉三座宮殿建築的大火中救出《永樂大典》。災禍之後不久，嘉靖敕令摹寫正副兩部。他僱用了一百八十位抄寫員，每一位奉命每天只謄抄三頁，

16. 同上，卷73，頁3a-4a，永樂5年11月。

每一頁是三十行，每行二十八字。整個謄抄計畫花了五年才完成。兩部新的抄本之中，正本陳列在文淵閣，副本存放在皇史宬，而皇史宬則是歷任大明皇帝寫毛筆字，還有收藏《明實錄》的地方。嘉靖把《永樂大典》原稿送回南京。不幸的是，當明朝在1644年瓦解時，這個特別的抄本被燒成灰燼[17]。

明朝結束之後，學者開始猜測永樂彙編這部百科全書，但卻又不刊刻的動機。清代學者孫承澤(1593-1675)提出這些想法：「靖難之舉，不平之氣，遍於海宇。文皇借文墨以消塊壘，此實係當日敕修永樂大典本意。」[18] 無疑地，永樂留意到近來對付建文舊臣的血腥整肅行動，而他想要創造的文藝事業相當有吸引力，連最惱怒又忿恨的文人，也會歡欣地來到他的朝廷。他提供現金和優秀同仁之允諾，打賭說，連固執的節操高尚理學家，包括拒絕參加科舉考試的那些人，也會想要參與此一計畫。誠然，永樂能夠引誘焦躁不安的博學之士，因這些人要嘛到處遊歷尋找材料，要嘛找尋值得其精力和抱負的歸宿。皇帝有效地利用此一事業，讓他自己凌駕於黨派政治之上，支撐公眾對他政權的信心。另一方面，他一絲不苟地通讀五經、四書和其他不同的作品，對於資助另一項增添到他名望的文藝計畫，可能有真正的學術興趣。

但他為何不繼續做下去，把全部的原稿交付刊行呢？費用是真正的問題所在，或者，有其他的顧慮和隱密的理由嗎？出於本能，永樂不是個深刻的正統儒家。儘管他把儒家經典看成是一種健全治理的指南，努力實現儒家學說，但他不喜歡，大概也不信任理學家，因這些人不僅將其形而上的玄想，跟儒家經典混為一談，而且也堅決認為，

17. 陳香，〈明成祖朱棣與永樂大典〉，頁30-31。亦參見K.T. Wu, "Ming Printing and Printers," pp. 203-260.

18. 孫承澤，《春明夢餘錄》，卷12，頁6。

儒家經典在任何時空都有效，跟人生之導引和當代問題之解答有其相關。但實際又傲慢的永樂，也要擁有其他知識形式，任用非儒家學者，諸如他信任的顧問道衍。事實上，道衍曾撰寫過一部書籍《道餘錄》，批評程頤(1033-1107)和朱熹(1130-1200)之流的著名宋代理學家[19]。因此，永樂並不希望僵硬的意識形態或宗教真言，妨礙了他解答無數的問題。這就是爲何他在儒家經典之外，要把天文學、非正式的地方史、醫藥、占卜、佛教、道教、工技和遊記，以及玄義、軼事和奇蹟的敘述等等這類的主題，納入他的百科全書作品。毫無疑問，理學家喜歡諷刺永樂，稱他的百科全書是良莠混同，最嚴厲的批評家甚至堅持說，《永樂大典》的兩萬兩千八百七十七卷之中，僅有四千九百四十六卷是真正的菁華，其餘的不過是粗糠和陳詞。

許多節操高尚的理學家，包括共同監修解縉和劉季篪，對計畫的要旨和內容，的確是有可能感到失望的。事實上，解縉在1407年被流放，1410年下獄，最後遭到永樂的親信紀綱殺害；劉季篪被流放之前，亦在1410年入獄；其他幾位編輯被監禁，暗示著編輯成員之間，對於這部百科全書的範圍和性質，有嚴重的傾軋[20]。我們或可推測，這種傾軋變得如此白熱化、如此強大，以至於永樂不得不延緩原稿的印刷。最後，或許到了計畫完成的時候，永樂覺得，他自己的目標已經充分達成，而且文人作爲一個階級也已經被有效壓制。刊刻一萬一千零九十五卷大部頭書已經沒有必要，因製作費用會對他的國庫增添另一個繁重負擔。

當永樂忙碌於他的文藝事業時，他通曉傳統中國文學的妻子徐皇后，則從事她自己的文學活動，而且在某種程度上，協助她丈夫擴大

19. 姚廣孝，《道餘錄》，無出版日期，〈道餘錄序〉，轉引自商傳，《永樂皇帝》，頁147。
20. 郭伯恭，《永樂大典考》，頁15-86；《明史》，卷147，列傳35，頁4121-4122；卷150，列傳38，頁4165。

他的宣傳活動。1403年，她出版了一部有關佛教大功德的佛經，描寫她跟慈悲的觀世音菩薩之間的精神溝通。生育力和憐憫的象徵觀世音，幾世紀以來都是最受中國婦女的歡迎，她們祈求她的救助。皇后在小冊子中宣稱，1398年的農曆新年，她在她的房間祈求時，觀世音出現在她面前，透露說她丈夫成為下一任皇帝，而她成為皇后，都是業的緣故。觀世音亦指示他們兩人，要提供有形無形的必要救助給人類。因此，觀世音教導皇后怎樣朗誦大功德佛經，包括怎樣善待眾生，怎樣增長內心之純潔、誠懇、忠貞、孝順等等。徐皇后毫不掩飾地同意此一信念，亦即，就其本質而論，這部佛經是神聖的，而且她聲稱，正是藉由朗誦這部佛經，她才度過了靖難內戰的最黑暗歲月。最後，她以神意的語調證實說，觀世音允諾過了十年會跟她再見一次面。

徐皇后的小冊子，大概打算把她自己的形象，塑造成比得上中國傳統的仁慈、孝順和寬厚的典範。雖然有真偽不明的詞藻，但在一個認為真的有神明和女神的社會裡，這種宣傳路線成效尤其良好。整個國家，尤其是農民，似乎想接受徐皇后的言詞，因為它們直接來自於救世主觀世音。皇后在1407年8月過世之後，她的三個兒子——皇儲、漢王與趙王——都為小冊子寫了後記，讚揚他們母親的慈愛、明智和簡樸[21]。而在1413年，為了遵守傳統的孝道，這三個兒子在南京聚寶門外的報恩寺，建造了一座金碧輝煌的九層琉璃瓷磚寶塔，對他們的母親表示敬意。這座寶塔存留至1854年為止，太平天國軍那時燒毀了整個建築物[22]。

皇后小冊子的風格和內容並不新穎，不過，她似乎想要運用此一新近獲得的極佳的講壇，激勵中國的婦女。她了解到，要激勵婦女，

21. 馬書田，〈明成祖的政治與宗教〉，頁35-51。
22. Goodrich and Fang, eds., *Dictionary of Ming Biography*, p. 363.

就是要開發其隱藏的女性自尊和美德意識。儘管事實上皇后通常不會介入政事，但她屢次要求永樂頒發衣服和金錢，給六位尚書和翰林學士的妻子。她確信，要軟化鋼鐵般的男人，帶來和睦的家庭與有秩序之社會的最佳手段，就是透過女性的影響力。在1405年的農曆正月，她寫了二十篇專論的《內訓》；一個月後，她完成了她二十篇的《勸善書》[23]。在《內訓》的序言中，徐皇后寫道：

> 吾幼承父母之教，誦詩書之典，職謹女事。蒙先人積善餘慶，夙被妃庭之選，事我孝慈高皇后。朝夕侍朝，高皇后教諸子婦禮法惟謹，吾恭奉儀範……。肅事今皇上三十餘年，一遵先志以行政教……，佐皇上內治之美，以忝高皇后之訓。……仰惟我高皇后教訓之言，卓越往昔，足以乘法萬世。吾耳熟而心藏之，乃於永樂二年冬，用逑高皇后之教，以廣之為《內訓》二十篇，以教宮壺夫人。……觀者於此不必泥於言，而但取於意，其於治內之道，或有裨於萬一云[24]。

這個時候，永樂朝廷的政治語彙漸漸涉及養育和照料。皇室也反覆聲明，三種古代的教義——儒學、道教和佛教——提供了道德教訓和精神指導，應該振興和大力發揚它們。1407年，亦即寫完《勸善書》之後兩年，其原稿刊刻印行，而徐皇后再次撰寫了前言來強調她的信念：

> 我先人中山武寧王，乘時際會，協心輔佐，消除僭亂，

23. 《明太宗實錄》，卷69，頁3b-4a，永樂5年7月。
24. 徐皇后，《內訓》，〈內訓序〉，頁1a-2b。

> 提兵安集，未嘗妄殺。……吾在孩提時，太祖見之，指謂我先人曰：「卿不殺人，最有陰騭，是女必貴。其以為吾兒婦，宜善視之。」吾性素不敏，初聞父、師之教，獲通詩書之典。……恭事今皇上三十有三年，昕夕謹懼。……皇上蒞祚以來，夙夜勤勵，惟恐一民不得其所，一物不被其澤。每退朝，日晏未食。吾躬侍左右，皇上語吾曰：皇后少休。……朕惟欲生民，皆壽不疵，皆樂不擾，皆富不窮。協于一德，歸於至善，朕勞而天下逸也。吾再拜曰：勤勞政治之本，仁厚福慶之源。……竊惟仁者善之所由生也，善者福之所由基也。是故，求福莫大於為善，省己莫嚴於知戒，用是輔仁，其或庶幾。間采三教聖賢勸善懲惡之言，類編為書，……予以省覽，以防念慮之萌。……脩善蒙福，積惡蒙禍；善惡之報，理有必然[25]。

正如徐皇后的大功德佛經那樣，她三個兒子都受邀爲《勸善書》撰寫註解和後記，不過，諷刺的是，她的女兒都不曾參與這些書籍的製作。她的長女永安公主嫁給了靖難內戰期間表現傑出的袁容。她的次女永平公主嫁給了李讓將軍。而她最小的兩個女兒，安成公主和咸寧公主，被許配給宋琥將軍和宋瑛將軍。1440年代，這兩兄弟與蒙古人打仗而贏得軍事殊勳。毋庸置疑地，皇后非常注意自己女兒的教養。循著婦女倫理教育(有人甚至會說是教化)的路線，她指導另一部道德說教書籍《古今列女傳》的彙編。這本書是婦女傳略的合輯，由內閣大學士解縉作編輯和潤飾，而收錄的婦女以其成就、謙遜、奉獻和貞潔而聞名。由於皇帝和皇后在倫理教育觀上有共同看法，永樂同

25. 徐皇后，《勸善書》(1407，明內府刊本)，〈勸善書序〉，頁1a-4b。

意為他妻子的書籍寫了以下的序言：

> 朕聞惟天下之至誠，為能經綸天下之大經，立天下之大本，知天地之化育。大經者，五品之人倫也。……男女夫婦為先，有夫婦而後有父子，有父子而後有君臣。……朕自少時，伏覩皇考修身齊家，皇妣輔治同德……。皇妣每聽女史，讀書至《列女傳》，謂宜加討論，刪定為書，永作世範。請於皇考，命儒臣考正，有緒未就，皇妣違榮。皇考每歎息悲傷，其意竟未及成書。永樂元年六月，朕既上冊寶，尊諡皇考聖神文武欽明啓運俊德成功統天大孝高皇帝，皇妣孝慈昭憲至仁文德承天順聖高皇后，纂成實錄。宮壼復申皇妣之意，朕不敢違，乃命儒臣編次古今后妃諸侯大夫士庶人妻之事，分為三卷頒之六宮，行之天下，俾為師氏知所以教，而閨門知所以學庶修身者[26]。

在這篇前言中，永樂無意間透露，他擔憂他父親之實錄的內容，可能會讓他的敵人高興，使永樂和他的朋友狼狽。事實上，他在百忙之中撥出時間，檢討他父親在位期間的全部記載，此舉證實眾人長久以來的猜疑：永樂和他的幕僚可能修改過《明太祖實錄》。的確，永樂鞏固他的權力之後不久，任命他的主要「代言人」，亦即德高望重的道衍，修訂了他父親的整個實錄三次——此一任務直到1418年才完成。當然，永樂的辯解者急著擦亮在位君主的形象，而建文的誹謗者則急於貶抑這位被廢黜的皇帝。儘管不能將《明太祖實錄》摒棄為無價值或不恰當，但我們必須緊記，就像所有的歷史文獻那樣，《明實

26. 解縉，《古今列女傳》，頁1a-4b。

錄》作爲證據是不可靠的，屢屢把人引入歧途，而且——更糟的是，從學術看法的立場觀之——僅是透過鑰匙孔來觀看中國的帝王編年史。因此，我們的挑戰乃在於了解到，大明文人官員在很多情況下看到的是戲劇效果(theater)而非歷史。

考察永樂雪片般的出版品時，如果我們記住這種懷疑態度，那麼一個清楚可見又再三出現的潛在主題相當明顯——永樂真的是洪武皇帝和馬皇后的兒子，而且也是稱頭的兒子；他的妻子徐皇后，是他雙親真正喜愛的媳婦。當然，《古今列女傳》、《高皇后傳》(刊刻於1406年)和《天潢玉牒》都打算美化馬皇后，證實她和永樂妻子之間有牢固且親密的關係。這些書籍不僅被用來證明永樂的血統，而且也合法化他的權力。解縉編寫了《天潢玉牒》，證實洪武皇帝二十四個兒子中的前五位，包括永樂(四子)，是馬皇后所生[27]。馬皇后傳記的作者不詳，不過，因爲其風格和內容跟《古今列女傳》非常類似，大部分明代學者猜想，它也出自解縉之手。這些書籍，連同另一部討論永樂推翻建文政變的佚名書籍《奉天靖難記》，部分是明代早期的編年史，部分是時代的聲音，部分是文化的復興，還有部分是政治宣傳。不幸的是，這些書的主要作者解縉，遭到殘酷的對待，其受盡屈辱、傷害，最後被拋棄而告終。或許，完成這些作品之後，他的心裡已經領悟到，他即將垮臺，因爲關於永樂的秘密和隱蔽的動機，他知道的事超出他所應該知道的。

另一方面，永樂不偏不倚地對待三種古代教義——換句話說，儒學、道教和佛教——是應該受到讚揚的。儘管繼續顯現出對於儒家意識形態的敬意，但他同時也宣傳不朽人物和著名道長的功績，以及發揚菩薩的奇蹟。結果，至少在正統儒家的眼中，永樂有時好像有些異端，甚至是褻瀆。雖然如此，由於遵循這種路線，他無意中深化了中

27. 解縉，《天潢玉牒》，頁11b。

國的調和傳統，協調了不同的觀念，而且將百家思想混合成一個巨大的文化熔爐。他資助了兩部重要儒學作品的彙編：《五經四書大全》(一百五十九卷)和《性理大全》(七十卷)。前者包含了整個儒家典律，而後者包括了從11到13世紀的一百二十位思想家的典律註解。這兩個大型的編纂計畫，始於1414年冬天，永樂那時要求他的內閣大學士胡廣、楊榮與金幼孜，匯集不同學者的所有著述(原創的和一般的)，採其切當之言，增附於傳註之下。永樂任命胡廣為總裁，而委員會立即在東華門外的一棟宮殿建築物裡開始工作。兩部作品都在1415年的秋天完成，而永樂再度寫了一篇冗長序言，提出他的思想[28]。

永樂期盼《五經四書大全》成為大明政府的一種基本的、歷久不衰的意識形態指南。他也高度希望，由於遵循這些信條，他的繼承者不會背離倫理規章；他的國家不會受到異邦習俗的影響，而他的社會會回歸聖王的黃金時代。然而，因為這兩部作品不到一年就彙編完成，通常一絲不苟的編輯們在此過度匆忙。五經之中，只有《禮記》是完整的，而其他四經則不完備。至於四書，編輯們的確納入了未經刪除的1411年版《孟子》，但因為他們隨意運用其編輯特權，省去了他們料想不適合用在嚴肅研究的一些文本和註解[29]。這兩部作品的出版，不僅加強儒學的支配地位，而且導致往後幾個世紀中國學術的停滯。從那時開始，科舉考試的舉子只需要背誦這些百科全書的文本和註解，幾乎不會留意其他的主題[30]。為了通過非常競爭的考試舉進士，中國有志氣的博學之士，自此以後自我設限在「八股」文的寫作，以及精通古文的各種各樣語詞和呆板句法。因而中國有一流頭腦的人，限定他們的學識，壓制他們的思想自由，扼殺他們的創造力。

28.《明太宗實錄》，卷158，頁2a，永樂12年11月；卷168，頁2b-4a，13年9月。
29. 陸容，《菽園雜記》，卷2，頁10；亦參見沈節甫，《紀錄彙編》，卷181。
30. 胡廣等編，《四書大全》，冊6，卷36，〈提要〉，頁2a。

在這方面，對於明代學術不斷令人窒息的迂腐，永樂毋庸置疑要負責任[31]。事實上，吾人甚至傾向於暗示說，這一類乏味單調的思想傾向和意識形態，恰恰是永樂用來支撐他那種絕對主義的基礎材料。

除了這些事業之外，永樂亦任命他的內閣大學士楊士奇，收集和編輯中國歷代名臣的著名奏議。楊士奇曾經說過：「文皇帝之心，孔子之心也。」1416年，他利用皇上的資源作彙編，呈獻給永樂三百五十卷的《歷代名臣奏議》。這部作品充滿政治悟性和智慧，可作爲未來政策決定的一種參考指南[32]。永樂單獨編寫了一些書籍，包括子孫的基本道德和政治指南，以及他在靖難內戰期間發出的指令。《聖學心法》(1409)和《務本之訓》(1410)屬於前者的範疇，而《燕王令旨》則屬於後者。不過，對於難以解決之生死問題的答案，永樂並不煩惱，他也在道教中尋求慰藉。1419年，他出版了《列仙傳》，書中詳述道教行家的奇妙故事，並且將其輝煌成就聯繫到日常生活。永樂該著作的大部分範例，取自一部稱之爲《道藏》的可疑道教典籍，它也對於許多道教儀式，諸如自我修練、煉金術、呼吸瑜珈術、超自然技能和符咒做了註解[33]。

永樂是否真的爲靈性之人，難以確知。他可能僅僅利用宗教來維持權力，而且從馬克思主義的角度來說，可能提供宗教來作爲一種人民的鴉片，或者說，他可能急切地爲他的百姓找尋一種道德支柱。然而，很顯然，照永樂的想法，其對宗教的構思在架構上是倫理的多，以神爲中心的少，而且實踐的多，理論的少。因爲不像西方的基督教那樣，中國的宗教是四散的，而非中央集權的，永樂毋庸應付一個强有力的中央集權宗教機構，或這一類實體的教會領袖，不像歐洲領袖

31. 顧炎武，《日知錄集釋》，卷18，頁428。
32. 楊士奇，《東里全集》，冊7，卷2，在「樸齋記」詞條下。
33. Thompson, *Chinese Religion*, pp. 148-49.

必須應付天主教教會和教宗。在這些情況下，永樂實際上有自主權，操縱宗教來推動他的政治目標，而且事實上他屢次運用宗教來加強他以絕對主義對帝國的控制。國立中央圖書館至少登錄了三本以永樂爲作者的佛教書名。第一本《諸佛世尊如來菩薩尊者神僧名經》，在1417年的農曆正月的期間，在宮殿裡刊刻成九卷。它是朝鮮、日本與越南也在使用的一部大部頭複雜典律，包含了佛教在第一世紀尾聲傳到中國以來，已經從巴利文或梵文原作翻譯過來的不可缺少之佛教經文。兩年後，永樂命內府刊刻了彙編成十六卷的佛教歌曲《感應歌曲》，用來教導無知識的大眾，從而使他們易於了解佛教經文[34]。

1420年，爲了努力傳播佛教，永樂資助所謂北方版《三藏》(*Tripitaka*)的合輯和彙編，開啓了一項甚至更加艱鉅的計畫。此一中國佛教的學識標誌，包含了六千七百七十一卷，直到1440年，也就是永樂駕崩之後十六年才完成。「經藏」包含了佛經，亦即，佛陀的經文或論法(dharma)的言詞(根本教義)。「律藏」包含了律，亦即，僧伽或佛教界成員之行爲的指示。而「論藏」包含了論，亦即，由博學的僧侶撰寫，解釋眾生法之微妙的專論[35]。不過，僅有在中國人口中占很小比例的僧侶或虔誠的佛教學者，能夠輕易地引用三法(眾生法、佛法和心法)，或者，了解「眾生法」與「因果在因果報應的奧秘中的整個範圍」之間的關係。因此，爲了向農民宣傳佛陀的教誨，在全中國社會到處普及有關三法的知識，永樂資助了能夠朗讀給文盲聽的各種說教書籍，尤其是把善法與善業作聯繫的出版品。這樣做的時候，他減少佛教的外來成分，盡可能使其中國化。涅盤的抽象概念作爲人們應該努力爭取的目標——對於強調家庭和俗世的儒家世界觀，是一種完全的否定——被減低到最小程度，轉而把幸福的具體位

34. Goodrich and Fang, eds., *Dictionary of Ming Biography*, p. 363.
35. Thompson, *Chinese Religion*, p. 148.

置凸顯爲目標。

永樂並未詳細討論形上學和神學議題——諸如靈魂、宇宙循環、道成肉身和禁慾——的論爭，反而把佛教的道德，跟儒家的教誨和道教的修練，混爲一談。三種中國教義之學說中的共同原則，一次又一次地受到刻意強調；最佳的例子是他的《爲善陰騭》和《孝順事實》。《爲善陰騭》包含了一百六十五名有道德的慈善人士之傳記，永樂經由他自己的閱讀，或官員的報告而知道這些人。這部十卷的作品在1418年完成，抄本立即分送給親王、高階官員和國子監。永樂不僅親自批准每一篇傳記，而且還寫了序言、後記，還有正文中的沉思詩句。他後來敕令禮部，把這本書併入《御制大誥》(1385-1387)這部刑事案件手冊，科舉舉子便在手冊中找尋科舉考試的文章主題，而主題經常是關於降臨到壞人身上的可怖命運。這本書有永樂個人的註解，實質上是有關重要倫理實例的紀錄，栩栩如生地指出降臨到恩人身上的因果命運[36]。在《爲善陰騭》的前言中，永樂寫道：

> 《書》曰：惟天陰騭下民⋯⋯。人之敷德施惠于人，不求其知而又責報之心者，亦曰陰騭。且人之陰騭固無預於天，而天之所以報之者其應如響。嘗博觀古人，往往身致顯榮慶流後裔，芳聲偉烈傳之千萬世與天地相為悠久者，未有不由乎陰騭之所致也[37]。

當永樂還是小孩時，他聽過許多神仙的故事。他在《爲善陰騭》之中最喜好的傳記是蔣子文的故事，他是東漢(25-220)末年左右的人士。長江下游流域人蔣子文，對窮人、病人和受壓迫的人相當同情。

36.《明太宗實錄》，卷210，頁1b-2a，永樂17年3月。
37.朱棣，《為善陰騭》，〈為善陰騭序〉，頁1a-1b。

在他死後，他被奉爲神仙，據信擁有某種魔力和秘密的傳說。每當乾旱的時候，人們到他的廟宇焚香，向他的雕像叩頭，請求他憐憫和救濟。生病的人依靠他有魔力的護身符和飲劑，治療他們的病痛。據信，永樂孩提時一度病得很重，他的母親向不朽的蔣子文祈求，希望治好他的疾病。永樂喜歡引用的其他傳記，是徐知證與徐知諤兩兄弟。五代的晚唐時期變得著名的徐氏兄弟，在923年到936年之間的某個時候，總是樂於救濟尋求他們幫助的受苦之人。他們死後被供奉在廟宇，在平民和知識分子之中，仍舊頗受愛戴。事實上，永樂每逢悲痛的消沉時刻，他也在徐氏兄弟令人欣慰的言行中尋求慰藉[38]。

這些故事的情緒、希望和慈愛，再三地出現在永樂其他的說教書籍，亦即，包含了中國歷代最孝順的兩百零七人的《孝順事實》。這本書也由十卷組成，且完成於1420年，發揚善行和慈愛，尤其是對家裡老年人的照料。永樂再度對全文寫了詩詞和註解，也撰寫了序言，而這本書完成之後，抄本送給了重要大臣和軍事指揮官，也送到了各個學校[39]。書中最孝順的人是東晉的卞胗。328年，叛軍領袖殺了卞胗的父親，而他父親那時是朝廷宰相，也是政府軍隊的指揮官。卞胗與他的弟弟聽到父親的死訊，便急奔到戰場，找到他們父親的遺體，但兩人也遭殺害。根據永樂的說法，此一故事的忠孝主題，是德行的基礎，以及所有教導的來源。永樂針對卞氏，撰寫了一篇熱情的評論，稱他們是中國人的最佳榜樣[40]。由於孝順在人類生活中扮演的重要角色，也由於其對政治思想和實踐的影響，永樂想要效法他之前的聖君，頌揚孝順的美德。他似乎相信，當他履行他作爲皇帝的命定角色——而且他的官員，就像卞胗的父親，還有老百姓，就像卞胗那

38. 同上，頁1a-2b、4b-7a。
39. 《明太宗實錄》，卷226，頁1a，永樂18年6月。
40. 朱棣，《孝順事實》，卷2，頁24b-25a。

樣，全都符合他的要求時——帝國就會是一個和諧社會，所有的男女都會受到道德完美和正直行爲的約束。

不過，一個人要怎樣才算是孝子呢？欠雙親的恩情，兒子該怎樣報答他們才夠呢？他應該給他們世俗的奢侈品嗎？他應該將他們的身體沉浸在有芳香味的油膏中嗎？永樂並未有明確的指示，但他通常遵循確立已久的社會規範。因而他頻繁地宣傳和獎賞那些尊敬和侍奉其雙親、珍愛其家庭世系、保護其家人財產，還有雙親過世之後，定期舉行紀念儀式的人。但永樂在《孝順事實》中亦包括了少許極端的個人範例，這些人割自己身體的肉餵雙親，用以治療疾病[41]。這類孝順行爲的確是聳人聽聞，但永樂仍然讚揚他們，示意只要有人虔誠、順從又無條件地侍奉其雙親，他就能夠對統治者和社會，履行他的其他本分。

藉由提倡孝順崇拜，也藉由把三種宗教合併成一種意識形態，永樂想要護衛祖宗的文化，重申他繼承自明朝開國者的慣例。就這層意義而言，他在文化上是個傳統主義者，思想上是個實用主義者與功利主義者，而宗教上則是個不可知論者。他經常認爲他自己是集儒家、道家和佛家於一身。照他看來，這三種宗教或思想流派並不矛盾，僅有功能上的不同。在協調和提倡這三種宗教的過程中，永樂實際上同時戴著儒家帽子，披上道袍，穿著僧侶鞋。就政治層面而言，他變成每種教義的皇帝，每個階級的模範。因此，他應該被歸類爲功利主義的傳統主義者，而不是前衛的革命分子，因爲他看出中國文化可悲的缺陷，試圖用舊有的價值體系來修補。

對於眾多的不識字中國農民而言，永樂的故事和宣傳，提供了秩序、救贖和希望。對於文人和官僚而言，他給人深刻印象的文藝作

41.《明太宗實錄》，卷32，頁2b，永樂2年6月；卷96，頁2b，7年9月；卷97，頁4b，7年10月；卷160，頁4a，13年正月。

品，讓通俗的教育和文化結合在一起。另外，因為永樂鼓勵他們、稱讚他們，不斷找尋可謄抄和彙編成印刷合輯的材料，也因為他給予他們獎賞和升遷，永樂確實換取到他們的政治忠誠。知識界把精力耗費在單調乏味的百科全書工作，而他們的抱負和才能，被引導成協助建造一種強力阻止制度改革和社會革新的體系[42]。15世紀早期中國的知識分子，與其說喜愛的是真正的中國，不如說是中國的可能性（promise），亦即，他們希望協助永樂創造出來的中國。然而，當他們論及這種想像的中國時，它是一個高防禦開銷、低社會開銷，以及甚少文化革新和制度革新的國度。最終，對於最嚴密形式的絕對主義政府而言，甚至這種中國本身不是一種目的，而僅是一種踏腳石。

無疑地，永樂所資助文藝計畫和他自己的著述，都意在宣揚道德陳詞，促進社會和諧，而且更重要的是，合法化他的統治。這些計畫的潛在主題顯示，他是父親真正的繼承者。然而，他所說的與他的所為相矛盾。他說，他會通過道德勸說和聖人教誨，來統治國家和管理百姓。然而，永樂實際上經常應用暴虐行為，輔以大方的獎賞和嚴厲的懲罰，來達成他的目標。他的興趣主要在於權力和功名的積累、個人對國家的屈從，以及依靠絕對主義來永續他的家族統治。他利用無情又使人恐懼的工具，所建造出的絕對主義形式政府，正是法家長久以來推薦的，即使永樂的出版品故意排除他們的作品。儘管他將法家理論付諸實行，讓專制主義得以在中國文化中存活，但他相信，法家跟其他思想流派，尤其儒學，是完全不相容的。因此，永樂表明，受贊同的被排除之事物，無法從文化排除。

42. 顧炎武，《日知錄集釋》，卷18，頁427-428。

第八章

永樂和蒙古人

當永樂快速進行他的政治、社會、經濟和文化重建計畫時，他也小心謹慎地監控著帝國內外的蒙古人活動。他把京師從南京遷移到北京的一個關鍵原因乃是，大明的所有邊境之中，北境面臨最沉重的來自外部威脅的持續壓力。即使明朝創建之後，蒙古可汗還掌握中國北方，而且屢次派遣掠奪者進入中國本身，繼續向大明宗主權挑戰。17世紀中葉史家谷應泰的一段簡潔的話，對此一形勢有最佳的描述：

> 於時忽答一軍駐雲州，王保保一軍駐沈兒塔，納哈出一軍駐金山，失喇罕一軍駐西涼，引弓之士，不下百萬眾也，歸附之部落，不下數千里也，資裝鎧杖，尚賴而用也，駝馬牛羊，尚全而有也[1]。

妥懽帖木兒的繼承者愛猷失里達剌(1338-1378)與脫古思帖木兒(西元1378年至1388年在位)，兩者似乎都在意偉大的成吉思汗所教導的：「戰鬥是萬物之父，萬物之王。」他們設法激發豐富的蒙古民族主義情緒，允諾要恢復蒙古人在世界上的驕傲和地位。而在1373年慘敗在蒙古人的手下之後，明廷有十五年未對其北方敵人採取攻擊性的

1.谷應泰，《明史記事本末》，卷10，頁127-49。

行動[2]。這正是永樂從侄子那裡奪得權力時，爲何必須對他的防禦體系重新理出優先順序，而且他爲何被稱爲「親自擔任將軍、時常巡邏北方邊境一帶的天子」[3]。

只要蒙古人仍然是一股有活力的勢力和難以對付的威脅，大明皇帝又無法不受傷害地改變現狀，與蒙古人的關係就是明廷最高的國家安全議題。元朝末代皇帝妥懽帖木兒在1368年逃離北京之後，蒙古可汗被認爲是喪失了統治權，可是他仍舊持有秦始皇在西元前221年製作的傳國玉璽。秦始皇的丞相李斯，是個有造詣的小篆書法家，其在這枚國璽上題寫了「受命於天，既壽永昌」。在中國朝代的傳統中，傳國玉璽通常就等同於職權，無論誰贏得天命，他也就成爲這枚神聖玉璽的保管人。

由於中國的統治者如此迷戀於擁有國璽，它在很多朝代更迭之後仍然存在，從魏、晉、隋、唐和宋，傳到忽必烈汗的朝廷。在妥懽帖木兒去世後，其保管人是完者帖木兒，又叫本雅失里，他跟瓦剌軍隊結成同盟，但後來遭到瓦剌酋長馬哈木(死於1416年)殺害。1409年，馬哈木向永樂皇帝許諾他的忠誠，願意把國璽歸還給明廷。然而，大明到了這時候已經製作了十七枚新國璽，每一枚都有其獨特又具體指定的功能，因而對此枚玉璽已無需求。往後兩個世紀，北元的蒙古人小心謹慎地保藏它，直到最後一位蒙古可汗臣服於滿洲人之後，才在1635年把國璽交給百姓的新主子皇太極(1626年至1643年在位)。當皇太極的第九子，一位六歲的男孩，1644年6月6日在紫禁城登極時，國璽就放在他的旁邊。當然，那是明朝的結束，但不是國璽故事的結局。1920年代，它在相互角逐的中國軍閥之中，仍然是一個高度夢寐

2.Dardess, “The Transformation of Messianic Revolt,” p. 539；札奇斯欽，〈自北元至清初的蒙古，1368-1635〉，頁19。
3.同上，頁57。亦參見Serruys, “The Mongols in China,” pp. 233-305.

以求的珍品。這枚千年傳奇的玉璽，如今收藏於臺北故宮博物院[4]。

即使蒙古人還擁有此枚神聖玉璽，然而其勢力不斷地削弱，最終還是導致一度遼闊的蒙古世界四分五裂。如今它分裂成三個主要群體，而大明領導階層迅速獲悉，怎樣在分裂的蒙古居民的區域內部作操縱。其一，軍事集團由從前的可汗、親王和貴族組成，他們安全地退回到無樹的大草原之後，決心把他們能夠召集的軍隊集合起來，跟難以對付的大明對手打仗。既然他們沒有不能蹂躪的禁區，對抗大明的遭遇戰和小規模報復性戰爭便持續進行。明廷經常用同樣的方式，還以可憎的殺戮和駭人的殘暴行爲。其二，搖擺的蒙古集團，其更喜歡較溫和的氣候和較豐富的食物來源，決定停留在戈壁南部，在大明邊境行政官員的注意下過生活。這個集團設法維持他們傳統的放牧生活方式，要嘛作爲飼養家畜的人，要嘛作爲草原游牧民族，同時不僅享有來自中國人的財政援助，而且也享有某種程度的自治權。最後，愈來愈多蒙古歸順者爲大明皇帝效勞，他們有許多人是軍官，帶著自己的軍隊一起投靠。洪武皇帝和永樂皇帝都慷慨地做了回報，但也極力利用這些投降的蒙古人，使蒙古歸順者融合進大明軍隊的基層，選擇性地分派他們去防衛長城一帶的區域。最終，這些蒙古人跟漢人相混合，爲馬賽克般的中華民族添加新的一層。

要繪製這段兵荒馬亂時期的蒙古人口統計圖，幾乎不可能，主要因爲蒙古軍隊的部署，以及其家人的數量，長久以來仍然是國家機密。一則史料說：「方大亂時，各處轉戰蒙古人等四十萬，內惟脫出六萬，其三十四萬俱陷于敵。」[5] 這類的數量，不論可不可靠，有一個結果是確定的：不管是否心甘情願，這些蒙古人在大明的統治下，大部分停留在河南、河北、北京、山西、陝西、四川、甘肅與雲南。

4. 黎東方，《細說明朝》，頁190-191。
5.蔡志純，〈明朝初期對蒙古的民族政策〉，頁59。

估計有七十萬到八十萬人被俘而成戰俘，或者，被迫拋棄家園成爲難民。爲了控制這些精疲力竭又不幸的蒙古人，惹人不快的洪武皇帝試圖跟他們達成和解。1371年10月，他讓他的次子朱樉，娶了著名蒙古將領擴廓帖木兒的妹妹，作爲友好姿態和打破種族藩籬的手段。洪武流放了一些戰俘，包括一位蒙古親王到琉球群島，但仍然冊封十七名蒙古人爲大明親王和侯爵，而且任命其他的一些人擔任新政府的重要職位。這類慷慨的姿態造成漢人抗議說，粗野的蒙古人擠滿了朝廷，而且南京三分之一的貢糧專門分配給蒙古官員及其家人[6]。

洪武和永樂都記得，漢朝的對外政策叫「以夷制夷」或「以夷伐夷」。1370年，李文忠在應昌，俘獲了蒙古可汗(那時的愛猷失里達剌)被流放的兒子買的里八剌，洪武則在1374年將他送回。而四年後當愛猷失里達剌過世時，洪武派了一位中官使節，前往表示他的哀悼。這類有雅量的姿態和安撫政策，不僅爲了恢復邊境安寧，而且也爲了引誘更多的蒙古人才加入大明軍隊。明廷同時也會測試投降之蒙古人的忠誠，將其武裝成騎兵，納入大明衛所組織，如此一來就可以利用他們跟自己的同胞打仗。幾位蒙古歸順者戰功卓著，於是受到獎賞。舉例來說，薛斌因其出色的軍旅表現而成爲都督府的都督同知。火里火真被委派爲燕山衛千戶所指揮官，在燕王麾下服役。以勇氣和果斷聞名的火里火真，在作戰時經常不顧一切地突破敵軍。後來，燕王成爲皇帝之後，他在1402年10月3日，封火里火真爲同安侯，享有歲祿一千五百石米[7]。其他著名的蒙古人也覺得在燕王底下服役相當自如。1390年，乃兒不花與阿魯帖木兒都遭到燕王俘獲，而在短時間的復職之後，這兩位兇猛的蒙古指揮官及其軍隊，亦加入燕軍的行列。另一位蒙古軍官阿魯哥失里(死於1433年)，在1409年向永樂歸

6.蔡志純，〈明朝初期對蒙古的民族政策〉，頁59。
7.《明史》，卷145，列傳33，頁4091。

順。皇帝最初賜給他一個中文名字金順，授大寧都指揮僉事。阿魯哥失里兩度協助永樂擊敗蒙古軍隊，先被拔擢爲都督僉事，後被封爲順義伯[8]。 應注意，即使永樂毫不猶豫地找蒙古歸順者來當備戰的將領，他還是設法抑制其抱負，不給他們有真正權限的職位。總的來說，在15世紀頭二十年的期間，分而治之的政策使明廷獲得很大利益。

蒙古人如今生活在一個分岔的社會。永樂和他父親也都關切漢人與蒙古人的相互關係，他們找尋方法，在蒙古人的活力和雄心，與中國的文化和光輝之間，建立一種真正的合一或綜合。他們經常未言明的弦外之音，乃是擔憂中華文明在歷史上的道德成就和文化成就，因外來的游牧民族而有被降低，甚至被湮沒的危險。儘管他們想保有蒙古人的友好和忠誠，但他們也要從新社會清理出他們所認爲的蒙古統治——上層文盲、粗俗語的傳播者，以及浮華和無節制的助長者——的墮落殘渣。恢復基本中國特徵的第一步便是，禁止漢人使用流行的蒙古姓名、仿效蒙古習俗、像蒙古菁英那般穿著華麗裝束，或說蒙古語。洪武在位的早期，猛力展開「濡化」(enculturation)計畫，藉由編撰法律和規章，明確指示他的臣民穿上寬鬆的袍服，就像他們唐朝期間的祖宗那樣。同樣地，他宣告所有流行的蒙古風爲非法，包括髮型、男人的窄袖套和褲子，以及女人的短袖套和裙子。這些詔令清楚地說明，洪武努力強化中國民族主義和正統的文化價値觀與社會價値觀[9]。結果，明代中國人開始把精心梳理的長髮，評價成一種男子氣和優雅的象徵。而婦女重新開始纏足，因她們的男人表示，跛足的小腳在性方面更有吸引力。

8.同上，卷156，列傳44，頁4273。
9.《明太祖實錄》，卷30，頁10a，洪武元年2月。亦參見Farmer, *Zhu Yuanzhang and Early Ming Legislation*, p. 36.

當洪武願意用中華文明的手臂擁抱帝國內部的所有「夷狄」時，他還不打算把他們跟占大多數的漢族一視同仁。他的一千三百七十道詔令，既不允許蒙古人，也不允許色目人——突厥人、西藏人、阿拉伯穆斯林，以及歐洲人——更改爲中國姓名，顯然，他的文化和族群政策(要是我們能夠使用這類語句的話)，是一種融合政策，而非同化政策。他擔心一旦他們改了姓名，他們的後代就會忘記其真正的身分[10]。同化乃是認爲，一個群體在軍事征服，或長期和平同居之後，遭到另一個群體以某種方式改變或轉變。另一方面，融合則是認爲，邊緣群體會採納主流群體的文化方式，儘管從屬地生活在一種共生的安排，但也會保留自己的遺產，而毋庸打亂內部的秩序。到了永樂奪取大明領導權的時候，他決定要同化蒙古人，以便他們最終完全被當成是中國人。他並非將同化看成是目的本身，而是看成一種工具，把蒙古人變換成新社會的忠誠成員、有生產性成員。

永樂在1403年向他的兵部尙書抱怨，大部分武職的韃靼人有相同的名字，沒有分辨他們的姓氏，而他要求，守衛軍官應賜予漢姓，而且必須穿著華服。永樂盡力使他的軍事指揮官更容易在戰場上辨認出蒙古人時，他也採取措施，確保歸順的那些人在新的社會裡，會覺得舒服自在又愉快。循著這一思考路線，他把新的蒙古臣民散布於帝國不同地方的中國居民中。例如，納哈出在1387年向大明軍隊投誠，而先前在他領導下的幾十萬來自熱河和遼寧的兀良哈人，則被安置到雲南、廣東、廣西與福建。種族意識不強的永樂採取了進一步的步驟，鼓勵種族友誼和民間社會，同時他把蒙古人與漢人組織成共同的里甲村莊，以便兩種民族能夠混合在一起。就像先前朝代更迭期間屢次發生的情況那樣，「夷狄」居民緩慢又逐漸的同化發生在中國本身，而

10.《明太祖實錄》，卷51，頁5a-5b，洪武3年4月。

永樂使大明社會擺脫韃靼的努力，開始看到顯著的成果[11]。

不過，在中國有貶損甚至卑賤含意的韃靼，對不同的民族有不同的意義。蒙古人撤退到北方之後，兩個強有力的群體形成：西北不同民族聚集而成的瓦剌(意爲「邊境地區」)；以及東北的韃靼。歐洲人將「韃靼」的名稱濫用，錯誤地用來稱呼滿洲人(其血統是通古斯人，而非蒙古人)，以及突厥血統的俄羅斯韃靼人[12]。據信，「蒙古」一詞最早由唐朝(618-907)的中國人所杜撰，而宋朝(960-1279)最早用「韃靼」一詞來指涉被稱之爲契丹的突厥蒙古人，其在東蒙古與東北建立了一個被稱之爲遼(916-1125)的強有力帝國。1004年，契丹騎兵部隊擊敗了中國人，迫使後者每年送二十萬疋絹和十萬兩銀給遼。誠然，「韃靼」一詞早在偉大的成吉思汗出生以前，就已經在使用了。

1324年，元泰定皇帝(1324年至1328年在位)，又叫也孫鐵木兒登極的時候，他頒布的一份大赦詔令裡，使用了「達達國土」和「達達百姓」這類的說法[13]。事實上，14世紀的劇作家在創作口語體戲劇時頻繁地使用「達達」一詞。大明軍隊將妥懽帖木兒從北京趕走，大明的創始人就稱東蒙古——北元的妥懽帖木兒及其殘餘兵力停留在那裡——爲韃靼之地。1370年，大明皇帝稱蒙古人爲「迤北達達百姓」。1388年《明太祖實錄》中的一則記載，稱蒙古酋長爲「韃靼王子」。到了永樂不得不處理蒙古問題的時候，中國人已經開始使用「迤北韃子」一詞來稱呼他們長城外的大敵。即使他們對瓦剌、兀良哈和裕固蒙古人作了區分，他們還是開始稱一般的蒙古

11.蔡志純，〈明朝初期對蒙古的民族政策〉，頁60-62。

12.有關「韃靼」一詞之起源的討論，參見Curtain, *The Mongols*; Gernet, *A History of Chinese Civilization*, p. 398.

13.李善長等編，《元史》，卷29，本紀29，頁638。

人爲韃子或韃靼[14]。

當永樂努力同質化中國本身的歸順韃靼人，將他們轉變成有生產性的忠誠臣民時，他對於大明北境外之蒙古人的政策，首先，是讓他們在經濟上依靠中國，而且如果可能的話，贏得他們的政治忠誠；其次，宣布他的政治目的與他的軍事資產——包括國家意志——之間有一種合理關聯；以及最後，在軍事上與蒙古人交戰，發動進入其版圖的定期招討行動，以便去除蒙古政權的攻擊能力。大明的領導階層似乎決定不要併吞蒙古，可能因爲這區域大部分就像一片廣大的沙海，過去已經證明，與蒙古人打仗所費不貲。根據他許多年來對付蒙古人的經驗，包括少數先發制人、削弱對手力量的征伐，永樂尤其認識到，在對付不斷移動之游牧民族的戰爭中，沒有全盤勝利這種事。因此，他的戰略是圍堵——亦即，跟敵人保持一定的距離，以牢固的防禦手段保護中國本身。1409年初夏，永樂跟皇儲討論他的蒙古政策時，他便透露了這類的戰略[15]。循著這種戰略思維，永樂謹慎地發展出一種恩威並濟的模式，當他察覺問題或成功時會變更對恩威的強調。諸如給予貿易特權和定期禮品的獎勵，助長了蒙古的軟弱，而威懾力量則阻擋其侵犯。當永樂在其有影響力的小冊子《聖學心法》中，寫道「制禦戎之常道，在乎謹邊防，守要害而已」的時候，他重申了這樣的想法[16]。

由於記掛著圍堵戰略，大明的主要兵力駐紮在北京周圍的護衛警戒線，以及沿著戰略上最重要的邊境區域所建造的九邊指揮站周圍。九邊是遼東，在今日遼寧；薊州，在北京東北；宣府，在北京西北；大同，在山西北方；太原，涵蓋山西的中部和西部；榆林，在陝西北

14.蔡美彪，〈明代蒙古與大元國號〉，頁46。
15.《明太宗實錄》，卷92，頁3b，永樂7年5月。
16.朱棣，《聖學心法》，卷4，頁29。

方；固原，涵蓋陝西的西部和中部；寧夏，長城之外的陝西北部；以及甘肅，在遠西[17]。九邊建造得如此完善，以至於博得了「固若金湯」的名聲。舉例大同的例子來說，其防禦屏障包括一道有石頭地基、四十四個瞭望塔和五百八十個弓箭手支架的磚造內牆，以及橫跨一條三米寬、一又二分之一米深之護城河的一座吊橋。大同位於黃河北方大彎曲處一帶，受到三道小型外牆的進一步防護，外牆長約三公里，面向北方、東方和南方[18]。其他八個邊境要塞都是以大同作爲榜樣，有難以攻陷的壁壘。

無疑地，永樂無能力也無意將他的領土再往前擴張到戈壁；在那裡耕作是不可能的，而且冬天期間溫度差距，爲38°C到零下42°C。反之，他要確保的是，沿著六千公里之長城散布的一百二十九個關隘，會適當地防禦不可預料的蒙古劫掠者，因他們經常使用打了就跑的戰略來掠奪中國人。大明的國家安全於是聚焦在兩個極點：對蒙古的威脅作反擊，以及準備不可避免的衝突，而且又同時地提高與游移不定之少數民族的友好關係，因其生活在中國的門階。這樣的戰略思維引導大明政策制訂者，找尋進一步的翼側，而這種翼側在懷敵意的游牧民族攻擊時，能夠提供禁得起的支持。中國北方邊境一帶晚近所發現的手工藝品間接表明，這些游牧民族之中，有一些比先前以爲的還要更有事業心。爲了找尋營養的食物補充其畜牧飲食，他們建立了一種遠距離的貿易網絡，從中亞一路到西伯利亞[19]。鑑於政策不能脫離真實情況來制訂，大明政策制訂者認爲，貿易和禮品對於加深他們跟塔克拉瑪干沙漠和大興安嶺一帶之各種游牧民族的政治和軍事關

17.《明史》，卷40，志16，地理1，頁882；陸容，《菽園雜記》，卷5，頁49。

18.陳橋驛編，《中國歷史名城》，頁52。

19.Victor Mair, “Mysterious Mummies of China,” on NOVA. PBS, 1998年1月20日。

係，是個有力的手段。總體來說，他們在長城與北京以東的遼河之間，建立了三處屯田，越過長城西方末端又建立了七處屯田，而且他們在各個邊境地區，冊封很多友善的地方酋長爲名義上的大明官員。他們要求這些屯田穩定這地區的食物供應，而且建立一股牢固的大明軍事勢力。理論上，大明士兵及其當地的盟友，乃是擔任自給自足的農人角色，而且也起了社會控制之媒介的作用；希望這類周邊聚居地的安定，能加強中國本身的安全。

當吾人討論大明的蒙古政策時，應嚴肅看待這句老生常談：地理是歷史大戲演出的舞臺。在這個廣大區域，河流、山脈和沙漠向大明戰略家，提出了獨特的問題和解答。在14世紀晚期和15世紀早期，三個自然特徵——黃河、大興安嶺與塔克拉瑪干大沙漠——乃是了解大明防衛體系的關鍵。有個重要「舞臺」是黃河的中間河段一帶，河流在這裡深深地切出一條南北水道，進入黃土高原，形成了近八百公里長的彎曲處。此一彎曲處剛好始於蘭州——絲路上的一個重要環節——的北部，黃河在那裡九彎，經過甘肅進入寧夏，接著拐了一個大彎，穿過蒙古草原，之後往南繞回來形成山西與陝西的邊界。鄂爾多斯(Ordos)地區位於「大彎」內部，匈奴人、鮮卑人和蒙古人——各種各樣的入侵者——在這裡飛馳，而兩千年前中國人也在這裡建立第一個政府。凱文・辛克萊爾(Kevin Sinclair)堅持說，「汗國」(horde)一詞是「宮帳群」(Ordos)的訛用[20]。正是在此處，大明的政策制訂者在沙子裡畫出了分界線。儘管鄂爾多斯的自然景觀，通常跟中國北方的其他地區沒什麼兩樣，但在中國人世界和蒙古人世界之間，大明國很少有地方提供了更明顯的對比。明代的中國人重建一部分的長城，跨過了山西與陝西的乾燥北方地區。長城的南方是中國人的領域，而明人則確保其穩定、 安寧和務農。中國人認爲，長城的北方

20.Sinclair, *The Yellow River*, pp. 78-81.

是敵方的、危險的和畜牧的地區。彎曲處結束於支點城鎮潼關，黃河在那裡與其支流渭河交會，穿越太行山峽谷，流入河南。

大明的政策制訂者利用地理特點，來安排其安全體系的另一個「舞臺」，是大興安嶺，其穿過中國東北，一路延伸到西伯利亞的黑龍江。戈壁位於大興安嶺以西，爲蒙古的心臟地區，以及對大明安全構成最大威脅的那些人的故鄉。在此，大明的政策制訂者對威懾的依賴，多過了獎勵，而永樂便指揮了五次的招討行動。大興安嶺以東是東北平原，平原南方有遼河，北方有松花江，更順從的兀良哈和其他女真人居住在這裡[21]。永樂和他父親在那裡都運用獎勵多過威懾，來管理這類的部落。1389年，永樂的父親在兀良哈蒙古人之中，創建了三個衛所——朵顏、泰寧與福餘——而且允許他們的族長領導他們自己的族人和相互支持。朵顏衛在西，管理從大寧到喜峰口關，直到宣府邊界的這片區域；泰寧衛居中，涵蓋錦州、義州及廣寧，直到遼河；而福餘衛在東，掌控從黃泥窪到瀋陽、開原的這片巨大領土[22]。

即使這三個軍事衛所由他們自己的土著酋長領導，大明還是將他們置於北平行都司和寧王(朱權)的嚴密監督下。寧王是洪武的第十七子，駐在大寧。靖難內戰期間，永樂派遣軍隊到這個區域保護他的後方，而且將他們納入他的「外藩」[23]。從那時以來，這三個兀良哈衛所一直是寶貴的盟友。靖難內戰之後，永樂把寧王府調動到南昌，同時把北平行都司撤回到長城內的保定(在今日河北)，授予這三個衛所自治權，作爲對他們的效勞所作的回報。1403年的夏天期間，一支大約兩百九十名兀良哈蒙古人的代表團來到南京，在皇上御前受到嘉許。他們呈獻他相當多的戰馬；永樂賞給他們各種頭銜、誥印、襲衣

21.Farmer, *Early Ming Government*, 139-141; Lin, "Manchuria in the Ming Period," pp. 8-9.

22.《明史》，卷328，列傳216，外國9，頁8504。

23.谷應泰，《明史紀事本末》，卷20，頁316。

和冠帶、銀幣等等，作爲回報。自此以後，兀良哈向永樂許諾忠心，而他每年慷慨賞賜其酋長實質又大方的禮物。因爲在政策上有形物料是可以互換的，他允許兀良哈用蒙古的馬匹、毛皮和矛隼，交換中國的稻米、紡織品和人造產品。這些作法相當於補貼，因爲大明官員通常以半價交易出其稻米。即使永樂資助兀良哈的政策，換取到北京東側的和平與安全，時機——諸如1406年與1422年——到來的時候，這些控制了大部分內蒙古大草原和東北南部的民族，還是會愈來愈難控制，終而加入北元蒙古人的事業[24]。

爲了在這三個兀良哈地區之外，擴張防禦和交流的陣地，也可能爲了與朝鮮李朝(1392-1910)的策略作抗衡，永樂決定開發遼河流域，使女真向他俯首稱臣。1404年，他在東北的東方和北方，創建了三個衛所——海西、建州與野人——在這裡游牧民族(漁獵民族)與農人之間的區別，到了這時候已變得模糊。據信，永樂還是燕王時，娶了建州女真族長阿哈出的女兒(爲妾)。這樁婚姻的確是一種靈巧的外交謀略，而且永樂在位期間，非常注意這個區域，用了各種方案來加深他與女真的姻親關係。司律思(Henry Serruys)對這個主題做過十分徹底的研究，根據他的說法，永樂在這個地區，從蒙古東部延伸到黑龍江流域，以及海上的西伯利亞，總計建立了一百七十八個衛所[25]。1408年，永樂爲那些希望定居在大明邊境或鄰近地區的女真人，創建了兩個州，安樂和自在。往後的八年期間，二十三個女真部落移居到這些土地。永樂運用了制度設計和獎勵，把女真族長納入鬆散的大明宗主權之下。在得到地位、頭銜，以及絲綢、衣服、錢幣和食品等禮品之後，他們會協助永樂實現對

24.《明史》，卷328，列傳216，外國9，頁8504-8505。

25.Serruys, *Sino-Jurched Relations during the Yung-lo Period* (*1403-1424*), pp. 16-35; Goodrich and Fang, eds., *Dictionary of Ming Biography*, p. 361.

此一廣大地區的和平滲透[26]。

早在1403年，永樂就已經派了名爲邢樞的使者，到黑龍江下游流域，邀請地方領袖前往明廷。六年後，皇帝發動了三次征伐，增強大明在這個區域的影響力。結果便是奴兒干都指揮使司的建立，以及沿著松花江、烏蘇里江、烏爾米河(Urmi)、穆棱河與嫩江部署的一些千戶所。其總部座落於黑龍江東岸，離鄂霍次克海的黑龍江出海口大約三百里，離今日俄羅斯城鎮尼古拉耶夫(Nikolayev)兩百五十里。作爲一個特別的邊界管理機構，奴兒干都司的職權與遼東都司相似；因此，永樂允許其指揮同知——主要是當地民族的酋長——把職位留傳給兒孫，而且地位上不會有任何的減低。奴兒干都司設置後不久，永樂指派中官亦失哈，作爲傳播其意志的旗手，爭奪這個地區女真人的心神。

亦失哈隸屬於女真的海西部，1395年中國人蹂躪他的部落時，他被俘獲，遭到去勢。他以侍奉女真血統的嬪妃，開啓他的太監生涯。1411年的春天，亦失哈帶領了一千餘名軍官和士兵，分乘二十五艘船沿著黑龍江航行，幾天後抵達了奴兒干指揮站。亦失哈即刻的任務，乃是將頭銜授予當地民族之酋長，贈予他們大明官方封印和襲衣，找尋新的成員來擔任奴兒干都司的官職。爲了撫慰跟北元蒙古人有來往的部落，亦失哈在1413年回到這個地區，慷慨地將食物、衣服、器具和農業工具，贈送給地方酋長。在這趟旅程的期間，亦失哈也試圖讓這個地區的鄂倫春族和其他部落改信佛教，後來，他在1417年建立了一個縣級的僧綱司，擴大他的任務成果。1414年，他下令在俯瞰永寧寺(靠近今日俄羅斯的特林〔Tyr〕)的絕壁上，豎起一塊石碑，他以

26.Lin, "Manchuria in the Ming Period," pp. 33-41; Serruys, "Foreigners in the Metropolitan Police during the 15th Century," pp. 59-83.

漢文、蒙古文、女真文與西藏文，將他的重要活動刻在碑上[27]。根據晚近在黑龍江依蘭縣發現的一枚大明禮部製作的玉璽，亦失哈在1413年建立囊哈兒衛，把大明頭銜授予一名地方族長時，他也視察了庫頁島。玉璽一邊刻了八個大大的漢字，「囊哈兒衛指揮使印」，另一邊則標明日期(永樂10年10月)[28]。總體來說，亦失哈總計到這個荒涼但戰略上重要的地區，出了九次任務，充當永樂擴張主義的代理人。據《大明會典》的記載，大明在今日東北設置了三百八十四個衛所和二十四個千戶所，但這些衛所大概僅是有名無實的職位[29]。永樂駕崩之後，明廷停止在那裡的實質活動，幾乎所有亦失哈設置的辦事處，都落入了建州女真之手，而其酋長努爾哈齊(1559-1626)和皇太極與永樂的後裔對抗，最終打倒了明朝[30]。

蒙古人是一流的騎手。永樂與他們作戰的怵目驚心歲月，讓他清楚意識到軍隊的馬匹至關重要。因此，爲了戰鬥準備、和平時期的防禦，以及後勤運輸，他最高的軍事重點之一，乃是以足夠的馬匹，維持強勁的騎兵部隊。范德(Edward Farmer)使用了一些給人深刻印象的數字，證明永樂對馬匹的偏好。當永樂奪取皇位時，中國的馬匹少於四萬，但過了五年數量增爲一倍，十五年則增至六十二萬三千匹，而到了他駕崩的時候，已超過一百五十萬匹[31]。永樂從自己的畜牧農場、提供馬匹作爲貢品的屬國，以及西方和北方邊境一帶以馬匹交易茶葉的邊境部落，獲得了他的馬匹。1406年，永樂在北京北方、遼東、陝西和甘肅，開辦了四個名爲「苑馬司」的畜牧營業處，也爲其雇請了內行的飼養員。結果，他每年能夠依靠從遼東得到大概兩千匹

27.Rossabi, "Two Ming Envoys to Inner Asia," pp. 8-9.
28.張華，〈略論明成祖的歷史地位〉，頁97。
29.《大明會典》，卷108。
30.袁閭琨等，《太監史話》，頁171-172。
31.Farmer, *Early Ming Government*, p. 171.

馬，而陝西一萬三千到一萬四千餘匹[32]。

不過，牲畜農場的供給量，並不足以滿足他的軍事需要，有時永樂必須要求他的屬國送他額外的馬匹。在永樂統治下，中國恢復了作爲亞洲世界之領袖的信心、實力和威信；因此，中國的鄰國一個接著一個，屈服於新的中國秩序的哄誘。此外，進貢禮品和茶馬貿易是一種雙向道，中國和其他國家彼此都得到好處。舉例來說，朝鮮——大明的頭號屬國——定期送高品質馬匹給明廷，光是1423年的夏天期間，就給了永樂一萬匹軍馬。但永樂始終是有來有往的，就這個事例來說，賞賜給朝鮮國王數量可觀的銀錠和布料。由於與永樂政府交易的利益如此豐厚，甚至位於朝鮮與日本之間小小對馬島的酋長，在1405年拜訪大明京師時，也呈獻貢馬給永樂[33]。當永樂在1403年奪得權力時，他派遣一名使者到哈密(昆莫)，命其統治者安克帖木兒，以馬匹交易中國貨物。安克帖木兒想要與中國維持定期貿易關係，先是呈獻一百九十四匹高品質的戰馬作爲貢品，隨後以四千七百四十餘匹馬，交易中國的茶葉、布料，以及其他貨物。一年後，永樂封安克帖木兒爲忠順王[34]。

先前蒙古人控制的其他小國，也開始受到新秩序的吸引，而土魯番則是另一個例子，它是一個小型但十足異國情調的綠洲，位於廣大的塔克拉瑪干沙漠邊緣。1409年開始，土魯番酋長定期地送戰馬給永樂，這種戰馬以其精神飽滿而聞名。因爲土魯番在北方絲路上是一個重要的中途停留地，也是若干不同文化的交叉點，永樂想要使它成爲

32.谷光隆，《明代馬政の研究》，頁10-13。
33.翦伯贊等編，《中外歷史年表》，頁559-560、568。
34.《明史》，卷329，列傳217，頁8511。亦參見Morris Rossabi, "Ming China's Relations with Hami and Central Asia, 1404-1513: A Re-examination of Traditional Chinese Foreign Policy," Ph.D. diss., Columbia University, 1970.

帝國西側腹的軍事前哨。1422年，其酋長尹吉兒察，連同哈密的安克帖木兒，總計呈獻了一千三百匹馬給永樂。皇帝後來命他爲都督僉事，而其後裔後來繼承了他的大明頭銜，盡職地每三年送一次貢馬給明廷[35]。永樂決心發展強大的騎兵部隊，他甚至還要求被他打敗，如今是屬臣的精力充沛蒙古族長送貢馬給他。舉例來說，1420年，韃靼酋長阿魯台(死於1434年)，以及瓦剌酋長也先(死於1455年)，每人送九百匹馬給他們的新宗主永樂。

爲了增加馬匹的供給，永樂亦發展與西方和北方邊境的貿易。明朝開國時，他的父親設置了一些所謂的茶馬司，以茶葉、食鹽、紡織品和銀幣，交換中國邊境一帶原住民飼養的馬匹。最顯著的貿易辦公處，設立在盛產茶葉和食鹽的永寧、納溪與白渡(都在四川)，也設立在甘肅的河州和洮州，以及陝西的西寧，而其茶馬貿易則涵蓋了諸如西藏、寧夏、蒙古與中亞等廣大區域[36]。永樂將明朝京師遷至北京後，四川茶馬司的重要性降低了，即使搬運工人還繼續收集「巴茶」，運送到陝西茶馬司交換西藏馬匹。這種政府獨占事業的貿易，通常根據有效商品的供需，而且用雙方的善意來經營。永樂的官員(大部分是太監)，充當交換仲介兼市場警察。永樂要確保這類的貿易僅僅每三年舉行一次，而且沒有非法走私或交易茶葉[37]。但他也想要確保，沒有人用劣等茶葉欺騙邊疆民族。這很重要，因爲在這種貿易中，價格和品質成爲很重要的善意跡象。當然，匯率有時波動，但現存的記載指出，良馬總是交換高品質的茶葉，而駑馬交換下等的茶

35.《明史》，卷329，列傳217，頁8528-8529。

36.對於這一主題所作的寶貴研究，參見Morris Rossabi, "The Tea and Horse Trade with Inner Asia during the Ming," *Journal of Asian History* 4, no. 2(1970), pp. 136-168.

37.Ray Huang, *Taxation and Governmental Finance in Sixteenth-Century Ming China*, pp. 257-258.

葉。永樂在位的期間，必須以一百二十斤茶葉，交換一匹稀有品種的種馬，七十斤交換一匹普通的軍馬，而五十斤交換一匹平庸的馬匹。根據研究大明馬匹管理之權威谷光隆的說法，五十萬斤四川茶葉，一年能夠跟邊疆民族交換到大約一萬三千五百匹馬[38]。

每逢蒙古人在西方和北方邊境一帶，變得活躍又有侵犯性時，還有當他們劫掠產馬的邊境部落時，茶馬貿易便因這種偶發的干擾而受到損失。爲了維持更穩定的馬匹供應，也爲了尋找另一個側腹，協助明人抵擋這類一再發生的攻擊，大明國進而致力於西部(今日新疆)，建立一個「中國秩序」。然而，要贏得居住在這個廣大貧瘠區域之民族的支持，顯示出是既困難又費用浩大的。綠洲社群在無邊的不毛沙漠之中的位置，以及其自然的隔絕，對明廷而言，要跟他們維持長期的可靠關係極爲困難。而這些民族季節性地到處移動，說著不同的語言，還有幾個世紀以來，從這類形形色色的民族，諸如維吾爾族、哈薩克族、烏茲別克族、塔吉克族、土庫曼族，以及蒙古族——他們的宗主帖木兒(1336-1405)號稱是成吉思汗的後裔——汲取其傳統。衰老的帖木兒在1405年2月17日，死於今日哈薩克南部的奧徹爾(Otrar)，對於永樂而言是幸運的，因爲他正帶領二十萬大軍，要爲他的蒙古表親光復中國，而那裡離最靠近的大明前哨不過幾百公里而已。這是個嚴厲的警告，西方的邊境還是存在著危險。到過撒馬兒罕與哈烈(Herat)的永樂使節，尤其再三地忠告永樂，跟帖木兒的繼承者建立良好關係有其重要性[39]。

另一方面，由於惡劣天候經常導致放牧的游牧民族受苦於周期性的食物短缺，明廷了解到，如果能夠增補可靠的食物來源、衣服、絲

38.谷光隆，《明代馬政の研究》，頁7。亦參見王世貞，〈市馬考〉，頁3925-3931。

39.陳生璽，〈明初帖木兒帝國和中國的關係〉，頁34-48；《明史》，卷332，列傳220，頁8599。

綢等等給他們，協助他們維持部落的穩定性，那麼應該就能夠引誘他們向大明俯首稱臣，讓他們在中國和好戰的蒙古人之間充當緩衝者。這類的戰略思維——地方的安定總是提高了中心的安全——不可避免地需要在遠西地區設立七個大明衛所。大明的官方記載確認這七個衛所，乃是安定、阿端、曲先、罕東、沙州、東罕東與赤斤。大明官員稱安定、阿端與曲先的居民爲「撒里畏兀兒」，其居住在長城最西邊之終站嘉峪關以西，一千年來，不受時間影響的塔克拉瑪干及其占領者，幾乎都沒有改變。其他四個衛所隸屬於裕固蒙古人，而他們通常在甘肅、青海和新疆的各個地區，放牧其牲畜。由於虛張聲勢和擔心害怕都是他們生活的一部分，生存本能便告訴他們，15世紀主要的秩序，是中國的秩序，爲了更安全的未來，他們必須與中國人合作。過去，裕固蒙古人利用廣大的草地，不斷地移動，搜尋獵物，找尋水和食物。在接受大明冊封、向中國的事業許諾忠心之後，他們逐漸往東移動，定居在鋸齒狀之祁連山山脈的丘陵地帶。到了永樂的時代，罕東衛的邊疆民族，據聞在西寧一帶放牧牲畜，在青海附近搭起蒙古包[40]。

安定衛在1370年設置，四年後其酋長前蒙古親王卜烟帖木兒，到大明的南京上朝。1375年，向洪武皇帝交出所有的蒙古金、銀字牌之後，他受冊封爲安定王，節制安定衛和阿端衛。兩年後，內部的傾軋使得兩衛的功能不彰。然而，明廷在1396年派遣陳誠(死於1457年)去恢復其機能。陳誠是江西人，1394年進士。大明的官方文獻指出，安定衛「距甘州西南一千五百里。……東近罕東，北邇沙州，南接西番。」[41] 天山崎嶇的山峰赫然聳現在絲路。在14世紀最後二十五年的期間，安定居民就居住在天山南麓一帶。當永樂登

40.高自厚，〈明代關西七衛及其東遷〉，頁42-48。
41.《明史》，卷330，列傳218，頁8550。

上皇位時，他派遣使者，重新聯繫上這個部落及其酋長哈三。哈三來到大明京師，將稀有動物和雅緻馬鞍呈獻給皇上，而皇上則賞賜銀錠和有內襯的彩緞衣服，作爲回報。接下來的幾年，永樂授予安定居民權利，以兩疋布料換一匹高品質種馬，一疋換一匹去勢之馬的匯率，用馬匹交易中國的茶葉。1406年，安定居民請求且得到永樂的許可，遷居到塔里木盆地西端的苦兒丁。永樂在位期間，跟這個遼闊的臣屬部落，保持密切的聯繫。大明使節陳誠，在1414年、1416年與1420年帶領使節團到撒馬兒罕，而中官喬來喜在1424年出使烏斯藏，兩者皆經過安定。《明史》說，大明的官員在安定待到1512年爲止，共計一百三十七年[42]。

另一方面，阿端衛據信位於今日于闐，塔里木盆地南端一帶。阿端居民使用馬拉的兩輪運貨車在集市買賣貨物，其以著名的于闐玉和寶石，交易中國的香料和布。14世紀接近尾聲時，阿端衛因伊斯蘭勢力入侵而荒蕪，失去一切與明廷的聯繫。當永樂在1403年成爲皇帝時，他設法重新聯繫上這個部落，而1407年的冬天，其酋長小薛忽魯扎來朝，貢方物，因而復職爲大明的指揮僉事。然而，較弱小的阿端部落，後來被更強有力的曲先部落同化了。曲先部落也在極端的環境裡定期移動和居住。很長一段時間，曲先牧人的蒙古包，星羅棋布於羅布泊(明代文獻稱之爲西海)的湖岸，利用其水源和無邊的牧草地。1406年，永樂敕令這個有「四萬二千餘頂蒙古包」的部落，在藥王淮(天山南麓一帶狹長的一小片綠洲)安頓下來。他們經常與土魯番戰士打仗，可能因爲戰爭的代價高到讓人卻步，他們決定將獸群移動到靠近甘肅南部，最後到青海的大明邊境，在那裡他們繼續充當大明的衛所，直到1512年阿爾禿斯和亦不

42.同上，頁8551。

剌帶領的蒙古軍隊瓦解他們爲止[43]。

藉由交易獲得利益的念頭，使得游移不定的不同蒙古部落，向大明俯首稱臣，但他們也相信，大明國會保護他們、維持其種族身分，以及協助他們處理人口的變動。人口變動給了塔克拉瑪干沙漠的許多民族動機，接受中國的秩序。1397年，罕東衛就設置在甘肅、青海和新疆的交叉點。永樂一登上皇位，罕東酋長鎖南吉剌思，在他的弟弟的陪同下，到大明上朝。他們倆都接受了大明正式的職務、襲衣和彩幣。永樂在位期間，罕東衛擁有大約兩千四百頂蒙古包和一萬七千三百人，盡職地履行其作爲大明前哨臣屬的義務。1418年，永樂派遣使節鄧成到罕東，查明是否有任何潛在的危險。後來，在16世紀早期，罕東衛被好戰的蒙古人糟蹋而荒蕪，而其居民四散於沙漠各處。脫離大明當局保護的那些人，後來被重新安置在甘州的一處屯田[44]。

另一群一度定居在沙州(今日敦煌)的邊緣蒙古人，也表達了他們想在大明宗主權下效勞的念頭。早在1391年，他們的領袖，亦即名爲阿魯哥失里的蒙古親王，送了馬匹和其他貢品給洪武皇帝。1404年，永樂以各種大明當局的名望、頭銜和封印，冊封其酋長困即來(死於1444年)爲沙州衛指揮使。沙州衛在這時創建了，它位於西北的沙漠走廊甘肅，接近新疆邊境東方和祁連山山脈西方。幾個世紀以來，絲路將富裕的東方國家，跟中亞多岩石的下腹地帶作了連結，而沙州在絲路上是一個重要的商隊停留處。由於區域的戰略和商業重要性，永樂政府重建了舊的陽關和紅山關，也修補了沙州西南六十四公里處的烽火臺[45]。1410年，永樂拔擢困即來爲都指揮僉事，授予各種軍事頭

43.《明史》，卷330，列傳218，頁8554-8555；高自厚，〈明代關西七衛及其東遷〉，頁45-46。

44.《明史》，卷330，列傳218，頁8563-8564。

45.我在1988年參訪了陽關與莫高窟，看到一道牆的遺跡，也看到一座煙火臺，過去它是用來警告掠奪者來了和引導駱駝商隊的旅人。

銜和職位，給其他二十名沙州戰士。1424年，瓦剌賢義王太平部下來貢，但貢物在前往北京的途中被偷了。不知什麼緣故，困即來重新獲得貢物，將其衛送至京給永樂。後來，永樂賜給他絲綢和彩幣，提拔他到下一個軍事職位，成爲甘肅地區的都督僉事之一。不過，沙州時常面對哈密和瓦剌的威脅，以及積聚沙子的威脅，其短短幾天就能夠摧毀草原，切斷水源供應，以至於到了1444年的時候，僅僅大約兩百個家庭，以及大約一千兩百三十名牧人，還住在那裡。因此，甘肅的鎮守太監將他們所有人遷移到甘州，把這個小的蒙古部落納入他的保護[46]。然而，一個難控制的罕東衛部落，向東逃跑，重新居住於空洞的沙州，其懺求大明許可他們在荒蕪的前哨搭起蒙古包。請求獲准，而所謂的東罕東衛在1479年，也就是永樂皇帝駕崩五十餘年之後創建了。就像其他的衛所，這個在荒涼的無人之地奮鬥的邊緣蒙古部落，最終失去了與其中國保護者的聯繫，而1516年之後，停止向明廷納貢[47]。

這個淒涼的地區居住著另一個裕固蒙古部落，其酋長苦朮子，率所部男婦五百餘人，在1404年10月歸順大明當局。但永樂任命另一位戰士塔力尼，擔任部落的千戶所指揮官，而且像往常一樣，賜給他彩幣、襲衣，以及一枚誥印。這個衛——赤斤，最初位於玉門關內，在嘉峪關西方兩百餘里處，這是七個遼闊的大明衛所中最東邊的。1410年，亦即在其就職之後六年，永樂將其千戶所地位提升爲衛，拔擢塔力尼擔任該衛的指揮僉事。自此以後，赤斤衛定期向永樂的朝廷，送上其牧人能夠培育的最佳馬匹。土魯番和哈密的掠奪者在1483年搶劫其放牧地點時，赤斤衛遭到嚴重的打擊。下一個三十年，土魯番繼續對這個受壓迫的蒙古部落進行遭遇戰。1513年，土魯番入侵者奪走了

46.《明史》，卷330，列傳218，頁8559-8562。
47.同上，頁8565-8566。

赤斤酋長的大明誥印，完全摧毀了赤斤衛[48]。

蒙古最後一位皇帝被驅離中國之後，蒙古人對於其領袖重建忽必烈汗帝國的能力，有顯著的信心衰退。一些人意志薄弱又游移不定，而另一些人就像上述提及的部落，認真地評估他們倖存的機會，因而決定與新的中國主子結成共謀的關係。大小蒙古酋長在他們的政治生命中，都會跟一個最易引起不和的尖刻問題搏鬥：一個人要怎樣才會被看成是蒙古人？他應該與大明建立什麼樣的關係呢？永樂在位的早期，瓦剌或稱東蒙古，似乎較爲願意承認永樂爲其宗主。但在外蒙古東部的遙遠地區，不同類型的冷戰，在民族學者所謂的蒙古「民族主義」，與任何新的、來自大明的事物之間一觸即發。東蒙古一貫拒絕承認大明的宗主權，經常團聚在有最佳手段爲他們光復中國之人的旗幟下。最初二十年，他們不容爭辯的領袖，仍然是妥懽帖木兒家族的成員。不過，妥懽帖木兒的孫子脫古思帖木兒在1388年過世之後的十二年期間，大部分的蒙古世界內耗於權力糾葛，因爲五位「北元皇帝」遭到自己的部屬殺害[49]。

最後，1403年，既非系出北元皇室，亦非成吉思汗後裔的鬼力赤（死於1408年，亦稱爲烏格齊・哈什哈），自立爲「韃靼可汗」，而大明與蒙古的關係是緊張的[50]。永樂登上皇位之後大約八個月，他試圖與鬼力赤保持緩和關係，因而送給他一封信函，連同絲綢的袍服：「元運既衰，我　皇考太祖皇帝受　天下，撫有天下。朕　太祖嫡子奉藩子燕，恭承　天眷，入繼大統。」[51] 五個月後，永樂再度派遣指揮

48.《明史》，卷330，列傳218，頁8556-8558。
49.參見Pokotilov, "History of the Eastern Mongols During the Ming Dynasty, 1368-1634," pp. 15-23.
50.黎東方跟和田清都堅持說，鬼力赤是瓦剌首領烏格齊・哈什哈。黎東方，《細說明朝》，頁188；和田清，《東亞史研究》（蒙古篇）。
51.《明太宗實錄》，卷17，頁3b，永樂元年2月。

革未送禮物給鬼力赤，信函上則說：

> 自昔有天下者，必得天命。故運祚興衰、事機成敗、人心去留，皆非智力所能與。冥冥之中，寔有為之主宰者。……〔元〕國勢土崩，天乃眷求有德，命我 皇考太祖高皇帝，削平禍亂，統御華夷，力綱陳紀。……此豈人力所能寔， 天命所在也，肆朕仰承 天休，入正大統[52]。

儘管永樂有友好姿態且訴諸於天命，但與大明國的關係，在蒙古政治中仍然是一個煽動性的議題，而鬼力赤可汗是無法放棄強硬路線的北元蒙古人。對鬼力赤而言，他更關切世俗事務和政治上的生存。他相信，他的蒙古身分是他的命運，他也拒絕與明朝修好。1406年春天，爲了勸阻鬼力赤不要將冷戰轉爲激烈衝突，永樂再度派遣一個和平使節團到外蒙古。在給蒙古可汗的私人信函中，永樂寫道：

> 可汗聰明特達，宜敬天命，恤民窮還。……若果負倔強之性，……必欲以兵一較勝負，朕亦不得獨已。中國士馬精強，長驅迅掃之勢，恐非可汗所能支也。可汗其審度而行之[53]。

儘管永樂頻繁地跟鬼力赤互通情況，但到了1408年初，他獲悉鬼力赤的一位指揮官阿魯台，密謀顛覆鬼力赤，擁立名爲本雅失里(又稱爲完者帖木兒)的傀儡爲蒙古皇帝。北元皇族的後裔本雅失里，那

52.同上，卷21，頁11a-11b，永樂元年7月。
53.同上，卷52，頁5a，永樂4年3月。

時駐在別失八兒里(Bishbalik)。1408年夏天，永樂加快分而治之的策略，派遣可靠的中官王安，協助本雅失里削弱鬼力赤政權[54]。

於此際，永樂作了最壞打算，開始部署軍隊，要跟蒙古人一決雌雄。1408年農曆8月的第一天，他告訴他的工作班子和所有政府機構，要準備他到北京的北方巡視和狩獵旅行。十天後，萬一他離開南京的話，他要太子監國。而在一個月內，他敕令山東、山西、遼東、湖廣、河南與陝西的都司，至所定地方，以備扈從[55]。在這一連串的敕令中，他要求宣府的武城侯王聰(1356-1409)和同安侯火里火真回到北京。於此同時，永樂敕令漕運總兵官陳瑄和其他人，把穀糧、衣服和其他糧食搬運到北京[56]。當永樂將他的軍隊和糧食往北送時，一群蒙古人襲擊、殺害了鬼力赤，而本雅失里則立即被冊立爲新的蒙古可汗[57]。永樂早在1409年1月就獲悉這場政變，或許湊巧就在他2月23日離開南京的時候，他一點時間都不耽擱，立即派遣郭驥前往恭賀新的蒙古可汗，因爲他相信，他抑制敵人直到其政權之組織產生變化的政策，的確是很有效的。不過，當郭驥遭韃靼人殺害的消息傳到北京時，戰爭的狂熱深深地吸引住永樂的朝廷。《明太宗實錄》中的一則記載，寫下了永樂皇帝的反應：「朕以至誠待之，遣使還其部屬。乃執殺使臣，欲肆剽掠，敢肆志如是耶。逆命者，必殲除之耳！」[58]

1409年8月，爲了消滅韃靼，永樂任命六十六歲的淇國公丘福爲招討行動的總兵官。丘福帶領一支十萬大軍，且有四位侯爵——王聰

54.《明太宗實錄》，卷75，頁1b，永樂6年正月；卷77，頁2a-2b，6年6月。

55.同上，卷82，頁1a、5b，永樂6年8月；卷83，頁1a，6年9月。

56.同上，卷83，頁1a，永樂6年10月；卷84，頁4b，6年12月；卷86，頁5b，6年12月；卷87，頁3a-4a，7年正月。

57.同上，卷86，頁6a，永樂6年12月。亦參見Goodrich and Fang, eds., *Dictionary of Ming Biography*, p. 12.

58.《明太宗實錄》，卷93，頁4b，永樂7年6月。

(五十二歲)、火里火真(六十歲)、王忠(五十歲)，以及李遠(四十五歲)的輔助。瓦剌那時是永樂的屬臣，而韃靼剛剛慘敗於瓦剌之手，正往東撤退到克魯倫河流域。大明軍隊似乎就像奔向勝利的重型戰車。然而，過於自信的丘福在克魯倫河北方魯莽地追擊士氣低落的韃靼人時，他僅僅帶了一千名騎兵。9月23日，本雅失里與阿魯台不僅襲殺了丘福，而且也襲殺了這四位大明侯爵[59]。永樂寫信給皇儲時，直截了當地將敗北歸咎於丘福：

> 比遣淇國公丘福等率兵征勦北虜，以其久從征戰，授以籌略，謂必能任事，乃寘頑駔，復違棄朕言，拒咈眾論。不待各軍集齊，至輕犯虜營。平安侯泣諫不從，安侯〔火里火真〕不得已隨往，皆沒於虜，軍士接馳還，其損威辱國如此，若不再舉殄滅之，則虜勢猖獗，將為禍於邊。未已，今選將練兵，來春，朕決意親征[60]。

永樂後來奪去火里火真與丘福的身後爵銜，並將丘福的家人流放到海南島[61]。

爲了準備這次的征伐，永樂要求朝鮮國王送他一萬匹馬，敕令工部製作三萬輛武剛車，而且也命令他的戶部尚書夏原吉供給二十萬石穀糧[62]。爲了確保大本營不會坐立不安，他也指示夏原吉協助他的孫子朱瞻基，亦即未來的宣德皇帝，管理北京。在他起程的前夕，接見了幾位上了年紀的權貴，在承天門向上天祈禱，也向其他適當的神祇

59.同上，卷94，頁1a，永樂7年7月；卷95，頁2b-3a，7年8月。
60.同上，卷96，頁3a，永樂7年9月。
61.談遷，《國榷》，頁1028；Dreyer, *Early Ming China*, p. 178.
62.吳晗，《朝鮮李朝實錄中的中國史料》，第3冊，卷18，頁373；《明史》，卷6，本紀6，頁87。

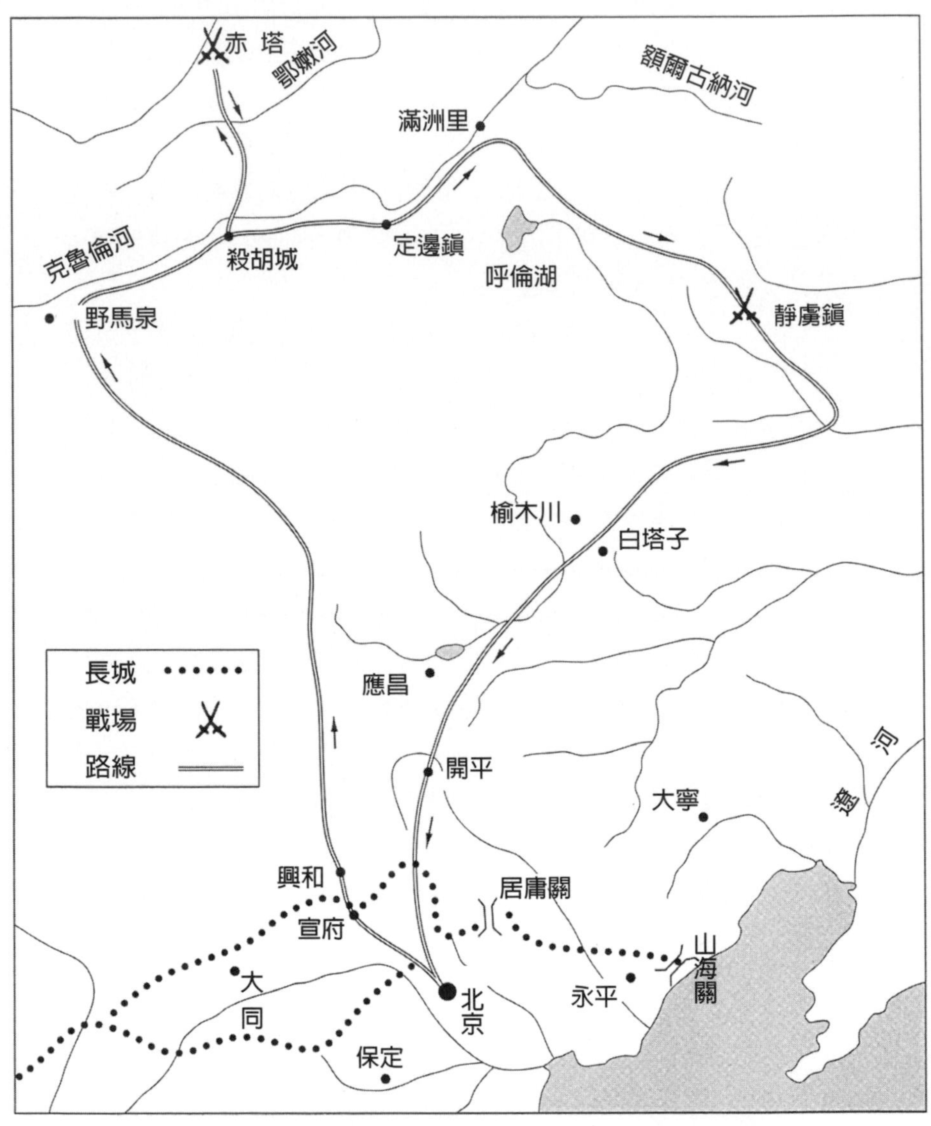

圖4　1410年，永樂第一次漠北親征。

作獻祭，展現出一種融合民族主義、傳統和士氣鼓舞的總體儀式。後來，永樂的五十萬大軍在3月15日離開了北京，也正好是他五十歲生日之前的七個星期。內閣大學士金幼孜，連同兩位伯爵和四位侯爵，一起陪著永樂，而他的日誌也記下了這個第一天作爲一個吉祥的開始。即使泥濘的道路和偶發的大雪延緩了行程，永樂還是花費了一段時間勘查地形。在往北跋涉的路上，他禁不住回想起二十年前他初次的征伐，對付不同類型的蒙古酋長乃兒不花。永樂在6月中旬一渡過克魯倫河，他就撒下大網，想拿獲蒙古人。最後，他的軍隊在鄂嫩河發現敵軍，但這張羅網有漏洞，因爲木雅失里帶著七名護衛遁去了。永樂銘記丘福的下場，決定不追擊蹣跚的蒙古人到太遠的地方，也不要太魯莽。他稍微減少征伐的強度，但往東方前進，搜索阿魯台[63]。

7月10日，大明軍隊在靠近大興安嶺的青松谷紮營時，阿魯台的數千名騎兵突然攻擊大明的營區。然而，永樂泰然自若地對付此次攻擊，因爲他有效地運用人數上的優勢壓倒敵軍。當永樂下令快速追擊時，此次征伐便立即加速。在追擊阿魯台一百餘公里，殺了一百餘名韃靼人之後，永樂終止了戰鬥，決定班師回朝；他的軍隊已耗盡了所有的糧食，也感受到夏天高溫的壓力。當他轉向西南方跨過大興安嶺時，永樂看見一座特別的小山，將其命名爲擒狐山。他隨後寫了以下的凱旋頌詩，雕在一塊石碑上：

> 翰海為鐔，
> 天山為鍔。
> 一掃風塵，
> 永清沙漠。

63.Farmer, *Early Ming Government*, pp. 110-111.

永樂在他命名爲清流泉的地點，豎立了一塊上頭有另一首慶祝詩的紀念碑：

於鑠六師，
用殲醜虜。
山高水清，
永彰我武[64]。

皇帝在8月中旬班師回北京，儘管事實上阿魯台仍舊逍遙自在，但卻宣稱此次征伐告捷。但他在12月中旬前往南京之前，他必須處理9月時已蹂躪開封的黃河水患。從那時起，阿魯台的戰略一直有一種正弦波的(sine-wave)規律性。當這位蒙古酋長遭其蒙古對手侵襲時，他便送貢馬給明廷，承認永樂的宗主地位，就像他在1410年年底時那樣。但阿魯台的諾言好似餡餅皮，因爲每逢他遭到冒犯，或覺得強大到足以炫耀他的力量時，他就發動游牧部落，襲擊大明邊境[65]。就永樂而言，他送回阿魯台的兄弟姊妹，甚至冊封阿魯台爲大明的和寧王，玩起棒子與胡蘿蔔的遊戲。就在這一段時間裡，他密切注視瓦剌的動向。

韃靼有大約兩萬名殘餘騎兵，儘管永樂的第一次征伐已削弱其軍事力量，但他無法消除另一個蒙古部落瓦剌的危險，因瓦剌與韃靼的關係相當緊張。號稱有四萬頂蒙古包的瓦剌，通常過著充斥著貧窮和暴力的艱苦生活。三位瓦剌族長——馬哈木、太平與把禿孛羅——之中，馬哈木自1409年以來，一直是永樂屬臣，受封爲順寧王。馬哈木

64.寺田隆信，《永樂帝》，頁146-147；Kasakevich, “Sources of the History of the Chinese Military Expeditions into Mongolia,” p. 330.
65.《明太宗實錄》，卷111，頁1a，永樂8年12月。

先殺害本雅失里，隨後聲稱他打算遣返甘肅和寧夏的蒙古人[66]。在發動對韃靼的征伐之前，永樂偏向於瓦剌，但一聽到此一消息，他被激怒了。1413年2月26日，他派遣中官使節海童，前去斥責馬哈木，同時確保所有大明的被拘留者會獲釋。當海童無法達成他的使命時，永樂決定帶領另一次征伐，而這次意在教訓馬哈木[67]。

永樂的第二次親征，始於1414年4月30日，總共花了四個月。皇帝再一次遵循例行的預備程序：他積聚十五萬石穀糧，儲存在宣府，動員超過五十萬大軍，舉行出征前夕的儀式，隨後越過長城行軍幾百公里，一路到克魯倫河。然而，他這一次帶著孫子朱瞻基隨行，跟他在興和檢閱軍隊。這位年輕的郡王本來應該受到內閣大學士胡廣與楊榮的密切看管，但在九龍口一役，內侍李謙輕率帶他追擊蒙古人，幾乎害他喪命。另一個程序的變更乃是，永樂發布了一套偵察敵軍的規定。他要求軍官和士兵，如果看到以下情況，立即向他報告：(1)野生動物(諸如鹿)或牲畜(諸如山羊或馬匹)等驚走突入奔營及奔入隊伍；(2)遠方有灰塵揚起；(3)沿途見動物屍體、蹄印或馬糞；(4)爲人所棄的貨物、衣服和首飾，或上頭有文字的物件；或者(5)烟或火[68]。

最後，永樂使用了神機銃砲對付蒙古人。神機銃砲有兩種類型：小型銃砲重量僅有十二公斤，能夠發射鐵箭到六百步的距離，而大型的重達四十二公斤，能夠發射到三公里之遙。安遠侯柳升指揮的砲兵團，在6月23日與瓦剌交戰，最終破了瓦剌在土剌河一帶的防禦抵抗。即使大約三萬名瓦剌騎兵潰散了，他們還是在今日烏蘭巴托(Ulan Bator)一帶，尤其在成吉思汗的家鄉雙泉海，不斷騷擾著大明

66.商傳(《永樂皇帝》，頁201)說，本雅失里在1412年10月被殺，不過，德萊耶(*Early Ming China,* p. 178)則說，事情發生在1413年。

67.《明史》，卷328，列傳216，頁8498。

68.《明太宗實錄》，卷150，頁1a-5b，永樂12年4月。

軍隊。大明軍隊再次使用大砲擊退他們。永樂最後在8月15日班師回北京，他不因遭受重大傷亡，而停止在奉天殿設宴慶祝勝利。受傷的馬哈木隨後與永樂重新恢復新的友好關係，不僅同意釋放所有大明被拘留者，而且也同意定期送貢馬給明廷[69]。此次征伐之後，大明的北境享有七年多的和平和安寧。更好的是，與瓦剌的緩和關係超過了三十五年。然而，蒙古政治的卑鄙行徑繼續存在，而瓦剌與韃靼之間同族互殺的世仇持續不斷，結果便是馬哈木在1416年遭暗殺。

儘管永樂現在的心思都在北京新京城的營造工程，但他對蒙古的問題也並非漠不關心。北方邊境和平的維持，交給了他的中官使節海童，也交給了他的蒙古屬臣，而他們爲了維護貿易特權，拒絕加入戈壁之外深懷敵意的蒙古人。總體來說，海童總計出了九次任務，執行大明的大草原政策。舉例來說，瓦剌酋長遭到韃靼擊潰，極想討好永樂，希冀報一箭之仇，海童於是在1417年的春夏期間，兩度往返黃沙滾滾的邊境，爭取他的支持。一年後，海童偕瓦剌貢使到中國。馬哈木子脫懽請襲爵，永樂封其爲順寧王[70]。不過，儘管大明與瓦剌之間的休戰協定奏效，但由於韃靼毫不悔悟，那樣的協定還是很脆弱。到了1421年，韃靼酋長阿魯台對大明政府表示不滿，決定把橄欖枝拋到風中，重新開始襲擊中國的版圖。不過，當永樂打算帶領另一次漠北遠征時，幾乎他的所有大臣，包括最尖刻的蒙古恐懼症患者，都反對這樣的行動，因爲國家禁不起另一次所費不貲的征伐。反對的人士有戶部尚書夏原吉、刑部尚書吳中，以及兵部尚書方賓。夏原吉與吳中後來都下了獄，而方賓從太監那裡獲悉永樂生他的氣之後，便結束了自己的生命[71]。

69.參見Serruys, "The Mongols in China," *Monumenta Serica* 27（1968）, pp. 233-305.

70.《明史》，卷328，列傳216，頁8498。

71.《明史》，卷149，列傳37，頁4153；卷151，列傳39，頁4183-4184。

對於這些出於好心又有矛盾心理的大臣而言，既要猜測皇帝的決定，還要不斷地使他想起自己的圍堵戰略——亦即，堅強的防禦，而不是發動進攻——必定讓人灰心喪氣。但就永樂而言，戰爭本身不是目的，而僅是鞏固其信念的一種手段。他不僅僅是一個易怒又魯莽的靈魂——他是一名戰士。他想要藉由武力找回失去的信心，對它有一種令人痛苦難忍的需要[72]。壓制了意見不同的大臣之後不久，永樂著手動員和預備計畫，到了1422年3月時，他已經徵集了一支幾十萬的大軍，也積聚了三十七萬石的米糧。爲了運輸食品和糧食，皇帝必須確保至少有三十四萬隻驢子、十一萬七千輛手推車，以及二十三萬五千名漕夫[73]。大軍在 4月17日離開北京，不過，在壯麗旗幟與粗啞喧鬧聲的場面中卻潛藏著驚惶。首先，三天前阿魯台圍攻興和，擊殺明都指揮王祥。其次，部隊過於龐大，補給隊伍太長又笨重，無法對付敏捷的敵人。最後，兀良哈未能禁得住阿魯台的挑撥，而與韃靼勾結。這次遠征的第四天，大明的斥堠獲悉阿魯台的下落。永樂的將領，諸如武安侯鄭亨(皇帝每次親征他都隨行)建議說，該是追逐敵人的時候了，但皇帝不願這麼做，說他要等待，直到大部分糧草妥善貯藏於開平，前鋒部隊抵達應昌爲止。不過，行走的速度是如此緩慢，以至於他們抵達應昌時已是6月中旬，到處都找不到阿魯台。永樂仍然繼續進軍貝加爾湖，徒勞地搜尋韃靼人。7月初，他兩萬兵力的分遣隊，打敗且俘獲一些兀良哈蒙古人。永樂那時已損失了一名前軍都督僉事和一名前鋒都督，而且幾乎耗盡了所有的糧食，他在得知阿魯台逃到外蒙古之後，決定班師回朝[74]。

72.在永樂朝臣的眼中，他不顧一切決定要討伐蒙古人，似乎是不理智的。但永樂不是一位普通的帝王，因為他相信，他注定要建造一個超越漢唐的帝國。參見《明史》，卷7，本紀7，頁105。

73.《明太宗實錄》，卷246，頁1b-2a，永樂20年2月。

74.《明太宗實錄》，卷250，頁2a-9b，永樂20年8月。

永樂在9月23日的一大清早抵達北京，儘管此次征伐並未產生任何有利的軍事成果，卻又再度宣稱勝利成功。在慶功宴上，他照慣例以賞罰手法，對官員的表現分等級。得到功績且沒犯任何錯的官員，坐在前排，饗以最佳的食物和飲料。得到功績但有犯錯，而且及時把軍隊班師回到居庸關以南的官員，則坐在中心，饗以較不美味的菜肴。無功又無過的官員，坐在後排，饗以不好不壞的食物。最後，未得到任何功績但犯了嚴重錯誤的官員，則必須站著，不給食物。永樂的兩位內閣大學士，楊榮與金幼孜，慶功宴上坐的位置離皇帝很近，顯然在征伐中善盡其職[75]。

慶功會以來，八、九個月過去了，而永樂收到報告說，阿魯台在大明邊境一帶大肆襲擊時，已經是1423年初夏。富有進取性的皇帝，再度被激怒，因而又宣布了另一次的漠北親征。他召來諸將，諭曰：

> 〔阿魯台〕今又以朕既得志，不復出，故敢萌妄念。朕當率兵先駐塞外，以待之虜不虞吾兵已出，而輕率妄動。我因其勞而擊之，可以成功[76]。

皇帝隨後徵集了一支三十萬大軍，到了8月29日，便上路找尋他難以捉摸的敵人。永樂這時候似乎針對阿魯台個人開戰；在他巨大自負的背後，隱約可見一些混亂的東西。永樂日漸衰老，性情也變得多變，他或許運用戰爭的男子氣，包裝著狂怒和對自己失去的信心。

9月9日，也就是第四次征伐的第十二天，永樂抵達了宣府，休息了幾天。一個月後，一名朝鮮的特別使節來向他簡報有關女真與朝鮮國民之間的東北邊界糾紛時，他在沙城堡紮營。不過，當問到朝鮮人

75.商傳，《永樂皇帝》，頁220。
76.《明太宗實錄》，卷261，頁2b-4a，永樂21年7月。

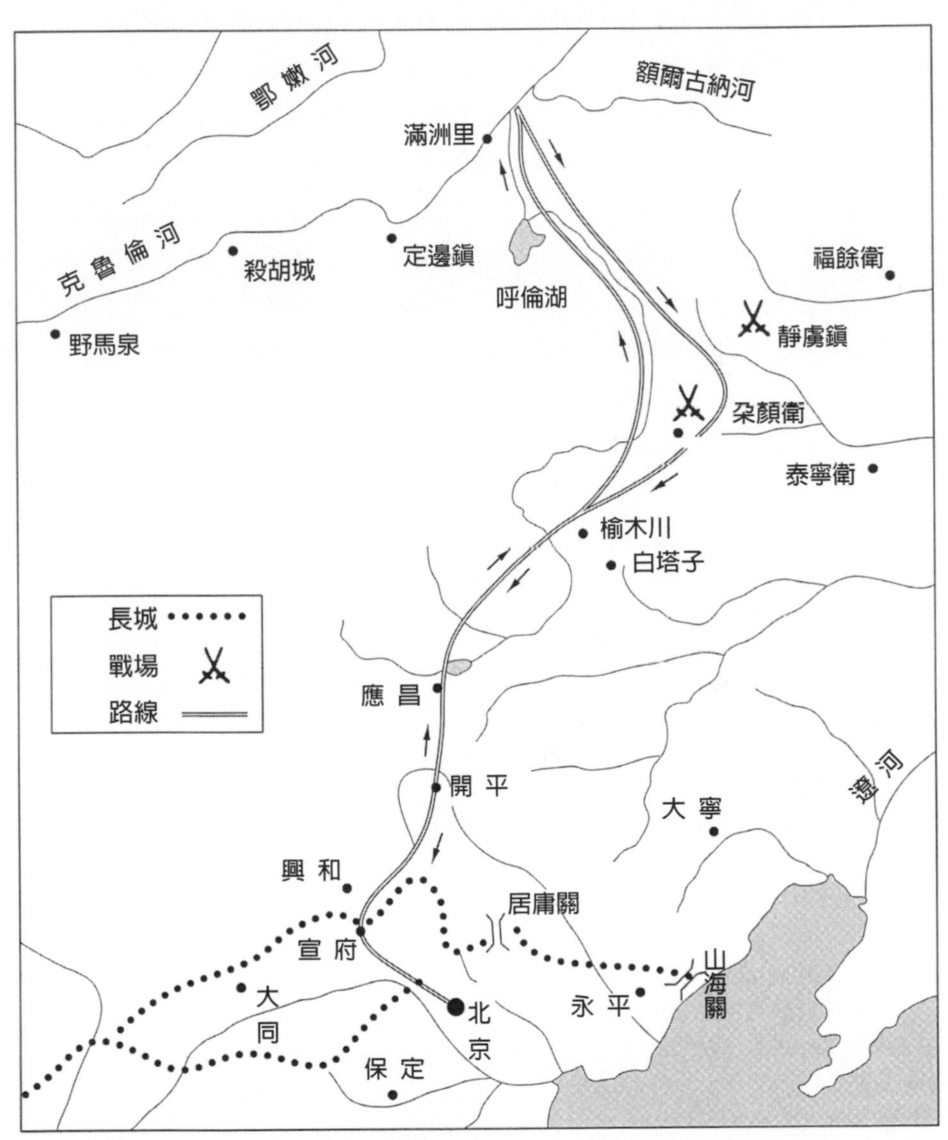

圖5　1423年，永樂第四次漠北親征。

是否碰巧擒獲阿魯台時，朝鮮使節面露難色，僅能回答說，韃靼人必定是逃隱於大山長谷[77]。在長達兩個月白費力氣的追逐之後，一位名叫沐敬的太監向皇帝再三建議，他們該中止無益的追擊，班師回北京。永樂不同意，脾氣暴躁地稱沐敬爲「反蠻」。沐敬仰視皇上，回答說：「固不知誰是反蠻！」這次激烈的爭論開罪了永樂，以至於他下令斬沐敬。整個爭執過程中，沐敬仍然平靜鎮定，準備赴死，之後據說永樂徐徐地低聲說：「我家養人，若皆得此人，豈不誠有益哉！」沐敬立即獲釋，但皇帝仍然無法找到他想斬首示眾的韃靼人[78]。

當永樂思索著怎樣粉飾另一次徒勞的征伐時，好的消息最後來臨了。阿魯台在10月爲瓦剌所敗，而他的得力助手也先土干(死於1431年)，由於風格的差異與自我意識的衝突，跟他分道揚鑣了。也先土干率眷屬和部眾向永樂的前鋒指揮官寧陽侯陳懋投降。永樂親自接待也先土干，賜名金忠，且封其爲忠勇王。值得永樂讚揚的是，這位特別的韃靼歸順者，的確也不失所望，因爲他全心全意、機敏地效命於明廷直到他過世爲止[79]。皇帝如今有了成果，證明他第四次征伐的理由正當，也的確，當他在12月回到居庸關時，他穿上閃閃發亮的龍袍，騎上著名的「玉龍花」戰馬，接受其軍隊在冷冽的冬日下，排成好幾公里之隊伍的熱情歡迎。頓生敬畏的也先土干認爲，他正護衛著天空中的皇帝。但就在永樂回到北京之後兩個月，也就是農曆正月初七，他還在過1424年的農曆新年時，迅速恢復精力的阿魯台，再度派出他的騎兵，侵襲大同與開平。憤怒與報復再度於明廷中醞釀著，而永樂的統帥本能也不會容許他待在安逸的新宮殿。即使他六十五歲了，覺得

77.吳晗，《朝鮮李朝實錄中的中國史料》，冊1，卷4，頁310。

78.查繼佐，《罪惟錄》，4，列傳29，頁2604-2605。

79.《明太宗實錄》，卷264，頁1a-3b，永樂21年10月；《明史》，卷156，列傳44，頁4274。

老邁又疲勞，到了2月9日，他還是決定再一次追擊阿魯台[80]。

1424年4月1日，永樂閱兵，告訴他的部隊說：「朕非好勞惡逸，蓋志在保民，有非得已。」[81] 5月2日他離開北京，在路途上度過六十五歲生日，沒有太多的鋪張。抵達開平時，他覺得疲倦。缺少勝利——連同長時間的傾盆大雨——使皇帝的帳篷籠罩在一片愁雲慘霧之中。永樂在前三次征伐中所展現的極佳的精神和體力，幾乎已經消逝無蹤。在應昌，太監在舞臺上戴了假髮，塗脂抹粉，也穿上戲裝，而且作了任何想得出來的事情，包括唱唱永樂父親譜寫的歌曲，來取悅沮喪的皇帝。這個時候，他提高也先土干的指揮權，但兩個月下來，連這位前任的韃靼族長也無法獲悉阿魯台的下落。於此際，他的軍隊感受到天氣的壓力，以及糧食不斷的減少。內閣大學士楊榮忠實地記載了一部征伐日誌。在絕望的時刻，永樂告訴他，沙漠就像是海洋，既然沒有多少韃靼人留下，追逐他們會徒勞無功。7月17日，朝廷軍在青雲堡回師，兵分兩路，永樂指揮東路軍，而武安侯鄭亨指揮西路軍——約定班師回北京之前再度兵力會合。

多年的殺戮和辛勞損害了皇上的健康。即使他仍然有擴張其帝國的計畫，他的氣數還是盡了。8月8日，永樂病了，提到說他可能會死的憂慮。他問中官海壽，他們何時會到達北京，海壽回答說：「9月中即可到京。」之後，除了問到楊榮，是否皇太子的經驗豐富到足以接管帝國的事務，皇帝幾乎不語[82]。四天後，也就是8月12日，永樂召喚英國公張輔(1375-1449)到他的帳篷，起草簡短的遺詔。遺詔上說：「傳位皇太子。且云喪服禮儀，一遵太祖皇帝遺制。」隨後永樂在榆木川(位於後來的察哈爾)這個偏僻的沙漠，安靜地撒手人寰。有

80.《明太宗實錄》，卷267，頁1b，永樂22年正月。
81.楊榮，《北征記》，卷34。
82.同上。

關北京和南京的安全問題立即浮現，因而一位名叫馬雲的太監提議，暫時守密不發喪，直到永樂的指揮官能夠安全地從蒙古班師回中國。他們秘密地製作了一具錫棺，以放慢永樂遺體的腐爛，不使其臭氣外洩，同時早晚上膳如常儀。就在這一段時間裡，楊榮與海壽急忙趕回北京，告知皇儲皇帝的死訊。十一天之後，也就是8月23日，東路軍在武平鎮，與武安侯鄭亨的西路軍再會合。永樂的遺體懸吊在天地之間，直到9月抵達京師爲止，爲了正式的國家葬禮，永久的硬木靈柩便取代了錫棺。在悲傷和紀念的儀式進行之中，三十幾位宮女，包括永樂的十六位嬪妃，追隨皇帝的腳步上吊自盡[83]。大明國當時精心策劃的某種神格化，相當適合如此非凡之人。

隨著這位讓人畏懼又有權勢的統治者駕崩，大明國失去了一位值得朋友和仇敵尊敬的人物，一位在有明顯又立即的危險時，屢次表露偉大決心的人物。不過，永樂的成就容易消散且代價昂貴。他雄心勃勃地將領土延伸到遠方的蒙古、塔克拉瑪干沙漠和東北，致使縮減開支的忠告被忽略。在他駕崩之後，粗野的游牧民族對大明領導階層並不懼怕。阿魯台和他的韃靼人，仍然傲慢不遜又構成威脅，周期性地大聲嘲笑永樂的繼承者。永樂在位的期間，大明大半威懾和遏制瓦剌，因其對大明的潛在危險更甚於韃靼。永樂駕崩的二十年後，瓦剌領袖、馬哈木的孫子也先，奪得了兀良哈地區，而且1449年，在河北西北的土木堡俘虜了正統皇帝(1436年至1449年在位)——永樂的曾孫。即使這個朝代會再持續將近兩個世紀，大明已喪失了擴張主義的驅動力。永樂的遺產僅留在記憶裡，但從未被進行到底。

83.《明史》，卷7，本紀7，頁104；吳晗，《朝鮮李朝實錄中的中國史料》，冊1，卷4，頁319-321。

第九章

榮耀的代價

當永樂擴張他在北境那邊的影響力、對蒙古人開戰的時候，他也忙於安南(今日越南北部)問題 。大明的所有鄰國之中，安南僅次於朝鮮，是相當漢化的緩衝國。將近一千年的時間，中國與安南有一種藩屬關係。唐朝在907年瓦解後，安南便脫離了中國，而且從那時以來，不管中國人再三嘗試要重新征服，其仍設法維持了政治的獨立。安南人在1257年、1285年和1287年，成功地擊退了蒙古人的三次入侵。然而，他們歡迎明朝的崛起，而其陳氏統治者(1225-1400)迅速加入明廷，當起了忠心的屬國 [1]。在下一個世紀的期間，安南人努力往南擴張，以便紅河三角洲——他們稱之爲東京灣——相當擁擠的居民，能夠沿著海岸線往下遷移，找尋可供種稻的土地。這種對南方的擴張，導致了一系列血腥戰爭，而戰爭始於1312年，對付安南南方以航海爲業的鄰國占城。占城人與馬來人近似，講的語言是馬來語的一支；由於真臘在南部的影響力，他們的印度化頗深。

在與安南激烈戰爭的期間，占城向大明國尋求保護，而且派遣了比起東南亞任何其他的屬國都還要多的朝貢使節團到明廷，有時還一年兩次。舉例來說，占城國王在1369年呈獻大象和老虎給洪武皇帝，皇帝則回贈占城人三千份大統曆。而在1371年，一名占城使節隨身帶

1.Thomas Hodgkin, *Vietnam: The Revolutionary Path* (New York: Macmillan Press, 1981), 55-58.

了一片30×13公分的金葉表，上頭雕有其國王對大明宗主權的承認。1386年，占城皇儲來到了南京，親自呈獻了五十四隻大象給大明皇帝[2]。歷經劍拔弩張的歲月之後，占城人最後在1371年入侵其北方鄰國。接下來，還有1377年、1378年和1383年的三次入侵。這些侵略不僅蹂躪了安南的鄉間，而且也使安南京師昇龍(Hanoi)成了一片廢墟。占城的入侵，兼之自然災害和政治詭計，最終導致篡位者黎季犛(1335-1407)顛覆了陳氏政權。1400年，黎季犛建立了胡王朝(黎季犛的中文姓名是胡一元)，在清化建了一個稱之為西都(Taydo)的新首都；因此，昇龍的舊都就成為東都(Dongdo)[3]。

儘管事實上安南的遺民再三地呼籲永樂，運用他的領地權力，使陳氏皇室在他們國家復位，不過，他卻認可了黎氏政權，而且在1403年的冬天，封黎季犛之子為安南國王。然而，廣西思明邊境醞釀已久的邊界爭端，升高為中國和安南之間的緊張僵持。黎季犛明瞭，他的國家與大明之間的戰爭可能無法避免，因而重組了他的軍隊，加強他的水師，防衛他的前哨基地，準備抵抗大明的一切攻擊。對自己有強烈自信的黎季犛，不寄望任何人能拯救他自己和他的家人，其不斷騷擾中國的南方邊境，繼續進行一種非常有害的對外政策。1406年的春天，黎季犛的黨羽在安南境內伏擊中國外交使節。此一消息讓永樂暴跳如雷，他憤怒地說道：「蕞爾小丑，罪惡滔天，……朕推誠容納，乃為所欺，此而不誅，兵則奚用？！」到了1406年7月的時候，永樂命成國公朱能(1370-1406)為征夷大將軍，新城侯張輔和西平侯沐晟(1368-1439)為副將，帶領一支八十萬人的招討軍進入安南——然而，這個數字大概是想嚇唬黎季犛的誇張說法。朱能和張輔從廣西跨

2.《明史》，卷324，列傳212，頁8383-8385。

3.更多有關黎季犛的生涯，參見Goodrich and Fang, eds., *Dictionary of Ming Biography*, 797-800.

過邊境，而沐晟的軍隊則從雲南進入紅河三角洲[4]。

在他們出發的前夕，永樂在南京秦淮河的龍江寶船廠賜宴，命令他的軍隊「毋養亂，毋玩寇，毋毀廬墓，毋害稼穡，毋恣妄取貨財，毋掠人妻女，毋殺戮降附者」。他清清楚楚地告訴他們，他所想要作的，就是捉拿黎季犛與其子以及他們的黨羽[5]。靖難內戰期間戰功卓著的朱能，三十六歲死於廣西龍州，因而大明軍隊的指揮權立即轉到三十歲的張輔。張輔的妹妹才在一年前，成爲永樂的嬪妃。在任命的敕令中，永樂引證了一些明代早期豪傑的英勇事蹟，來激發張輔(年輕的總兵官)，而且也提出永樂自己的期待[6]。就在這一段時間裡，永樂指示陳洽(1370-1426)監督口糧的供給，黃福處理政治和行政事務。在前往安南的途中，黃福所寫的日誌，詳述了運輸路線、工具，以及安置往來南京與昇龍之間的大明人員的設施。1406年7月18日，黃福謁見了永樂，而永樂在龍江寶船廠的宴會上向遠征軍隊講講話，激勵士氣之前的十六天，他就離開了南京。在龍江船廠度過一晚之後，黃福在長江往西啓航。八天後，他橫渡鄱陽湖，而他抵達中國最大的湖泊洞庭湖之前，又過了一星期。他隨後在湘江向南航行，經過湘潭與桂林，一路到達廣西南寧。離開南京之後三個月，黃福加入廣西龍州的明軍主力，準備跨越安南邊境。他的日記記載說，到了1406年11月24日時，張輔的軍隊連破隘留、雞陵兩關，以及其他幾個安南陣地。張輔的士兵在多邦加入了沐晟的雲南軍[7]。到了1407年1月下旬，大明軍隊充分展現其圍攻和水上作戰的較佳技法，因爲他們在整

4.《明史》，卷321，列傳209，頁8314；《明太宗實錄》，卷52，頁6a-6b，永樂4年3月。
5.《明太宗實錄》，卷56，頁la-3b，永樂4年7月。
6.同上，卷60，頁1a，永樂4年10月；《明史》，卷6，本紀6，頁83。
7.黃福，〈奉使安南水程日記〉，頁1-11。

個紅河三角洲占上風[8]。爲了煽動安南人變節，鼓勵民眾起義反對黎季犛的篡位，張輔在他拿下的每個安南市鎮，貼出長篇的抨擊，指控黎季犛有二十條謀反罪。他甚至把罪狀刻在木牌上，任其在紅河飄流。

戰爭的危急情況使得黎氏政權不可能預先且令人信服地反駁指控。到了5月初，黎氏不僅喪失百姓的支持，而且遭到大明軍隊的追捕。在往南亡命海中之前，走投無路的黎季犛，焚燬他的西都宮室。應注意，當大明軍隊進一步將黎氏的餘部往南壓迫時，永樂也派遣了兩名中官使節馬彬與王貴通，與占城人協調合作，因其亦希望分享勝利的果實。在進退維谷之際，黎季犛、他的兒子及親戚在6月16日和17日全遭俘虜，關在籠中交由永樂來懲罰[9]。隨著黎氏政權的瓦解，大批有才幹之士離去，就任更好的職位。大約九千名有才幹的安南人，包括把更有威力的新槍砲引進大明軍械庫的人，前往中國，接受各種大明官職。

1407年10月5日，戰俘被帶到南京奉天殿永樂的面前。在短暫的審判期間，永樂——單獨面向南方，而他的大臣則面向北方——叫人把謀反(一如張輔的長篇抨擊中所列舉的)指控，再一次向黎氏的家族成員朗讀。永樂隨後問道安南俘虜，他們是否殺了國王，篡奪了陳氏王族的皇位。現場沒有任何異議，只有一遍寂靜。最後，僅有兩名黎氏的隨從遭到下獄或斬首。就在這一段時間裡，一群被流放的安南官員和耆老，祈求皇帝將他們的國家併入大明帝國，而按捺不住的永樂立即接受了此一請求。1407年的農曆6月初一，永樂將安南更名爲交趾——漢朝時的舊稱號——讓它成爲中國的一省。接下來的幾星期，隨著行省的三司——布政使司、按察使司和都指揮使司——的設置，

8.Dreyer, *Early Ming China*, pp. 208-209.

9.《明太宗實錄》，卷60，頁1b-8b，永樂4年10月；卷67，頁1b-2b，5年5月。

併吞過程緊鑼密鼓地進行。呂毅(死於1409年)被任命爲都指揮使，黃中爲副；黃福則擔任布政使兼按察使。此時，交趾的人口中，有安撫人民三百餘萬，蠻人兩百五十餘萬，儲備有一千三百六十萬石的米粟。它由東到西綿延八百三十公里，由北到南綿延一千四百公里。交趾進一步分成十五府、四十一州，以及兩百一十縣[10]。

張輔在交趾待到1408年的夏天，直到他奉命協助平定廣西暴動爲止。平亂後不久，他前往南京，受封爲英國公，而他的戰友沐晟在大明貴族地位中，亦晉升一個等級，成爲黔國公。不過，儘管皇帝逐漸樂觀地認爲，交趾就像雲南或貴州那樣，可以發展成一個大明省分，而且安南人最終也會被漢化；然而，永樂對東南亞領土的擴張，不可避免地使大明面臨更多軍事糾葛的危險。事實上，曾經被敬畏爲解放者的永樂，很快就被安南民族主義者痛斥爲帝國主義者，因爲中國的軍事控制和經濟剝削，深深地攪亂了安南社會。甚至在張輔離開交趾之前，一些騷亂已經發生。早先的陳氏國王之次子陳頠(死於1410年)，領導了一次組織鬆散的起義，反對大明的占領，指控永樂的政府代表成了奴隸商人。陳頠宣布成立的新政權，稱之爲大安南王國，而且激發出一場英勇的反抗運動。中國史料把陳頠描述成苗族的激烈侵略分子和陳朝的下級官員。然而，《大越史記全書》證實陳頠是敕許的陳氏親王[11]。永樂把陳頠看成是典型的造反者，立即敕令沐晟從雲南、貴州與四川動員四萬人的軍力，鎮壓此一經過吹嘘的不安和騷亂。這次，形勢遭到扭轉，因爲陳頠的勇敢游擊隊員大敗大明軍隊，沐晟勉強脫逃，但永樂的兵部尚書劉儁和都指揮使呂毅，都遭到殺害。在此一時刻，永樂對北方的蒙古問題正忙得不可開交，因而再度委派張輔前去綏靖南方「桀驁不馴的」安南人。

10.《明史》，卷321，列傳209，頁8315-8316。
11.陳荊和編校，《校合本大越史記全書》，卷9，頁493。

1409年2月23日，收到命令之後，張輔的第一步乃是利用他在1407年俘獲的大約八千六百艘安南船隻，建造一支船隊，以便他能夠在海岸線和安南河港占上風。隨後，審慎的張輔策略性地運用他從中國沿海省分招募的一支四萬七千人的軍隊，以及他剛剛建造的船隊，壓倒僅有兩萬兵力和六百艘船的敵人。就在這一段時間裡，內部的傾軋大大地削弱了陳頠的實力，而張輔終於在1409年12月俘虜了陳頠，將他送至中國處死[12]。然而，張輔未能徹底搜索交趾，因爲陳頠的侄子陳季擴(死於1414年)依舊逍遙法外，而安南的自由鬥士(或造反者)，並未重新陷入怨恨和絕望的態度，而是繼續聚集起來，支持新的領袖。當陳季擴覺得安全無虞時，他增加了給明廷的貢品，但亦請求永樂承認他爲大安南王國的國王。由於永樂僅願授予陳季擴交趾布政使的頭銜，戰端因而再啓[13]。1411年初，永樂要求張輔帶領另一支遠征軍進入交趾，交代他說：

> 陳季擴表奏伏罪，朕推誠待之，已可其奏，遣人賫勅撫諭。如果能至誠歸順，即赦其罪，若懷詐不誠，爾等務在協謀平賊，庶不負朕之委任[14]。

永樂的的信件似乎暗示，大明的殖民管理終究比較喜歡和平的解決辦法；因此，中國需要贏得深孚眾望的安南領袖諸如陳季擴的合作。在事情的另一面，陳季擴也了解，一場民眾運動正如火如荼地進行，而當家作主的願望可能會慢下來或突然停頓，但絕不可能完全阻擋。張輔一回到交趾，就下令處決掌控交趾軍事的大明都督僉事黃

12.陳荊和編校，《校合本大越史記全書》，卷9，頁500。
13.同上，卷9，頁503；《明史》，卷321，列傳209，頁8317。
14.《明太宗實錄》，卷111，頁6a，永樂8年12月；卷113，頁1a-3b，9年2月。

中。不過，以一位不受歡迎的帝國官員作代罪羔羊，並無法消除安南人心中沸騰的憤恨。張輔很快就了解，陳季擴的確對這部分的世界有高度的雄心，並不希望中國皇帝支配其百姓的命運。張輔知道，他面臨另一場硬仗，所以他利用水兵——如今多達兩萬四千——加上各種類型的船隻，控制了沿海陣地與河道碼頭，而黔國公沐晟則從陸路大舉襲擊安南。大明軍隊贏得一次又一次的勝利，俘獲一百六十餘艘船艦，殺了幾十萬不屈的安南人[15]。雖然如此，陳季擴及其黨羽繼續搏鬥了兩年之久，利用安南獨特的地形，對抗打陣地戰的中國正規軍隊，而必要時則撤退到真臘暫時避難[16]。然而，將近1413年年底時，陳季擴的軍隊損失了60%到70%，爲了生存，不得不從大明糧倉竊取食物。最後，在1414年3月30日，陳季擴、妻子和兄弟全遭俘虜，而好消息傳到北京時，永樂正準備他的第二次漠北親征。中國史料指出，1414年的農曆8月初二，陳季擴在南京遭到處決，但《大越史記全書》則宣稱，他在回大明京師的路途中投水自盡[17]。

在回到中國以前，張輔設置四個新的州，在那裡部署更多的軍隊(以占城爲代價)擴展了交趾的南方領土。有一段時間，永樂感到寬慰，他極度需要的南方和平又恢復了。但他大概低估了安南人對於當家作主的熱愛。即使交趾再度受到綏靖，和平與秩序並不會持續太久，因爲安南民族主義的中堅分子仍然存在。在1415年與1424年之間，出現了大約三十一位自封的抵抗運動領袖，其中有軍官、土著族長、金礦工人，以及僧侶。大部分的騷亂和起事發生在諒江、義安、

15. 中國的入侵者對無盡的盲目殘殺變得無動於衷時，他們所造成的慘事，就類似於越戰期間，美國人於1968年3月16日在美萊村的屠殺。參見陳荊和編校，《校合本大越史記全書》，卷9，頁501。
16. 黃福，《黃忠宣公文集》(明嘉靖版)，卷4，頁4-5、10-11、21。
17. 陳荊和編校，《校合本大越史記全書》，卷6，頁506；卷9，頁506-508；《明史》，卷321，列傳209，頁8317-8320。

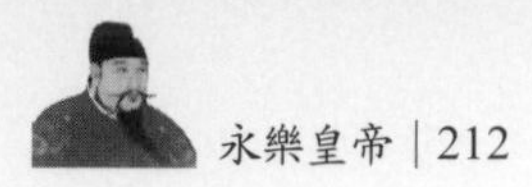

交州、寧橋、諒山、利江，以及大明軍隊駐紮的其他縣城[18]。陳季擴就像許多烈士那樣，在他的國家產生了巨大的愛國情感，而接下來的幾年，對他的記憶，激發百姓作了更多更英勇的行動。

從1407年到1424年，黃福是交趾的高階民政官員。平定陳季擴領導的起事之後，永樂聽從黃福的建議，在基層執行改革。永樂在交趾設立了更多的學校、醫療診所，以及教籍登記處和傳輸處。另外，他吸引安南學子到大明京師的國子監，也任命更多本地人擔任交趾較小的地方職位。然而，他的軍隊繼續冷酷地壓制任何反對的跡象。儘管他的確努力減輕安南人稅賦——主要在夏天和秋天繳納的那些稅，如穀物、食鹽、有用的物品和魚類——但是，他對安南貨物的愛好日甚一日。中國和越南史料都顯示，他再三地向他新征服的臣民強索翠羽、金、漆、扇、絹之類的地方特產，以及一種叫作蘇木的檀香。蘇木是用來建造新宮殿的宮門，而其樹皮可提取一種紅色染料。表9.1概覽了帝國貪得無厭的需求[19]。

但永樂的改革相當零碎，而且完全不顧安南獨特的傳統、想法和願望。在大明的統治下，安南人必須採納中國的服飾和髮式，免得公然露出足踝、肩膀和背部。安南男子不許剪短頭髮，即使在歡宴期間，也不許使用黃色和紫色。只顧自己的大明編年史家，通常不會詳述永樂的併吞，造成當地人民無窮的社會和經濟苦難[20]。他們寧可歸咎於中官馬騏(活躍時期1410-1427年)——在靖難內戰期間，贏得永樂的信任，而且從那時起就一直爲他作各種事——肆無忌憚地向安南人強索貨物、金錢和女人。於此際，反華活躍分子運用烈士的英勇事

18.有關安南地方政府的討論，參見鄭永常，〈明洪武宣德年間中越關係史研究〉，頁52-56。

19.陳荊和編校，《校合本大越史記全書》，卷9，頁509-517；商傳，《永樂皇帝》，頁285-286。

20.同上，頁505。

表9.1　安南獻給明廷的貢品

年份	絹（疋）	蘇木檀香（斤）	翠羽	漆（斤）	金（兩）	紙扇	沉速安息諸香（品）
1410					132		
1416	1,668	1,500	2,000	2,000		10,000	23
1417	1,252		3,000	2,400		10,000	
1418	1,288	5,000	2,000	2,400		10,000	
1419	1,325	5,000	2,000			10,000	
1420	2,265	5,000	3,000			10,000	
1421	1,535	4.520	2,725	2,500		7,535	
1422	1,390	4,800	2,800	2,800		8,430	
1423	1,747	5,000	3,000	3,000		10,000	

1兩=37.783克；1斤=604.53克。

史料來源：《明太宗實錄》，卷111、183、195、207、219、232、244、254下、266。

蹟，喚起安南人的夢想、熱情和愛國心，而且不斷地與殖民主搏鬥。1418年，再度爆發了全面起事，而這次安南人終於能夠在隧道的盡頭見到光線。最後的這次抵抗運動，領袖是黎利（大約1385-1433年）——一位能夠思考的煽動者，也是勇於行動的夢想家。黎利出身海岸城市清化附近的藍山村落，原先擔任俄樂地區的土官巡檢。他以狡猾、善於掌握時機，以及有效的游擊策略而聞名，而其策略包括不斷地變動側翼，運用一小幫的土匪伏擊正規的大明軍隊[21]。

當所謂的藍山起事爆發時，大明的指揮官員是豐城侯李彬，他對交趾人的嚴厲態度，以及漠視其感受和政治抱負，只會強化他們對中

21.《明史》，卷321，列傳209，頁8320-8321；Goodrich and Fang, eds., *Dictionary of Ming Biography*, pp. 793-794.

國人的憎恨。盛傳，黎利的女兒才九歲大時，馬騏從她的雙親那裡將她帶走，送進永樂的後宮。永樂的內閣大學士楊士奇注意到，黃福屢次批評馬騏在交趾的荒唐行爲[22]。儘管馬騏按皇上的吩咐去做，但他的行徑大概提供了引起新暴動的催化劑。橫暴的李彬發覺，他愈是努力鎮壓安南的反抗，反抗就愈是加大。永樂老是想著蒙古問題，對交趾的真正情勢有可能幾乎不了解。甚至更可能的是，政府官員畏懼回報可能會挑戰到永樂當前意見的任何事。舉例來說，有關黎利作爲軍事指揮官和政治領袖的能力，有不同的看法。關於黎利跟真臘及老撾之關係的議題，大明的紀錄甚至還跟安南的記載矛盾——中國人說，他幾度逃至鄰國，相反的，安南人則否認這類的說法。然而，有個事實是肯定的：到1419年的時候，從南到東北爆發了許多暴動，而難以捉摸、打了就跑的敵人徹底打敗了李彬。

李彬在1422年過世時，榮昌伯陳智成爲新的中國指揮官，但大明的宣撫責任變得愈來愈難以負擔。來自中國補給不定又遲滯，使得曠日廢時的征伐益加困難，即使在1423年的某一時刻，黎利還因爲精疲力竭和食物缺乏，不得不解散他的黨羽。在1424年夏天，永樂死於漠北親征的消息傳到交趾時，安南陣營一遍情緒高亢，黎利的追隨者振作了起來。他們重新集合，恢復其致命的游擊戰。在永樂的兒子登上皇位後不久，陳洽取代了黃福。明廷隨後提議，授予黎利清化知府一職。黎利把此一提議視作中國決心不足的一種信號，當然拒絕了。這個提議顯示，中國人仍未充分意識到，事實上安南人已脫離中國超過四個世紀。大明統治者亦未了解，東南亞臣服者從來沒有失去其對自由和安南生活方式的熱愛。因爲威脅不斷，傷亡又如此慘重，永樂的孫子宣德皇帝在1427年下結論說，安南人是難以統治，不值得耗費龐大代價繼續設置布政使司。大明軍隊撤退之後，得勝的黎利創建了後

22.楊士奇，《東里全集》，頁15。

黎朝(1428-1789)，自立為大越皇帝。在中國統治二十年之後，安南人最後達成了獨立，用黎利的聲明來說：「我們有我們自己的山川，我們自己的習俗和傳統。」[23]接下來的幾年，安南人恢復其傳統的南向擴張。1470年，他們的軍隊入侵且奪取順化，監禁了占城國王及其家人。既然中國人並未協助占城人，大明再征服的幻影也就被埋葬在一個叫越南之新國家的叢林裡。

儘管對越南叢林的穿透力量失靈了，不過，永樂在國際政治上仍然是一位永久的積極參與者。他不是時代的產物，而是時代的創造者，對中國而言，他的時代也是一個帝國主義和擴張的時代。在15世紀的肇端，永樂竭力想把他的影響力擴張到已知的世界時，他開始在鄰國進行狂熱的外交活動，也大肆進行海外探索。在1402年與1424年之間，他至少派遣七十五個中官使節團，執行他的對外政策。由於建文的鬼魂持續縈繞他，中官使節的主要任務，乃是查找有關建文及其黨羽的情報。永樂也派遣使節，獎賞小國的統治者，冊封新的國王和太子。另外，他運用外交使節團，護送佛陀的雕像、出席屬國皇家婚禮和葬禮，以及指揮招討遠征。諸如朝鮮、占城、蒙古和琉球群島，是永樂使節最常參訪的中國近鄰。其他鄰近的屬國，則包括烏斯藏、尼八剌(尼泊爾)、土魯番和哈密。漢化較淺且地緣上接近中國的國家，受訪的情況較不頻繁，有些國家三、五年才參訪一次。緬甸、渤泥、真臘、日本、爪哇與暹羅，屬於這個範疇。永樂派遣去處理國家事務的帝王代表，足跡遠至亞丁、榜葛剌、不剌哇(Brava)、伊斯法罕(Isfahan)、呼羅珊(Khorasan)、滿剌加、馬爾地夫群島、巨港、菲律賓、撒馬兒罕、索馬利亞和錫蘭。

元朝(1279-1368)期間，遭蒙古人短暫征服的世界屋脊西藏，在明代期間跟中國維持友好的關係，也充分管理自己的事務。洪武皇帝

23.Murphey, *East Asia*, p. 176.

從未派遣軍隊到世界的那一部分，相反的，1373年春天期間，還冊封六十名烏斯藏人爲「土著宣撫」官員。這些官員之中，有一些亦促進了漢藏間的茶馬貿易。一如第五章的闡述，永樂還是燕王時，他獲悉一位特別的烏斯藏喇嘛，名爲哈立麻。1403年，永樂一登上皇位，就派遣太監侯顯與著名僧侶智光，加入外交使節團到烏斯藏。智光以前曾到過烏斯藏和尼八剌，但這是侯顯的首次旅程。他們走陸路，可能經由青海或絲路到于闐，再從那裡跨過層層山脈，到太陽城拉薩。他們沒有留下遊歷日誌，但大明史料說，他們周遊了幾千公里，直到1407年才返回。讓永樂感到滿意的是，他們真的帶了烏斯藏僧上師哈立麻到南京。哈立麻在中國待到1408年的暮春；在此期間，侯顯奉命伴隨正使總兵鄭和，第二和第三次下西洋[24]。

隨著哈立麻的到訪，永樂二度敕令，沿著長江和湄公河的上游，建造一條道路和幾個貿易站。在西藏與四川之間，用來運送茶葉、馬匹和食鹽的這條道路，橫穿了百公里高峰下方的迪慶和中甸。這些高峰標明了西藏高原通向四川低地的東邊斜坡。1413年，永樂選出另一位能吃苦耐勞的中官使節楊三保，行走這條陡峭又簡陋的泥土路到烏斯藏。楊三保在1414年與1419年返回。在烏斯藏時，楊三保參訪了幾座褐紅色圍牆的佛寺，而且說服了許多親王，後來向大明政權宣示效忠。在第一次出使的期間，楊三保也參訪了尼八剌，而其國王——也是該國度最高的神職人員——在1414年派一個朝貢使節團到永樂宮廷作爲回應。永樂詔封國王，賜誥印。四年後，永樂派遣中官使節鄧成到加德滿都，帶了一批色彩明亮的錦緞，給尼八剌的皇室。而且在1424年駕崩以前，永樂多派了一位中官使節喬來喜，用銀子、佛陀的塑像、佛教廟宇和宗教儀式的器具，以及僧侶的法衣和長袍之類的禮

24.《明史》，卷304，列傳192，頁7768-7769。

物，獎賞他的烏斯藏和尼八剌屬國[25]。爲了使鄰近國家向大明俯首稱臣，以便能夠享受榮耀，永樂似乎相當樂意付出一點小代價。

1415年，永樂敕令侯顯回到南亞。這一次侯顯走海路，先到榜葛剌，再到其他國家。作爲散布永樂帝國意志，以及得知建文下落的手段，侯顯把從中國帶來的寶貴禮物，賞給其統治者。不過，侯顯的所有任務並不是僅僅爲了典禮目的或宗教目的。1420年，他的出使是爲了平息榜葛剌及其鄰近國家沼納樸兒(Jaunpur)之間的衝突。侯顯不僅成功地阻止了那裡的一場戰爭，而且也改善了榜葛剌統治者賽弗丁(Saifu-d-Din，其經常贈送活的霍加狓〔okapi〕給永樂當貢品)，與其敵手沼納樸兒統治者亦不剌金(Ibrahim)之間的不和。侯顯最後一次到喜馬拉雅山脈出使，發生在1427年，也就是永樂駕崩之後三年。大明的編年史家，對閹宦罕見地表現出公正，稱讚侯顯的外交生涯，在永樂的太監之中，勞績僅次於正使總兵鄭和[26]。

永樂使南亞佛教國家和穆斯林國家向他的帝國俯首稱臣時，他也向中亞的穆斯林國家招手。即使它是一個更有挑戰性的任務——因爲該地區多山的地形，以及居支配地位之蒙兀兒人的敵意——永樂還是設法從極爲重要又繁華的絲路城市，諸如撒馬兒罕與哈烈，勸誘了二十個代表團到他的朝廷。另外，其他中亞國家的三十二個外使團，以及哈密的四十四個朝貢使節團，抵達了永樂的首都。雖然如此，這類驚人的外交活動——一年平均四個使節團——一開始就極其艱難。1394年，洪武皇帝派遣一個一千五百人的親善使節團，由給事中傅安與郭驥，以及太監劉惟帶領，前往撒馬兒罕。洪武視帖木兒爲明廷典型的屬國。帖木兒讀完洪武的信之後，這位蒙兀兒宗主處決

25.同上，頁8580-8584、8586；《明太宗實錄》，卷87，頁1a-3b，永樂11年2月。

26.《明史》，卷304，列傳192，頁7769；Goodrich and Fang, eds., *Dictionary of Ming Biography*, pp. 522-23.

了大明士兵，扣押了使節。然而，對於這類充滿敵意的行為，明廷似乎安之若素。接下來的幾年，帖木兒不僅在1397年囚禁了大明使節陳德文，而且也處決了另一個派來宣達永樂登基的大明團體[27]。帖木兒在1405年過世之後，他的孫子哈里(Khalil Sultan)釋放了傅安、郭驥，以及十七名尚存的大明護衛。當傅安與郭驥在1407年7月回到南京時，他們向永樂大致概述了河中地區的情況，尤其是哈里與帖木兒四子沙哈魯・把都兒(Shahrukh Bahadur，西元1408年至1447年在位)之間隱約浮現的權力鬥爭。於此際，來自撒馬兒罕、哈烈、霍臘散(Khorasan)、喀什噶爾(Kashghar)、于闐、土魯番和哈密之類城市的商隊貿易愈來愈多。永樂很快就得知，中亞人想要以其玉石、鹵砂(sal ammoniac)、馬匹、駱駝、綿羊，諸如葡萄乾等佳餚，以及土產，交易中國的絲綢、衣服、茶葉和瓷器。永樂把這些貿易團當成朝貢使節團，利用他們增添自己的光榮[28]。

傅安尚且席不暇暖，永樂便敕令他急忙趕回撒馬兒罕，修復新的蒙古統治者沙哈魯跟中國的關係。永樂以慣常的帝王口吻，寫了一封信給沙哈魯，信中把沙哈魯當成大明屬臣般對待，自稱「地面上君主」。但沙哈魯溫和地回覆，勸告永樂崇奉真主(Allah)的旨意，皈依伊斯蘭教。傅安在1409年回到中國，沙哈魯朝廷派一個使節團隨行。隨後，永樂和沙哈魯每兩、三年調換一次大使團[29]。執行永樂中亞外交的政府代表主要是中官，其中最著名的便是李達。官修《明史》提及，永樂至少派遣李達到河中地區五次，散布消息說，明廷急切地想跟這地區的穆斯林國家建立商業和政治的聯繫。在第三次出使

27.《明史》，卷332，列傳220，頁8609。

28. Fletcher, "China and Central Asia, 1368-1884," pp. 206-224; Grousset, *The Empire of the Steppes*, pp. 459, 624.

29.《明史》，卷332，列傳220，頁8598-8599；Rossabi, "Two Ming Envoys to Inner Asia," pp. 17-18; Fletcher, "China and Central Asia," pp. 214-215.

的期間，李暹(1376-1445)和陳誠陪同了李達，而這兩人是老練的外交官，也是能吃苦耐勞的旅行者。儘管這是陳誠初次出使到帖木兒帝國，但他是經驗豐富的外交官，也是有教養的學者。他寫下的筆記，詳述其西域(Serindia)之旅的行程。根據陳誠的記述，這趟特殊任務，從1414年2月3日到10月27日，花了兩百六十九天，達成了最終的目的，而且直到1415年11月30日才回到中國[30]。在這趟包羅無遺的旅程期間，李達和他的伙伴把永樂的信息和豐厚禮物，交給黑水城(高昌)、土魯番、阿爾馬雷克(Almalyk)、養夷(Yanghi，在今日的哈薩克斯坦共和國)、達失干、撒馬兒罕、渴石(Kez，帖木兒的誕生地)、八答黑商(Badakhshan)、俺都淮(Endekhud)，以及哈烈的統治者[31]。

在1410年代的這十年間，永樂的使節每年往返於哈烈，而沙哈魯也認真地作了回報；亞洲兩個最大帝國的統治者，皆互相稱呼對方爲朋友。舉例來說，永樂的中官使節魯安在哈烈度過1417年的4月和5月；隨後，沙哈魯派遣他的特別使節阿爾都沙(Ardashir Togachi)到訪明廷。1418年的冬天期間，李達接獲另一個命令，參訪他以前拜會過的十七個大草原市鎮，而在1420年7月，永樂派遣陳誠與太監郭敬到哈烈。當大明使節沿著艱鉅的絲路行進時，中亞的商隊則開始向東進行艱難的沙漠旅程。舉例來說，接近1419年的尾聲時，一支商隊離開了哈烈，其隨隊的有五百一十人的朝貢使節團，其中包括著名的畫家吉亞斯丁(Ghiyath-al-Din)。1420年8月24日，他們到達大明邊界，大明護衛在那裡查核其證件和通行證。當他們抵達甘肅肅州——長城最

30.陳誠，《西域行程記》，頁260-295。

31.當我在1988年參訪高昌的遺跡和土魯番的綠洲城市時，我的烏茲別克嚮導說，明代期間高昌被稱為火州，但烏茲別克人稱它為黑水城(Karakhoto)。參見Rossabi, “Ming China and Turfan, 1406-1517,” pp. 206-225.

西端不遠的一個城鎭——的時候，其部分貨物立即送往北京，而他們則受到大明邊境官員的款待。從那時開始，大明政府支付他們的所有旅行費用。然而，他們的旅行路線——包括路徑、日期和中途站——必須向大明當局報告，由其批准。吉亞斯丁的使節團隨後通過九十九個站，最後在1420年12月14日抵達了北京[32]。

他們抵達北京之後，兵部官員再度查核他們的身分證明文件，隨後安排他們住進就在紫禁城東門外的會同館。北京會同館(又叫北館，以對照於南京的南館)有六組館舍，三百名訓練有素的廚房人員，爲客人準備米飯、酒、肉、茶、麵食，和蔬菜菜肴。它亦配備有太醫院的御醫和四夷館的翻譯人員。兵部必須撥出大量的乾草、豆子和穀物，餵養貢馬、獅子、豹、駱駝和矛隼[33]。在進行完所有典禮禮節，包括向永樂皇帝叩頭之後，朝貢使節便開始拿他們餘留的貨物，跟中國對等的人作貿易，同時會同館爲每一個貿易代表團開放五天。畫家吉亞斯丁素描著永樂的設計雅緻的新宮殿時，他的同僚哈菲茲・阿卜魯(Hafiz-i Abru)則寫了日誌，描述永樂的帝王威嚴，以及15世紀早期中國的豐饒。這個特別的使節團停留六個月之久，而他們離開的那天，皇儲也前去送行。每個朝貢使節團都一樣，他們到訪之後必須循來時路返鄉[34]。

1404年到1424年之間的二十年，是永樂外交上的最高點。他駕崩後的十年間，大明派遣到絲路國家的使節數量縮減，而中亞的外使團也漸次減少。明朝的記載顯示，只剩十個這類後續的使節團，其中有一半則派遣到哈密去從事相對短暫又容易的行程。雖然如此，跟大明主要屬國朝鮮的關係，仍然牢固、友好且又經久不衰，因爲朝鮮

32.Rossabi, “Two Ming Envoys to Inner Asia,” p. 27.
33.張德昌，〈明代廣州之海舶貿易〉，頁5-12。
34.Goodrich and Fang, eds., *Dictionary of Ming Biography*, pp. 144-145, 360; Hucker, “Governmental Organization of the Ming Dynasty,” p. 35.

願意接受儒家的「事大」(사대)概念。根據此一概念，小國(「弟」)應接受從屬中國的地位，尊崇中國爲上國(「兄」)。反過來，中國則以特權、保護和不干預，獎賞這種孝順和忠誠，也對這類小國及其統治者之新政權的職權，賦予正當性。因此，1392年，都統使李成桂(1355-1408)一奪得朝鮮的政權，他就派遣一個龐大的朝貢使節團到南京，請求授予其爲大明屬國。朝鮮代表團交出高麗國王(935-1392)的國璽，解釋整個「篡位」的情況，也請求標有朝鮮——李成桂的新朝代之名稱——的新國璽[35]。

最初，朝鮮每三年派遣朝貢使節團到明廷一次，但他們逐漸在頻率上增加，經常一年四或五次。他們亦屈服於大明協議的勸誘，因爲朝鮮使節團受到派遣，在農曆新年的場合表示祝賀，恭賀皇帝生日，以及頌揚皇太子生日。其他的朝鮮使節團亦受到派遣，等候冬至的流逝，哀悼皇帝駕崩，以及出席新皇后的冊封典禮。由於朝鮮領導階層急切地想要複製大明制度的方方面面，朝鮮國王總是派王儲到明廷接受訓練，學習中國的治理技巧。舉例來說，李朝建立之後，李成桂的長子、未來的太宗大王(西元1398年至1418年在位)，不久就到了南京。明廷也會爲了各種目的，尤其是新的朝鮮國王登基，而以巧妙又不引人注意的方式派遣使節。1418年，永樂派遣中官黃儼冊封太宗二十二歲大的兒子世宗(西元1418年至1450年在位)，爲李朝新的、第三任的國王。1423年，世宗大王想要冊立長子爲世子，請求永樂的祝福和正式批准。永樂後來派遣一個代表團，由太監海壽帶領，前往主持冊封典禮[36]。

實際上，世宗是太宗的三子，他在父親決定遜位之前的幾星期，

35.《明史》，卷320，列傳208，頁8283-8284。

36.同上，頁8284-8285。對於15世紀朝鮮的討論，參見Gale, *History of the Korean People*, pp. 234-251; Lee Ki-baik, *A New History of Korea*, pp. 192-200.

才被選爲朝鮮王位的繼承人，以取代他的大哥李禔。李禔的教養和朝鮮王位繼承的歷史，清楚證實中國對屬國內部事務的不干涉政策。作爲王儲和長子，李禔必須學習所有朝鮮的德行，效仿道德說教的儒家意識形態的所有訓誡。1407年的秋天，當他才十三歲的時候，他的父親派他到南京，不僅爲了向永樂宣示效忠，而且也爲了學習怎樣準備擔任未來的國王角色。朝鮮使節團抵達大明京師時，剛好趕上1408年農曆新年的喜慶。在長達一個月的參訪期間，永樂接見了朝鮮王子三次，賞賜各種皇家禮物給他及其三十五名護衛。朝鮮皇儲暫住在南京的會同館，而中官黃儼在南京及鄰近地區每天爲他作嚮導。另外，大明吏部尚書蹇義正式款宴他和他的隨從。朝鮮王儲預定回朝鮮的那天，永樂再度於武英殿接見他，承諾會永遠協助和保護李氏政權。他隨後賜給了這位年輕世子文具和許多特別書籍，包括一百五十份永樂母親馬皇后的傳記[37]。

但朝鮮王儲長大後相當令人失望。他以縱慾、暴力、殘酷和乖張而著稱。經過一番痛苦的長考，太宗大王在1418年決定廢掉李禔，同時遜位，以支持他的三子世宗。然而，正是世宗在位期間，朝鮮見證了文化成就的空前時期。也正是他，更密切地向其大明老大哥靠攏，因爲大明與朝鮮的邊界變成了市場，而非戰區。兩個儒家國家的統治者，永樂與世宗，頻繁地交流有關宗教、哲學歷史、道德、科學和科技的觀念、書籍。永樂將他的京師遷到北京之後，朝鮮朝貢使節團到中國，以及大明使節團到漢城，能夠行走陸路，經由東北，而非經由相當不安全的黃海。倪謙在1450年寫下的旅行日誌說道，從鴨綠江到漢城，一千一百七十里或五百八十五公里，而大明使節通常沿途必須寄宿在二十八個不同的朝鮮招待所，包括平壤的大同館。朝鮮使節被安排住進北京會同館，而其中國對應的人則住在漢城南門外的太平

37.吳晗，《朝鮮李朝實錄中的中國史料》，頁230-231。

館[38]。由於朝貢關係是相向的，世宗大王送給永樂皇帝愈多的馬匹、美麗女子和年幼太監，獎賞給朝鮮國王的中國金幣和銀幣、出版品、絲織品和糧食就愈多。

光是1423年，世宗就贈送一萬匹貢馬給永樂，而從大明老大哥那裡，收到大量的銀子，以及幾千疋的錦緞和彩絹，作爲回報[39]。大明姓金(김)、申(신)、鄭(정)和崔(최)的太監，有很多是朝鮮籍。他們經常奉派護送變老的朝鮮女子；她們年幼時被帶進大明宮殿，想要返鄉安養天年。這類的太監，最著名的是年幼時便被帶進永樂朝廷的金興、鄭同與崔安，他們贏得皇帝的信賴，後來被委以重要任務，出使其原鄉朝鮮[40]。朝鮮籍太監的生涯，通常一開始是在大明後宮服侍朝鮮籍嬪妃。舉例來說，五名出身朝鮮兩班(양반)階級的美麗女孩，在1408年被送進大明內廷，而且一年後，一位無雙的朝鮮貴妃權氏，成爲永樂一流的嬪妃。權賢妃善吹玉簫，1410年，曾侍奉永樂第一次漠北親征。永樂甚愛憐之，任命她的父親爲光祿卿(正三品)。權賢妃死於臨城(在今日河北)，以皇家喪禮下葬[41]。無疑地，永樂對朝鮮女子的愛好仍舊不減，因爲他在1417年又爲自己選了兩位，而1424年則選了另外二十八位，服侍他的兒子和孫子[42]。

當朝鮮李朝運用馬匹、閹宦和美麗女子，鞏固她跟大明的關係時，日本則有一波又一波的海盜，掠奪中國的沿海市鎮，從遼東半島一路到廣東。大明政府最初把這些劫掠者稱爲「倭寇」，但很快就了解，有一些是亡命的中國人，他們與日本浪人結合，一起反抗大明政權。這個四海爲家的集團，包括了中國、朝鮮與其他亞洲的商人和水

38.倪謙，《朝鮮記事》，卷65，頁la-12b。
39.《明史》，卷320，列傳208，頁8284-8285。
40.Tsai, *Eunuchs in the Ming Dynasty*, p. 138.
41.《明史》，卷113，列傳1，頁3511。
42.翦伯贊等編，《中外歷史年表》，頁562、566、569。

手，卻僞裝成日本海盜。他們在中國大陸走私非法買賣的貨物，將其貯藏在荒島，特別是九州海岸外的那些島嶼。明代早期，洪武皇帝採取三重辦法，對付海盜和走私者：(1)成立一支十一萬人的海軍，防禦沿海省分；(2)促使日本當局防遏劫掠者；以及(3)管理海上貿易，以便控制非法買賣的活動[43]。爲了促進海上貿易，大明政府在浙江東北角的寧波、福建的泉州，以及廣東的廣州，設置了三個海上市舶司；在船隻、貨物和朝貢使節團人員方面，明確規定分配給每一個屬國——包括日本——的頻率和數量[44]。

爲了營運上的管理，大明政府準備了有連續編號的紙製通行證標籤，通常每個屬國兩百道。它們從四本存根簿中撕下，送交每位屬國統治者，而入境口岸的太監提舉保留存根簿，承宣布政使司則持有複本。新皇帝登基時，通常會頒發新的通行證標籤和存根簿。當朝貢使節團抵達指定的港口時，其使節和幕僚人員被安排住進政府招待所。例如，廣州的招待所有一百二十個房間，泉州有六十三個，寧波有三十六個。使節先呈上其國王的官方信息，而太監提舉也在他的辦事處，一絲不苟地在存根簿上登錄有編號的標籤。查證無誤之後，太監便招待賓客，且立即向明廷報告朝貢使節團的抵達。朝貢貨物通常由「貢物」和「私物」組成。前者贈送給皇帝，而外國商人在支付6%的佣金給中國官員之後，可將後者的一部分在入境口岸出售或以物易物。太監提舉通常代表大明政府交換走最好的6%貨物，而讓外國商人把其餘的出售給得到許可的中國商賈[45]。隨後，朝貢使節團必須派遣部分使節團成員、發送部分貨物到大明京師。中亞使節團經由陸路抵達，而日本使節團經由海路抵達。如同中亞團的例子那樣，大明政

43.許多應徵水師的士兵，是洪武對手的貧窮船工和支持者（《明太祖實錄》，卷70，頁3a-3b，洪武4年12月）。

44.《明太宗實錄》，卷22，頁3a-3b，永樂元年8月。

45.《大明會典》，卷108，〈蕃使朝貢〉，頁66。

府支付日本團在中國的所有旅費，而且也提供馬匹、船隻和其他運輸方式。當使節團抵達南京時，住在會同館。日本僅僅能夠經由寧波港作貿易，而且一開始，僅僅允許每十年有一個貿易代表團；每一個代表團限兩艘船和兩百人，參訪中國時所有人都不許私帶兵器。由於到中國的貿易代表團，能夠輕易地獲得朝貢貨物五、六倍的利益，許多日本軍閥就競逐起這個重要市場。因而，到了1406年時，明廷同意增加日本貿易代表團的頻率爲每年一次，允許每個代表團三艘船和三百人[46]。

1401年，日本派出第一個朝貢貿易使節團到明廷，兩年後日本幕府將軍足利義滿(1358-1408)派來僧侶堅中圭密，當時永樂已經登基爲新皇帝。永樂收到的朝貢品目，有生馬二十匹、硫磺一萬斤(製造炸藥之用)、瑪瑙大小三十二塊、金屏風三副、槍一千柄、大刀一百把、鎧一領、匣硯一面，以及匣扇一百把。不過，更好的是，給大明皇帝的信中，足利義滿自稱「日本國王臣源　表」[47]。足利義滿使他自己獲得中國新皇帝歡心的動機，一直有各式各樣的詮釋，但有一件事似乎是確定的：就像永樂那樣，他在國內努力合法化他的新權力，也努力贏得國外友人的支持。禪僧這時已成爲日本舉足輕重的藝術家、學者和作家。足利義滿在京都的北山第建了一座碧麗堂皇的金閣寺之後，便用它作爲吸引重要禪僧的一個靜修場所。基於這樣的企圖心，他想要諸如繪畫，以及宗教、哲學和俗文學書籍之類的中國進口貨。他的許多傑出顧問是禪僧，他們急切地想與中國對等的人會晤。永樂想強調他對大明與日本之關係的掛念，於是在1404年派遣左通政趙居任與僧侶道成，到京都的足利朝廷，迅速地回報日本的朝貢使節

46.《明史》，卷322，列傳210，頁8347；張德昌，〈明代廣州之海舶貿易〉，頁5-12。
47.寺田隆信，《永樂帝》，頁232-234。

團[48]。

追求功名的永樂也感受到，讓這位新的幕府將軍向他俯首稱臣的時機已經成熟。他接續初次的外使團，在1405年派遣太監王進，1406年派遣御史俞士吉到京都。在足利義滿的方面，他每年盡職地派遣一個經常有三百餘人的朝貢使節團到明廷。部分因爲這些外使團，永樂在位的第一個十年期間，海盜的掠奪消退了。在給「日本國王」的信息中，永樂讚揚足利義滿的忠誠，以及努力不懈地控制日本海盜。信息的日期，標明1407年的農曆5月25日。據日本史料的記載，這一回永樂賞賜給足利義滿花銀(80%的純銀)一千兩、銅幣(錢)一萬五千貫、錦五十匹、紵絲五十匹、羅三十匹、紗二十匹，以及彩絹三百匹。足利義滿對永樂的華貴禮物欣喜若狂，以至於在秋獵期間，他穿上大明長袍，坐上中國的馬車，得意洋洋地炫耀他的中國官員封印。不幸的是，這位五十歲的幕府將軍幾個月後，在1408年的夏天期間過世了。永樂根據習俗派遣中官使節周全，前去表達他的哀悼，而且根據大明官方的記述，也冊封足利義滿之子足利義持爲新的「日本國王」[49]。

然而，足利義持的即位之後兩年，他最有影響力的顧問覺得，承認永樂爲日本宗主是一種恥辱，建議這位新的幕府將軍中斷他父親的屈辱性外交。在此期間，足利義滿所創造的暫時秩序開始瓦解，而足利義持的注意力集中在日本的國內問題。1411年的春天，永樂的中官使節王進到達日本時，足利義持不僅拒絕接見他，而且把王進扣留在兵庫港(今日的神戶)。幸運的是，王進獲得走私者的協助，回到了中國。1419年，最後一次嘗試聯繫足利義持無效之後，永樂便不再有日

48.Wang Yi-t'ung, *Official Relations between China and Japan, 1368-1549*, p. 23.

49.寺田隆信，《永樂帝》，頁236-237。

本屬國的音訊了[50]。就在這一段時間裡，日本海盜又開始侵襲，大明政府被迫撤離沿岸市鎮的居民，部署更多軍力以抵擋劫掠者。1419年，幾千名海盜，分乘三十一艘船，劫掠遼東半島。大明都督劉榮對於襲擊作了充分準備，因爲他的軍隊殺了七百四十二名海盜，生擒八百五十七人[51]。

雖然如此，日本海盜和走私從未完全終止，部分因爲非法買賣的走私相當划算，部分因爲海盜和走私者已在大陸建立了中國同謀網絡，諸如船東、商人、縉紳，甚至還有政府官員。因此，走私沿著中國海岸繼續下去，一個恰當的例子是海澄港(靠近廈門)，中國同謀在那裡跟日本、琉球群島、滿剌加和其他東南亞國家，經營著一種暗中的貿易網絡[52]。顯然，在15和16世紀期間，跟中國大陸作貿易，不論合法與否，對許多中國鄰近國家的經濟，都是極其重要的。的確，連琉球群島之類小型海上國家，也受到經濟現實和商業利益的誘惑，再三地乞求明廷允許朝貢使節團到訪南京。事實上，琉球王國是最早承認大明宗主權的國家之一，而且洪武在位的期間，幾位琉球世子也到中國留學。琉球的統治者，就像朝鮮國王那樣，定期送年輕女孩和去勢男童給明廷，而大明皇帝委任中官去冊封新的琉球國王等等[53]。

值得注意的是，大部分的琉球代表是華人，他們旅居在這個島嶼王國，爲琉球統治者服務。擁有琉球王國官方頭銜中國商人，以貿易平底帆船往返兩邊；甚至在明朝建立之前，他們就已住在停靠港幾個月，甚至幾年。琉球王國的官方著述透露，自從15世紀早期以來，數

50. 同上，頁237-238；陳文石，《明洪武嘉靖間的海禁政策》，頁56-62。
51. 《明史》，卷322，列傳210，頁8346。
52. 參見So, *Japanese Piracy in Ming China during the 16th Century.*
53. 夏子陽，《使琉球錄》，頁55a-56a。

目可觀的中國人已定居在那霸港，或鄰近地方[54]。他們漸漸通曉東海的海象變化和西太平洋的海上貿易，受到琉球當局的僱用，協助這個島嶼王國發展航海經濟。事實上，永樂同意琉球王國的要求，從福建徵募三十六個家庭，給海上船隊配備人員。1411年，一位名爲硃複的琉球官員，在朝貢任務的期間，祈求永樂讓他留在中國。硃複告訴皇上，他到琉球王國服務之前，已離開中國四十餘年，如今八十一歲了，希望致仕，返回他江西的老家。硃複的請求得到同意[55]。如同上述已提及，琉球朝貢使節團僅能在福建泉州港進行貿易；他們通常用硫磺和方物，交換中國瓷器製品和金屬工具。

爲了確保對大明帝國權力和威望的承認，永樂不僅跟統治者，諸如河中地區(Transoxiana)的沙哈魯、朝鮮的世宗，以及日本的足利義滿聯繫，而且也引誘渤泥、滿剌加和蘇祿之類的東南亞國家統治者，親自前來他的朝廷。東南亞的大部分歷史，都是以中國和印度爲方向，而其廣闊但未種植稻米的土地，以及相當賺錢的香料貿易，起了磁鐵的作用，吸引著幾十萬的中國移民者。在各式各樣的香料之中，胡椒因爲醫療用途和調味，受到中國人高度重視。馬可波羅觀察到，每當一船的胡椒從東南亞前往西方，就有一百船前往泉州港。在1340年代，阿拉伯旅行家伊本・白圖泰(Ibn Battuta)詳細描述中國式平底帆船，在印度洋與中國南海之間定期往返[56]。因此，早在明朝建立之前，中國的中官、商人、旅居者，以及各類的冒險家，時常出入諸如占城、真臘、暹羅、滿剌加、爪哇、巨港、北大年(Patani)、渤泥，

54.《歷代寶案》(再版，臺北：國立臺灣大學，1972)；《明史》，卷322，列傳211，頁8361-8364。

55.同上，頁8365。

56.Henry Yule and Henri Cordier, *The Book of Sir Marco Polo* (London: J. Murray, 1903), 1, p. 204; Henry Yule, "Ibn Battuta's Travels in Bengal and China," in idem, *Cathay and the Way Thither* (reprint, London: Nendeln, Liechtenstein, Kraus, 1916), 4, pp. 24-25, 96.

以及蘇祿之類的東南亞國家[57]。1394年，他在位進入第二十五年時，洪武皇帝宣稱，十七個海上國家定期派遣朝貢使節團到他的朝廷。三年後，數量增加到三十個[58]。儘管永樂跟東南亞頻繁的貿易和外交，是他父親擴張主義的延續，然而，他進行擴張的規模和方式，則是史無前例的(有人甚至會說窮凶極惡的)，因爲他大肆發展海外航海，用了大量的太監來執行他的對外政策。

永樂一登極，他就派遣中官使節到海外宣詔，鼓勵不同的東南亞、南亞與中東國家，跟明廷建立關係[59]。成果便是他在位的二十二年期間，永樂接見的朝貢使節團，來自占城有二十二個、爪哇二十一個、暹羅十九個、滿剌加十五個、蘇門答剌十二個、渤泥與南巫里各九個、卡利卡特(Calicut)八個、真臘七個、蘇祿六個、科欽五個、榜葛剌與忽魯謨斯各四個，木骨都束(Mogadishu)與柴拉(Zeila，兩者皆在索馬利亞)、亞丁、錫蘭、不剌哇，以及馬爾地夫群島各三個使節團。對於永樂的即位宣詔，真臘是最早有良好反應的國家之一，其在1403年，派遣一個代表團，再次向大明宗主權宣示效忠。一年後，永樂派遣一個冊封使節團到真臘，但三名使節團成員抵達後不久就潛遁，索之不得。爲了彌補人員損失，真臘國王在中國代表團返回中國時，命令三位本地人加入隨行。永樂對這類哄騙氣憤塡膺，要求找出中國脫逃者，加以懲罰。1407年，真臘送白象和方物給永樂，而永樂則派遣太監王貴通賞賜銀幣真臘國王，作爲回報。1408年和1411年，正使總兵鄭和參訪真臘。據信，安南戰爭期間，真臘爲安南游擊隊員提供避難處，爲此永樂偶爾嚴責其國王。1418年，真臘國王派他的孫子到南京，恢復友好關係，而永樂挑選了太監林貴，護送真臘王子返

57. 參見Lo Jung-pang, "The Emergence of China as a Sea Power," pp. 489-503.
58. 《大明會典》，卷108，〈蕃使朝貢〉，頁66。
59. 《明太宗實錄》，卷22，頁2a-2b，永樂元年8月。

家[60]。然而，永樂駕崩之後，真臘的朝貢逐漸縮小，且在1460年之後完全終止。

就像占城與真臘那樣，暹羅亦向大明帝國靠攏。中國水手所應用的先進海上技術，使得海上旅程相對安全又可靠。中國式平底帆船順風而行，從福州航行，只要十天就可到占城，從占城三天可到真臘，而十餘天可到暹羅。就像琉球王國的情況那樣，暹羅國王經常委託華人帶領朝貢代表團到明廷。當永樂在1407年設立四夷館的時候，他確保僱用了能說暹羅語的中國譯人。他也慣常委派太監，包括李興(活躍時期1403-1430年)在1403年，張原在1408年和1409年，洪保在1412年，郭文在1416年，以及楊敏在1419年，作爲使節前往暹羅。這些中官使節再三地加強、再加強永樂作爲暹羅宗主的承諾。例行的使節團和特殊的任務，通常包括冊封新的暹羅國王，以及出席暹羅皇室葬禮。明代的記載顯示，暹羅國王贈送大象、玳瑁、黑熊、白猴、熏香，以及頗受珍視的胡椒粉和蘇木給永樂，而且收到絲綢、布料、銀和紙鈔，作爲回報。就像所有其他東南亞朝貢使節團那樣，暹羅人必須到廣州進行其貿易[61]。

暹羅的勢力全盛時，其領土包括了馬來半島南端的滿剌加。幾十年來，滿剌加首領每年總計支付四十盎司的金子給暹羅國王，以便能夠維持自治。1403年，永樂派遣太監尹慶到滿剌加，兩年後滿剌加首領向永樂請求，因而獲得「滿剌加國王」的頭銜。往後三十年，正使總兵鄭和至少參訪滿剌加五次，在那個小海港國家留下了生動的回憶。他後來被滿剌加人奉爲神明，即使到了今日，鄭和信仰在新加坡仍然風行(鄭和船隻不到兩天，就從新加坡航行到滿剌加)。到了1411年秋天的時候，滿剌加的國王和王后到訪南京，大約有五百四十位隨

60.《明史》，卷324，列傳212，頁8394-8395。
61.同上，頁8398-8399。

行人員。永樂要求中官海壽和禮部郎中黃裳，讓滿剌加朝貢使節團住進會同館。進行過朝貢禮節後，永樂除了別的禮物之外，賞賜給馬來屬國兩件有刺繡的龍袍、一件獨角獸袍、一百枚金幣、五百枚銀幣、數不盡的絲織品，以及大量的金屬器皿。他們回程的那天，禮部官員在龍江寶船廠爲滿剌加代表團辦了送別宴。前往中國、向永樂臣服的誘因如此強烈，以至於後來的滿剌加國王和王子，頗樂於坐上他們的船，飄過中國南海，到訪大明京師。爲了取悅他們的主子永樂，滿剌加人帶來了金母鶴頂、白苾布、瑪瑙、黑熊、黑猿、珊瑚樹、玳瑁、鸚鵡、薔薇露、沉香和犀角之類的朝貢品目[62]。

不過，永樂對於這類的小屬國，願意如此恣意揮霍的理由是，滿剌加在戰略上位於西太平洋和印度洋之間。在大明的海上貿易網絡中，占城的新州(歸仁)與馬來的滿剌加，變成兩個最重要的轉口港。新州是前往真臘、暹羅、渤泥、蘇祿和菲律賓的啓程點，而滿剌加則充當補給站，讓永樂能夠出動軍艦，遠征蘇門答刺、爪哇、錫蘭，以及印度洋國家。再者，中國人爲了他們前往印度洋和阿拉伯世界的貿易使節團，在那裡建造了大型倉庫和補給站[63]。值得注意的是，大明政府不僅壟斷朝貢貿易，而且也提供貿易平底帆船和中國水手給其屬國。永樂在位的期間，中國船隻、中國水手和中國海上技術不僅主宰亞洲水域，而且也主宰印度洋和阿拉伯海的航道。這類的現象，最終啓發李露曄(Louise Levathes)撰寫了有關大明軍艦之勘察的生動敘述，《當中國稱霸海上》(*When China Ruled the Seas*)。的確，15世紀的前三十年間，中國的貿易平底帆船和武裝艦隊，遍布西太平洋和印度洋的海上世界。他們擊敗蘇門答剌國王和錫蘭國王，俘獲惡名昭

62.《明史》，卷325，列傳213，頁8416-8417。
63.《明太宗實錄》，卷183，頁la-lb，永樂14年12月；卷233，頁5a-5b，19年正月。

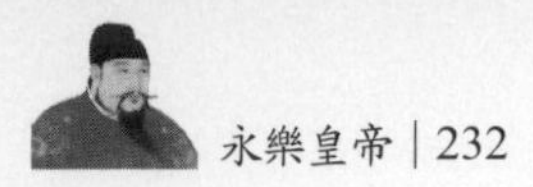

彰的海盜頭子陳祖義，將他們帶到南京處決。他們也爲往返中國的外國和大明使節，提供安全保障[64]。

渤泥國王當然了解與中國貿易的好處，以及乘坐中國式平底帆船航行的安全性，其率先在1405年派遣一個朝貢使節團到南京，而且三年後，決定向永樂宣誓個人的效忠。國王的一行人，包括他的妻子和兄弟姊妹，抵達福建時由一位高階中官接待。1408年初秋，永樂在朝會接見渤泥代表，同時在文華殿陳列其貢品——鶴、孔雀、香料、龍涎香等等。就在必要的禮節之後，永樂在奉天殿賜國宴，向渤泥國王致敬。兩個月後，渤泥國王還在南京時，出乎意料地過世了。永樂敕令將他國葬；他的墓地在南京的安德門之外，靠近雨花臺公園，不可思議的是，時至今日仍舊完整無缺。在渤泥國王體面地安葬後，永樂委派太監張謙在回程護送王族其餘的人。1410年，另一個攜帶貢品的渤泥使節團到達了南京，兩年後，渤泥的新國王遐旺，以及他守寡的母親，向永樂宣誓個人的效忠。他們在南京停留到1413年3月，而這段期間永樂兩度賜國宴，款待他的忠誠屬國。大明與渤泥的這一切交流，都由太監張謙擔任永樂的主要聯絡官；運用太監作爲使節，在世界外交上相當獨特[65]。

永樂屢次派遣太監去主持貿易和外交的其他東南亞國家，是爪哇和蘇門答剌的生產香料群島。永樂一登上皇位，他就派遣太監馬彬參訪爪哇，授予爪哇國王冊封金印。馬彬也順道參訪蘇門答剌，因而代表明廷作了第一次的官方接觸。1404年，永樂的使節帶了織金文綺、絨錦和紗羅到蘇門答剌，慫恿其國王向大明稱臣。一年後，中官使節尹慶參訪了爪哇和蘇門答剌兩國。1405年，正使總兵鄭和代表中國參訪，且正式冊封蘇門答剌酋長爲「蘇門答剌國王」時，大明與蘇門答

64.《明太宗實錄》，卷71，頁la-2a，永樂5年9月；卷134，頁3a，10年11月。
65.《明史》，卷325，列傳213，頁8412-8415。

剌的關係達到一個更高階段。自此以後，蘇門答剌每年派遣朝貢使節團到明廷。鄭和亦再三地參訪爪哇，向這個島國強索大量的香料，以及數以千計的小塊金子[66]。無人照料的野生丁香樹叢，生長在爪哇的南岸。爪哇人因其芳香開胃的氣味而抽著烘乾的丁香葉芽，但中國人卻把香料當成調味品。在中古世界瘟疫肆虐的期間，丁香也因爲殺菌性而能變得相當有價值[67]。1410年，中官使節張原爲了特別獎賞爪哇而前往一趟，而吳賓則在1412年和1413年，爲了更例行的朝貢交易，兩度出遊到那裡。就像暹羅、滿剌加與其他國家那樣，爪哇有時委派華人主持其與大明政府的朝貢貿易。這也出現在中國與菲律賓之間相對有限的貿易關係[68]。

有鑑於如此多發展良好的大明海上活動，太監馬彬在1403年出使爪哇，以及尹慶出使滿剌加(亦在1403年)，應該看成是1405年與1433年之間鄭和七次下西洋的先驅。永樂的海上探索，雖說巨大又空前，實際上卻是非常合邏輯又可理解的。他在位的期間，中國有世界上最先進的海上技術和精密的運輸工具，而東南亞的華人使其易於在此地區建立海上貿易的網絡。再者，永樂有從事這種貿易外交的財源和動機。首先，他有繁榮的經濟，能夠維持這類費用浩大的活動，而他的政府壟斷了普遍獲利的朝貢貿易，以及絲綢、瓷器、銀和金屬器皿——這類貿易的主要商品——的生產。其次，他有一支強大的海軍，能夠執行這一類的擴張主義政策，而他的政府經常建造船隻，打擊日本海盜和安南造反者。舉例來說，在鄭和第一次航行的兩年前，三十七艘

66. 同上，頁8420；Wolters, *The Fall of Srivigaya in Malay History*, chaps. 4, 7, 11.

67. 班達(Banda)是荷蘭人控制的一個有價值的印尼香料島嶼，也是丁香和肉豆蔻的產地。1669年，他們用班達跟英國人交易的一個新世界的島嶼，那時稱作新阿姆斯特丹，如今稱作紐約。

68. 《明史》，卷324，列傳212，頁8403-8404；Chang, "The Chinese Maritime Trade," pp. 90-103.

新的船隻從福建移交給他，而南京(龍江寶船廠)則建造了五十艘的遠洋船艦。1403年到1419年之間，龍江、福建、浙江和廣東的造船廠，總計建造了兩千一百四十九艘不同尺寸和類型的遠洋船舶。數以千計的遠洋船艦，每年訪問(蘇州)劉家港[69]。第三，他的水手掌握了仔細繪製的到遠方國家探險時可依據的海路地圖。至於永樂的動機，有一些緊迫的政治考量和安全考量。大明的若干對手，大概在海外避難，且與那裡的海盜會合，而永樂需要找出他們，徹底加以摧毀。其他可能的政治動機包括尋找他的侄子，因爲有謠傳說他藏身於東南亞的某處。另外，喜好功名的永樂當然不斷地找尋機會，隨時隨地擴展他的權勢和威望。

永樂資助的所有海上活動之中，鄭和的七次航行(最後一次發生在永樂駕崩之後)，是值得大書特書的複雜事件，這一點無可非議[70]。這些海上遠征，把永樂的政府代表帶到了大約三十個東南亞國家，而且沿著印度洋海岸，最遠還到達波斯灣的忽魯謨斯和非洲的索馬利亞。每一次的航行，涉及數以萬計的政府軍隊，也使用了駛過幾千公里浩瀚水域的一百餘艘遠洋船艦。永樂的船隊比起達伽馬(Vasco da Gama)帶領的葡萄牙人船隊，有九十倍大，而且運輸能力爲同等數量之艦隊的一百五十倍。由於這些遠征，爪哇與波斯灣之間的十六餘國，送貢品給永樂的朝廷，來自外域的眾多使節，也到中國來宣誓效忠。1423年，永樂將他的京師遷到北京後不久，光是一天，他就接受十六國一千兩百位使節的覲見，包括從滿剌加到木骨都束的代表。船隊的指揮官是熱情、無畏又不屈不撓的鄭和，而從那時起人們就親

69.中國航海史研究會編，《鄭和下西洋》，頁19。

70.有關描寫大明航行的早期文獻，相關的討論，參見Needham, *Science and Civilization in China*, vol. 4, part 3, sec. 29, "Nautics," pp. 476-540；Pelliot, " Les grands voyages maritimes chino is au début XVe siècle," pp. 237-452.

切地稱他爲三寶太監[71]。

這些航行的大部分訊息來自鄭和部屬所撰的三本小書。《瀛涯勝覽》(*Yingya Shenglan*)是由馬歡在1433年所撰寫，他是個穆斯林，可能擔任翻譯人員，參加了三次鄭和的遠征。他的著述——由密爾斯(J. V. G. Mills)在1970年譯爲英文——分成十八個章節，描述國家之間的邊界和距離、習俗，以及國家物產，也強調政治事件[72]。書中所確認的有關十九個國家和地點的描寫，跟官修《明史》中的敘述相當一致。在他的序言中，馬歡寫道：「第愧愚昧，一介微氓，叨陪使節，與斯勝覽，誠千載之奇遇也。是帙也，措意遣詞，不能文飾，但直筆書其事而已。」[73]

費信擔任書記或通事，至少下西洋四次；1436年，他撰寫了《星槎勝覽》，記載了鄭和在1409年與1411年之間的第三次遠征。由於費信的書撰寫於遠征之後二十五年，而且依賴其他史料，它遠不如馬歡的書，不過，它確認了四十個國家和地點，也提供了有關爪哇、尼科巴群島(Nicobar)，以及鄭和及其軍隊參訪過之東非地點的寶貴訊息[74]。《西洋番國志》由鞏珍所撰寫，他在鄭和最後一次航行——當時永樂皇帝已經駕崩六、七年——的寶船船隊上，擔任隨行官員。這

71.有關鄭和背景的討論，參見中國航海史研究會編，《鄭和家世資料》；查繼佐，《罪惟錄》，4，列傳29，頁2603-2604。

72.密爾斯的《瀛涯勝覽》，由哈克路特學會(Hakluyt Society)交由劍橋大學出版社發行(J. V. G. Mills, *The Overall Survey of the Ocean's Shores*〔Cambridge, England: Cambridge University Press, 1970〕)。亦參見氏著，"Malaya in the Wu Pei Chih Charts," *Malayan Branch of the Royal Asiatic Society Journal*, vol. 15 (1937).

73.《瀛涯勝覽》在1433年或1436年出版後，明代學者張昇做了補述；全文輯入沈節甫，《紀錄彙編》(1617)，卷62，頁1a-47b。亦參見J.J. L. Duyvendak, "Ma Huan Re-examined," *Verhandeling d. Koninklijke Akademie v. Wetenschappen te Amsterdam*, Afd. Letterkunde, 32, no. 3 (1933).

74.《星槎勝覽》的全文亦輯入沈節甫，《紀錄彙編》，卷61，頁1a-28b。

三部作品，加上一些新發現的紀念碑、手工藝品和非中文史料，使得晚近的學者有可能重建關於永樂功名的更清晰圖像，高度評價鄭和對15世紀海上探索的重大貢獻[75]。

一如第四章裡的討論，在靖難內戰期間，鄭和戰功卓著，其忠心和英勇受到獎賞。永樂奪取帝位之後，拔擢鄭和領導內官監這一負責所有宮殿建設的內廷機關。鄭和大概在擔任宮廷土木工程的監督人，以及金屬製品與煙火的取得者時，逐漸通曉了武器和船隻建造的細微差別。在1404年早期，永樂敕令他發展一支十萬人的海軍，攻擊日本海盜。一則史料指出，爲了平定帶有威脅性的劫掠者，鄭和實際上航行到日本，謀取日本當局的合作[76]。無論如何，到了永樂敕令他統率1405年的航行時，三十四歲的鄭和已經充分顯示出不凡的耐性和正直，以及規劃、指揮和組織的特長。他的航行則根據大明兵學家茅元儀在《武備志》中所示例的航海圖[77]。1886年，汕頭的英國領事喬治·菲利普(George Phillips)，確認了航海圖中提及的從泉州到蘇門答剌的七十六個地點，以及從蘇門答剌到非洲東岸的八十八個地點，而在1909年，查爾斯·奧圖·布萊格登(Charles Otto Blagden)則確認了十六個另外的地點[78]。現代的地名，《明史》及馬歡與費信書中提到、經過《武備志》航海圖確證的地名，在表9.2中做了比較。

75.參見W. W. Rockhill, "Notes on the Relations and Trade of China with the Eastern Archipelago and the Coast of the Indian Ocean During the Fourteenth Century," *T'oung Pao* 16 (1915), pp. 61-84.

76.中國航海史研究會編，《鄭和下西洋》，頁28-29。

77.Mulder, "The Wu Pei Chih Charts," pp. 1-14.

78.George Phillips, "The Seaports of India and Ceylon, Described by Chinese Voyagers of the Fifteenth Century, Together with an Account of Chinese Navigation," *Journal of the Chinese Branch of the Royal Asiatic Society* 20(1885), pp. 209-226; 21(1886), pp. 30-42; Charles Otto Blagden, "Notes on Malay History," *Journal of the Chinese Branch of the Royal Asiatic Society* 53(1909), pp. 153-162.

表9.2 鄭和船隊到過的國家與地區

明代中文名稱	今日名稱	明史（卷）	費信（卷）	馬歡（節）
占城國	越南占婆	304	1	1
靈山	越南達約港		1	
爪哇國	爪哇	324	1	2
舊港國或三佛齊國	巨港	324	1	3
暹羅國	泰國	304	1	4
滿剌加國	麻六甲	325	2	5
阿魯國	蘇門答臘亞路群島	325	2	6
蘇門答剌國	蘇門答臘八昔河的須文達那	325	3	7
黎代	蘇門答臘黎代	304		8
南浡里	蘇門答臘南巫里	325		9
錫蘭(山)國	斯里蘭卡	326	3	10
大葛蘭國	印度凱恩庫拉姆	326	3	
小葛蘭國	印度奎隆	326	2	11
柯枝國	印度科欽	326	3	12
古里國	卡利卡特	326	3	13
溜山(洋)國	馬爾地夫群島	304	3	14
祖法兒國	阿曼多法爾	304	4	15
甘巴里	印度坎貝	304		
彭亨國	馬來半島彭亨	325	2	
急蘭丹	馬來西亞中部吉蘭丹	326		
比剌或不剌哇國	布拉瓦	304	4	
孫剌	巽他群島	304		
木骨都束國	索馬利亞摩加迪休	304	4	
麻林	肯亞穆林地	304		
剌撒國	索馬利亞柴拉	304	4	
沙里灣泥	哲法丹	326		
阿撥把丹	大概是印度北部的瑞撒嘎派特姆	326		

（續）表9.2

明代中文名稱	今日名稱	明史（卷）	費信（卷）	馬歡（節）
竹步國	索馬利亞瓊博	325	4	
天方國	麥加	304	4	
崑崙山	位於新加坡與越南之間中國南海的崑崙島		1	
賓童龍	越南藩朗		1	
交欄山	婆羅洲格蘭群島		1	
阿丹國	亞丁	304	4	16
榜葛剌國	孟加拉	304	4	17
忽魯謨斯國	荷姆茲	304	4	18
真臘國	柬埔寨	324	1	
渤泥國	汶萊	325		
西洋瑣里	印度南科羅曼德爾海	325		
瑣里	科羅曼德爾	325		
加異勒國	印度南部卡異爾鎮	304		
重迦邏	爪哇章加拉		1	
吉里地悶	帝汶島		1	
麻逸凍	勿里洞島	323	2	
東西竺	阿南巴斯群島		2	
龍牙門	新加坡海峽		2	
龍牙加貌	馬來西亞凌加衛群島		2	
九洲山	馬來西亞霹靂州海岸河口森美蘭群島		2	
淡洋	蘇門答臘淡洋河		2	
花面國或那孤兒國	蘇門答臘洛克蕭馬韋市		3	7
龍涎嶼	蘇門答臘龍多島		3	
翠藍嶼	尼科巴群島		3	
假里馬打國	婆羅洲加里曼丹島		1	
總計		37	40	19

除了確定航海路線，以及確認提及的地點之外，有關鄭和的航行的下一個困難任務乃是弄清日期。儘管事實上《明史》與《明實錄》提供的日期不完整，有時還相互衝突，不過，諸如富路德(L. Carrington Goodrich)與兌溫達(J. J. L. Duyvendak)之類的漢學家，還是能夠重新考察蘇州和福建長樂縣發現的石碑碑銘，核實七次下西洋的日期[79]。根據這些史料，一般都同意，永樂在1405年7月11日下達第一次遠征的出發敕令。一支六十二艘船的船隊，船上有兩萬七千八百人，從蘇州劉家港啓程，前往占城、爪哇、蘇門答剌、滿剌加和錫蘭，直到1407年10月2日才返回。在這次航行的期間，鄭和干涉了蘇門答剌東南部的爪哇和巨港兩者的內部事務。他的軍隊也俘獲了惡名昭彰的海盜頭目陳祖義，以及他的五千名部下。即使鄭和無法找到被廢黜的建文皇帝，他還是激起永樂繼續東南亞探索的念頭。

《明實錄》敘述說，永樂在1408年10月17日下達第二次航行的出發敕令，而鄭和的船隊在1411年7月6日回航(然而，石碑碑銘卻說，鄭和在1407年離開中國，1409年回航)。在這次的航行期間，鄭和船隊的兩百四十九艘船參訪了科欽、卡利卡特和錫蘭，而且宣稱其爲大明帝國的屬國。除了豎立讚揚永樂權勢的石碑之外，鄭和亦帶回了中國人認爲吉祥的珍珠、動物和鳥類。明代的文獻並未提供鄭和第三次航行的出發日期，但碑銘指出，他的船隊在1409年離開蘇州，1411年回航。在鄭和出發之前，永樂要求吏部尙書蹇義準備銘文，寫在「金龍紙」上，讓鄭和刻在他想要豎立的適當石碑。第三次航行，永樂的政府代表和四十八艘船，一路到達波斯灣和亞丁，但主要的大事乃是他們打敗錫蘭軍隊，俘獲了國王和王后。永樂在大明京師嚴責錫蘭俘

79.Duyvendak, “The True Dates of the Chinese Maritime Expeditions in the Early Fifteenth Century,” pp. 347-399.

虜在其島嶼王國試圖伏擊鄭和之後，決定饒恕他們的性命[80]。

永樂在1412年12月18日下達了第四次下西洋的敕令，而他六十三艘船隻的船隊，直到1415年8月12日才回到中國。鄭和這次把滿剌加當成基地，由此派遣小艦隊到各式各樣的國家出特殊的任務。這次顯然是最長的航行，大約六千公里，當永樂的分遣艦隊探索印度洋和波斯灣時，參訪了孟加拉地區、馬爾地夫群島、亞丁，最後第一次抵達非洲東岸。在這次遠征的期間，鄭和亦擊敗了蘇門答剌的一位統治者，而木骨都束與柴拉(兩者皆在索馬利亞)，以及穆林地(肯亞)的朝貢使節團，則向永樂呈獻了霍加狓(okapi，中國人稱牠們爲麒麟或獨角獸)、斑馬，以及其他奇異的非洲動物[81]。四個月後，永樂在1416年12月28日敕令第五次航行，探索忽魯謨斯，以及從索馬利亞到桑吉巴(Zanzibar)的非洲海岸。這一次，在開啓最長的航行之前，鄭和在福建等待，直到1417年初夏才啓程，而在1419年8月8日返抵。他帶回來的貢品有長頸鹿、獅子、駱駝、奇特外表的鹿、山貓，以及象牙。1420年初秋，永樂發布將京師遷移到北京之後，他在1421年早期安排了所有的外國使節到新首都來參加慶典。

到了1421年3月3日的時候，皇帝有進取心地下令到東非和波斯灣的第六次航行(參與第五和第六次遠征的船隻數量並未有記載)。這一次，中國的寶船裝載了瓷器和紡織品，而且允許中國水手作自己的買賣。鄭和再度將船隊作分組，派他的分遣艦隊到非洲和麥加，而他自己則停留在蘇門答剌。鄭和在1422年9月3日回國，正好是永樂從他第三次漠北親征，班師回到北京大門之前的十天。文人官僚認爲，永樂從遙遠國度花費取得之外來的但通常無益的品目，耗費了鉅額的金

80.《明史》，卷326，列傳324，頁8439-8444。
81.同上，頁8451-8453；《明太宗實錄》，卷134，頁3a-3b，永樂10年11月。

錢，爲此他們開始批評這些非凡的海上活動。部分因爲這個理由，部分因爲鄭和第六次遠征之後永樂駕崩了，1425年初春，永樂的兒子洪熙皇帝將鄭和配置在南京，承擔這個輔都的美化工作。1430年的夏天，永樂的孫子宣德皇帝，決定重振大明海上活動，敕令第七次也是最後一次的遠征。鄭和一百餘艘船艦的船隊，再度離開蘇州，前往占城、蘇門答剌和爪哇，後來則駛向了印度洋和波斯灣。從非洲和阿拉伯國家回來後不久，六十五歲的鄭和便與世長辭[82]。然而，鄭和的遺產，以及其上司永樂皇帝的遺產至今猶存，而與其航行有關的一些有歷史意涵的議題，還是一再受到考察。

一個這類議題便是鄭和船隻的數量和尺寸，以及其裝備。《明史》記載說，由於外使團有到「西洋」(渤泥以西的區域，明代以渤泥作爲一個分界點)國家的需求，永樂乃敕令鄭和及其同僚建造六十二艘大船，每一艘長134米，寬55米[83]。這些遠征船隊不僅建造來運輸人員和商品，而且也爲了因應海戰。然而，事實上參與不同遠征的船隻總數，從四十八艘到兩百四十九艘不等，人員數量還是大約兩萬七千人，導致伯希和(Paul Pelliot)下結論說，鄭和的船隊由數量較少的九桅船隻和數量較多的中型和小型船艦所組成，數量介於一百艘與五百艘之間[84]。《明太宗實錄》中的一則記載指出，鄭和從第一次遠征回來之後的三天，永樂皇帝敕令都指揮王浩，建造兩百四十九艘海運船，以便妥善裝備鄭和的船隊，使其有更多的用途[85]。推測鄭和很有可能統率不同尺寸和各種類型的船隻，是合情合理的。除了眾多船員之外，九桅寶船(135米×55米)和八桅馬船(113米×46米)用來運送數量龐大的商品；它們亦提供儲藏長程航行人員糧食的必要倉庫。

82.《明史》，卷304，列傳192，頁7767-7768。
83.同上。
84.Pelliot, “Les grands voyages maritimes chinois,” pp. 446-448.
85.《明太宗實錄》，卷71，頁la-1b，永樂5年9月。

另一方面，六桅兵船(73米×28米)和五桅戰船(55米×21米)，由於其重量和靈活性，在進出港灣和遇到緊急狀況時，能夠用槳繼續前進。它們最適於攻擊性的戰爭，也能做有效的自我防衛[86]。

爲了運作這麼龐大的船隊，鄭和徵募了幾種類型的專業人才。船隊的所有重要官員——諸如王景弘(大約死於1434年)、侯顯、李興、朱良(活躍時期1409-1430年)、周滿(活躍時期1409-1422年)、洪保、楊真(活躍時期1409-1430年)、張達與吳中——都是中官，文職的級別從六品到正四品。既然船隊爲了戰鬥而武裝，永樂亦選派了職位高的指揮使、千戶所指揮官、各種下級軍官，以及士兵來跟鄭和同行。此外，協助這位正使總兵，還有(佛教、印度教與伊斯蘭教的)宗教領袖、醫官醫士、買辦、舵工、班碇手、翻譯人員、書算、掌帆長、鐵錨匠、搭林匠、木匠，以及民稍。根據《明史》和其他史料的記載，第一次遠征的期間，配置了兩萬七千八百名這類的人，第三次遠征配置人數介於兩萬七千和三萬，第四次遠征配置了兩萬八千五百六十人，而第七次也是最後一次的遠征，則配置了大約兩萬七千五百人。第二、五和六次航行沒有這類的記載。

在世紀大發現以前的世界裡，開啓這些軍艦的遠征，的確是史詩般的事件。顯然，在數量、財富、技能、科技和精密度方面，明代的中國人都勝過葡萄牙人和西班牙人。然而，中國人最後一次主要的遠征是在1433年，幾乎是葡萄牙人進入印度洋之前的兩個世代。中國人爲何中斷其海上勘察呢？而他們爲何沒有到達歐洲或美洲呢？儘管最終沒有令人滿意的答案，不過，正使總兵鄭和的主子與資助者永樂，其故事提供了些許線索。首先，永樂致志於擴展貿易和外交。由於執行了適合他的擴張主義趨向，他便享有了功名，而鴕鳥、長頸鹿、犀

86.有關鄭和船隻的討論，參見包遵彭，〈鄭和下西洋的寶船制度考〉，頁6-9。

牛和豹等等，這類來自遙遠國度的轟動又吉利的貢品，則讓他感到高興。要再次提醒讀者的是，永樂在位期間，他侄子的鬼魂浮現於他的腦際，而且就像哈姆雷特(Hamlet)那樣，他必須「忍受人世的鞭撻和譏嘲」，因此，他尋求功名來滿足他龐大的自負，以及減輕他「篡位」的罪過。不過，在有限的人生裡，就像任何其他事情一樣，凡是有功名的地方，也就有挫折和該付的代價。永樂在安南的擴張當然令人失望，也是個挫折，而他的海上遠征耗費幾十萬條人命和無數的銀兩。這也是爲何皇帝的文人官員，反覆地責難太監官員大吹大擂的外交成功，而且最終說服他的繼承者，翻轉他的擴張主義政策[87]。雖然如此，就永樂的情況來說，其生蒙崇高理想，死播百世之馨。

87.永樂駕崩之後，繼任的大明皇帝都沒有真正挑戰文官的權力，而文官在1424年之後，阻止了大多數的航行和軍事遠征計畫，有一段時間還打算把京師遷回南京。

第十章

結語

永樂堅定不移的命運感，以及他對權力、威望和榮耀的冷酷尋求，顯而易見地貫穿在他那不平常人生的故事裡。1399年，當他三十九歲時，這位不寧又精力充沛的君主認為，他父親的成就，好比建在海邊的不牢固的沙堡。當他認為應該不惜任何代價保全他父親功績的時候，他發起了所謂「奉天靖難」的戰役。不過，那場血腥的內戰及隨後發生的清洗行動，使得他成為一位謀害者、惡棍和憤世嫉俗的操弄者；終其一生，他都想消除這一形象，而他死後，他的後嗣也跟這一形象搏鬥。在二十二年的統治期間，永樂非常辛苦地想要證明，父親未指定他繼承大統是錯的。因此，永樂的行動，可詮釋為自視為救星和贖身者之人的行動。

永樂登極之後，立即將他廣泛又全面的關於公共政策和職責的原則，昭告天下，而且很快地表明，他有志氣能夠成功地完成。他專心地繼續他父親開啓的作為一種政府體系的絕對主義君主政體。在君主對臣民有至高無上的權力、不受法律限制，而且僅順從於天的這種政治裡，絕對主義是一種資產。很多先前中國的統治者，雖用類似的人格力量作統治，但結果並不相同。絕對主義不是以明朝創建者規定的原始形式，而是以新穎的版本繼續生存，因為讓永樂跟洪武有分別的，不是他的政府風格，而是他的待辦事項。因為永樂相當沉迷於扮演救星的角色；在帶給中國榮耀的方面，他實際上優於他的父親，而且最終在執行絕對主義的方面超過了洪武。內閣的制度化是在永樂的待辦事項上，因為這會鞏固大明的極權統治，有效地使皇帝成為宇宙的中心。另一個待辦事項是太監行政勤務的擴充，因為永樂任命他信賴的閹人為皇權的奴才，進而擴大為政府的奴才。因此，太監就像人造衛星那樣，每天繞著永樂和隨後的所有明朝皇帝打轉。

15世紀的前二十年，永樂擁有一位絕對主義統治者的所有工具，而且也確實樂意於使用它們來運轉世界上最老舊的官僚機器。他使用這類的工具，糾正政府中的腐敗，讓他的官員反應更靈敏、更可信賴。所以，他無法容忍公務人員的瀆職，而且毫不留情地撤職和懲罰那些因瀆職而嚴重削弱公眾信心的人。他也無法寬恕任何濫用或違背他的信任的皇族或太監。儘管根本上是正直的，不過，他可是任性而又多變的。這導致憤世嫉俗者認為，永樂經常懲罰導致民不聊生的官僚和太監，來討得大眾的歡心。

永樂工作辛勤，時間又長，通常直到幾乎快趕不上歡宴，他的工作日才會結束。他殘忍，卻又有善心；不苟言笑和嚴酷，卻又富於情感和多愁善感。他談論聖君，能夠引述他們的箴言和崇高原理，不過，他也明顯帶有血腥和殺戮的氣息，而且性情殘暴，有時壓倒了他深以為然的評判。他有自信又不妥協，但對於用占卜來作決策，卻一點也不猶豫。質言之，永樂是一個有很多矛盾之人類的慘痛案例：他似惡棍，卻又有遠見卓識。仿效艾瑞克森(Erik H. Erikson，亦即《青年路德》〔*Young Man Luther*〕[1]、《甘地的真理》〔*Gandh's Truth*〕，及《德國人中的希特勒》〔*Hitler Among the Germans*〕的作者)作品來寫傳記的歷史學家，可以很快地應用精神分析來剖析永樂的基因和人格，而且可能輕易地將他打上反社會者的烙印。就像冷靜客觀的反社會者那樣，永樂的確有非常複雜的人格——他既有才氣、

1.譯按：中譯本，參見康綠島譯，《青年路德》(臺北：遠流，1989)。

乖僻、有說謊和行騙的傾向、慷慨大方、有怪僻，又受到使命感的驅使。教科書告訴我們，反社會者很會說謊，不覺得內疚或良心不安，而且熟練地把他們的問題推給別人。他們不擅長維持個人關係或性關係，而且經常顯示出缺少了無法跟實際處境協調的焦慮或緊張。

無疑地，永樂不是個反社會者，因爲他天生的性情有過度焦慮的特性，他也從未迴避責任。大概他父親(關於其功績，永樂是一位救星)和他侄子(關於他，永樂是一位贖身者)的鬼魂，命令著永樂的行爲。然而，就像謎一般的人那樣，對於想了解他複雜又費解之個性的傳記作者而言，永樂永遠是個謎團。在他統治明中國二十二年的期間，他爲明帝國定下歡快明亮的基調，在等待他行動和勞動的成果——經濟增長、文化再生、領土擴張，以及外交上的榮耀——的時候，盡可能地使人民覺得滿意。他的微笑帶著毅力，生存和戰鬥，還有戰鬥和生存。他的意識形態是行動，藉此他促進了一種新式帝國政治的初期發展。

甚至在1424年8月12日駕崩於榆木川之前，有病痛的永樂舉止並不像每下愈況的人。恰恰相反，他依舊積極地統治當時世界最大的帝國，既熱衷於改正錯誤，又如同剛登基之時那般地保衛他的國境。毋庸置疑，永樂有過多的自我，而且擁有很多的美德：他是自信、直率的，能夠甄別和牢記有很強能力之人的貢獻，而且保護依靠他的那些人，尤其是他的家人。不過，他也有黑暗面，特徵就是不必要又未經思考的侵犯性，而這類的侵犯性經常產生了暴虐和消耗。這類的越軌行爲，經常把他遠見卓識的作風，轉變爲惡棍的行爲。永樂死後，他的兒子和後嗣，給他大言不慚的廟號太宗，而在中國朝代的傳統裡，這一向是給予第二位皇帝的。1537年，嘉靖皇帝稱他成祖，以增添更多的榮譽和頭銜到他的遺產，意謂著永樂完成了明朝創建者所開啓的事物[2]。根據他採用的許多政策，以及襲自他父親或自己創設的一些政府部門來看，永樂確實配得上所有這些頭銜。中國民間有一句詞語：「創業維艱，守成更難。」當然，永樂的父親開啓了絕對主義君主政體的事業，不過，永樂謹慎地維持和滋養它，使它增長成一種會大幅顯示往後五個世紀中國政體的體系。

對於要戰要和、遷移國都，或爲自己選一個墓地之類的事宜，永樂需要重要諮詢的時候，他就反覆地與占星家、占卜者，以及風水師磋商。1407年的夏天，早在妻子徐皇后過世之前，他就下定決心要把國都移到北京。我們知道，這是因爲永樂選擇位於北京北方僅有五十公里的天壽山南麓，作爲他自己和妻子、以及他繼承者的墓地；他總是事先規劃且擔憂後世。在堪輿數目眾多的地點之後，他覺得這裡的風水合他的意，而且風水師保證說，只有善意的神靈居住於該地區。更重要的是，他深信，埋葬他和妻子身軀的這一地點，也會帶給後裔好的運氣[3]。也的確，他的十三位後裔，一個接一個統治中國直到1644年。在祖宗崇敬和庇蔭子孫格外受到尊重的文化裡，風水有很強的吸引力。

位於兩座龍形山坡之間的穴位、有極佳風水的天壽山，提供了永樂的妻子一個吉祥的安息地。她的陵寢之營建工程，在1409年動工，也即她死後兩年；而四年後陵寢完工時，永樂將她的棺柩從南京移靈到北京，作永久的埋葬。永樂那時非常有可能已經決定，他要葬在她的右側，因爲他立誓絕不授予另一位皇后。十六位明皇帝之中，有十三位以這片近乎四萬平方米的區域，作爲他們永久的家[4]。永樂的

2.永樂身後的廟號，由太宗改為成祖，也可看成是一種含蓄的批評，而不是一種溢美。

3.《明史》，卷113，傳1，頁3510。

4.十三個陵寢中，只挖掘了長陵(永樂的墓名)和定陵(萬曆的墓名)。1950年以來，後者已向公眾開放。

陵寢，是最大的，稱之為長陵，位於天壽山的中央。陵墓由紅色陵門、祾恩門、大理石的祾恩殿、明樓，以及寶城(意即「墳墓」)組成。門、殿和樓之間有庭院，而建築物都由松樹圍繞。死後和生前一樣，永樂受到富麗堂皇的圍繞。

祾恩殿——陵墓的主要結構——是建立在一個三層的、3.21米高的白玉房基。地皮些微地超過了一千九百平方米——66.75米長，29.31米寬。建築物的東西兩側有九房，而南北端則有五房。支撐這個殿之屋頂的，是六十二根耐久又芳香的巨大圓柱楠木，每根十米高。另外，四根金色圓柱——14.3米高和1.17米厚——支撐著巨大建築物的中心。由於這個殿可作一種未來陵墓模型之用，它是經過細緻地籌劃和辛苦地建造的。完成於1427年，也即永樂死了三年後的這項工程，是中國中古建築最佳的保留範例之一。這個殿的後頭，是兩層正方形的明樓，而在其庭院裡，豎立著一座刻著永樂皇帝墓誌銘的簡單石碑。明樓正後方的一條通道，標明大約一千平方米的墳墓，埋葬著永樂和他的妻子[5]。

偉大的美國建築師彭漢(Daniel Hudson Burnham, 1846-1912)據信曾說過：「不圖什麼；他們沒有神奇來撩起男人的血液。」在他即位以後，永樂變成中華帝國治國方策的主要設計師，而他龐大的計畫和功績——諸如紫禁城的建造、印度洋的探險，以及當時世界最大部頭百科全書的編纂——當然撩起了中外無數人的血液。

5. 中國建築師編，《古建築遊覽指南》，冊1，頁35-37。

附錄

洪武帝子女

子

出生排行	封號	姓名	母
01	懿文太子	朱標	馬皇后
02	秦王	朱樉	馬皇后
03	晉王	朱棡	馬皇后
04	燕王	朱棣	可能是碽妃，但由馬皇后養育。
05	周王	朱橚	馬皇后
06	楚王	朱楨	胡充妃
07	齊王	朱榑	達定妃
08	潭王	朱梓	達定妃
09	趙王	朱杞(3歲夭折)	不詳
10	魯王	朱檀	郭寧妃
11	蜀王	朱椿	郭惠妃
12	湘王	朱柏	胡順妃
13	代王	朱桂	郭惠妃
14	肅王	朱楧	郜氏(未冊封妃號)
15	遼王	朱植	韓妃(韓國人)
16	慶王	朱㮵	余妃
17	寧王	朱權	楊妃
18	岷王	朱楩	不詳

19	谷王	朱橞	郭惠妃
20	韓王	朱松	周妃
21	沈王	朱模	不詳
22	安王	朱楹	不詳
23	唐王	朱桱	李賢妃
24	郢王	朱棟	劉惠妃
25	伊王	朱㰘	葛麗妃
26	無封號(嬰兒期夭折)	朱楠	不詳

女

出生排行	封號	母
01	臨安公主	孫貴妃
02	寧國公主	馬皇后
03	崇寧公主	不詳
04	安慶公主	馬皇后
05	汝寧公主	不詳
06	懷慶公主	孫貴妃
07	大名公主	不詳
08	福清公主	鄭安妃
09	壽春公主	不詳
10	無封號(童年夭折)	
11	南康公主	不詳
12	永嘉公主	郭惠妃
13	無封號(童年夭折)	
14	含山公主	韓妃(韓國人)
15	汝陽公主	不詳
16	寶慶公主	不詳，由徐皇后養育。

參考書目

譯按：爲了方便讀者檢索，以下的書目係譯者根據原書的參考書目重新製作；排序上更動爲「中日文」和「西文」兩部分。原本以拼音呈現的中日文，現已全部還原、校正；有中譯本的西文著作，則附誌於該書目之後。

中日文

《大明會典》，1511年正德版(180卷)和1587年萬曆重修版(228卷)，影印本，臺北：東南書報社，1963。

《明仁宗實錄》，照相影印本，10卷，臺北：中央研究院，1963。

《明太宗實錄》，照相影印本，274卷，臺北：中央研究院，1963。

《明太祖實錄》，照相影印本，257卷，臺北：中央研究院，1962。

《明宣宗實錄》，照相影印本，115卷，臺北：中央研究院，1963。

丁易，《明代特務政治》，北京：北京出版社，1950。

人嶽山人，《建文皇帝事蹟備遺錄》，明木板印刷刊本，中央圖書館膠片，1969。

中國建築師編，《古建築遊覽指南》，北京：中國建築工業出版社，1981。

中國航海史研究會編，《鄭和下西洋》，北京：人民交通出版社，1985。

———，《鄭和家世資料》，北京：人民交通出版社，1985。

仁孝文皇后徐氏，《內訓》，1405，影印本，臺北：臺灣商務印書館，1981。

———，《勸善書》，明內府刊本，1407。

方弘仁，〈明代之尚寶司與尚寶監〉，《明史研究專刊》，3期，1980。

王心通，〈明初的文武之爭〉，《南開學報》，1993年5月。

王世貞，〈市馬考〉，《弇山堂別集》，11卷，影印本，臺北：臺灣學生書局，1964。

———，《弇山堂別集》，1590，影印本，臺北：臺灣學生書局，1964。

王春瑜、杜婉言編，《明代宦官與經濟史料初探》，北京：中國社會科學出版社，1986。

王崇武，〈明成祖與方士〉，《社會經濟集刊》，8卷1期，1949。

———，〈論皇明祖訓與明成祖繼統〉，《東方雜誌》43卷7期，1947。

———，《奉天靖難記注》，臺北：臺聯國風出版社，1975。

———，《明靖難史事考證稿》，上海：商務印書館，1948。

王璞子，〈燕王府與紫禁城〉，《故宮博物院院刊》，1979年1期。

王鴻緒，《明史稿》，木板印刷刊本，1723。

包遵彭，〈鄭和下西洋的寶船制度考〉，《大陸雜誌》，18期，1959。

北京大學歷史系編，《北京史》，北京：北京出版社，1985。

幼獅文化事業公司編輯部編，《中國的藝術》，幼獅文化事業公司，1985。

札奇斯欽，〈自北元至清初的蒙古，1368-1635〉，《蒙古研究》，1968年2月。

朱元璋，《明朝開國文獻》，影印本，臺北：臺灣學生書局，1966。
———，《皇明祖訓》，南京，1395。
———，《高皇帝御製文集》，臺北，1965。
朱東潤，《張居正大傳》，武漢：湖北人民出版社，1981。
朱倓，《明季社黨研究》，重慶：商務印書館，1945。
朱棣，《列仙傳》，南京，1419。
———，《孝順事實》，明內府刊本，1420。
———，《爲善陰騭》，明內府刊本，1419。
———，《務本訓》，南京，1410。
———，《聖學心法》，1409，北平圖書館明刊本，膠片，美國國會圖書館影印本。
———，《燕王令旨》，版本、出版日期不詳。
朱鴻，〈明成祖與永樂政治〉，臺北：國立臺灣師範大學博士論文，1986。
冷冬，《被閹割的守護神：宦官與中國政治》，長春：吉林教育出版社，1990。
吳晗，〈16世紀前期之中國與南洋〉，《清華學報》，11卷1期，1936。
———，〈明代靖難之役與國都北遷〉，《清華學報》，10卷4期，1935。
———，〈明成祖生母考〉，《清華學報》，10卷3期，1935。
———，《朱元璋傳》，臺北：國史研究室，1972。
———，《朝鮮李朝實錄中的中國史料》，北京：中華書局，1980。
呂本等編，《明太宗寶訓》，1430，影印本，臺北：中央研究院，1967。
呂毖，《明宮史》，木板印刷刊本，影印本，臺北：臺灣商務印書

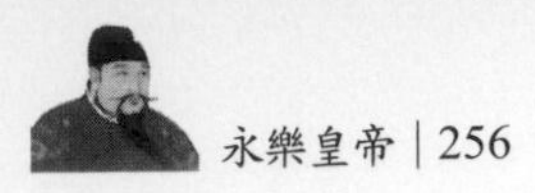

館，1974。

宋應星，《天工開物》，影印本，臺南，1978。

李時珍，《本草綱目》，1578，影印本，臺南，1978。

李善長等編，《元史》，大約於1369年，影印本，臺北：鼎文書局，1979。

李劍農，《宋元明經濟史稿》，北京：三聯書店，1957。

杜乃濟，《明代內閣制度》，臺北：政治大學出版社，1967。

沈明璋，《明代政治史》，臺北：自印本，1967。

沈德符，《野獲編補遺》，明木板印刷，影印本，北京：中華書局，1980。

谷應泰，《明史紀事本末》，大約於1658年，影印本，臺北：三民書局，1956。

周龍，〈明代之宦官〉，碩士論文，國立臺灣大學，1960。

孟森，《明代史》，臺北：中華叢書編審委員會，1967。

尙秉和，《周易尙氏學》，北京：中華書局，1980。

祁承業，《明南京車駕司職掌》，上海：商務印書館，1934。

施正康，〈明代南方的安陸皇莊〉，《明史研究論叢》（第3輯），南京：江蘇古籍出版社，1985。

查繼佐，《罪惟錄》，影印本，杭州：浙江古籍出版社，1986。

胡廣等編，《四書大全》，文淵閣刊本，影印本，臺北：臺灣商務印書館，1976。

倪謙，《朝鮮記事》，輯入沈節甫，《紀錄彙編》（1617），卷65。

唐景紳，〈論明代軍屯的性質與作用〉，《蘭州大學學報》，1983年1月。

夏子陽，《使琉球錄》，影印本，臺北：臺灣學生書局，1969。

夏燮，《明通鑑》，上海，1888。

孫承澤，《春明夢餘錄》，1883，影印本，臺北：龍門書店，1965。
徐孚遠等編，《皇明經世文編》，影印本，臺北：國風書局，1964。
徐道鄰，〈宋濂與徐達之死〉，《東方雜誌》，1卷4期，1967。
徐蘋芳，《明清北京城圖》，北京：地圖出版社，1986。
袁閭琨等，《太監史話》，鄭州：河南人民出版社，1984。
馬書田，〈明成祖的政治與宗教〉，《世界宗教研究》，1984年3期。
馬歡，《瀛涯勝覽》，1433，輯入沈節甫編，《紀錄彙編》(1617)，卷62。
高自厚，〈明代關西七衛及其東遷〉，《蘭州大學學報》，1986年1期。
商傳，〈明初著名政治家姚廣孝〉，《中國史研究》，1984。
———，《永樂皇帝》，北京：北京出版社，1989。
張廷玉等編，《明史》，臺北：鼎文書局，1979。
張奕善，〈奪國後的明成祖與諸藩王關係考〉，《臺大文史哲學報》，31期，1982。
張華，〈略論明成祖的歷史地位〉，《南京大學學報》，1983年3期。
張德昌，〈明代廣州之海舶貿易〉，《清華學報》，7卷2期，1932。
郭伯恭，《永樂大典考》，臺北：臺灣商務印書館，1967。
陳文石，《明洪武嘉靖間的海禁政策》，臺北：臺灣大學出版社，1966。
陳生璽，〈明初帖木兒帝國和中國的關係〉，《史學月刊》，1957年7月。
陳香，〈明成祖朱棣與永樂大典〉，《中華文化復興月刊》，18 卷3期，1985。

陳荊和編校，《校合本大越史記全書》，東京：東京大學東洋文化研究所，1986。

陳誠，《西域行程記》，石版影印，輯入楊建新編，《古西行記》。

陳橋驛編，《中國歷史名城》，北京：中國青年出版社，1986。

陸容，《菽園雜記》，影印本，上海：商務印書館，1936。

傅維鱗，《明書》，影印本，上海：國學基本叢書，1937。

費信，《星槎勝覽》，1436，輯入沈節甫編，《紀錄彙編》(1617)，卷61。

黃佐，《翰林記》，明木板印刷刊本，影印本，上海：商務印書館，1936。

黃宗羲，《明儒學案》，影印本，臺北：河洛出版社，1974。

黃彰健，〈論皇明祖訓錄所記明初宦官制度〉，《中央研究院歷史語言研究所集刊》，第32本，1960。

黃福，〈奉使安南水程日記〉，輯入沈節甫編，《紀錄彙編》(1617)，卷64。

———，《黃忠宣公文集》，明嘉靖刊本，香港新亞研究所，膠片R 979。

楊士奇，《東里全集》，影印本，臺北：臺灣商務印書館，1977。

楊建新編，《古西行記》，銀川：寧夏人民出版社，1987。

楊榮，《北征記》，輯入沈節甫編，《紀錄彙編》(1617)，卷34。

溫功義，《明代的宦官和宮廷》，重慶：重慶出版社，1989。

葉盛，《水東日記》，木板印刷，1680。

解縉，《天潢玉牒》，輯入沈節甫編，《紀錄彙編》(1617)，卷12。

———，《古今列女傳》，明內府刊本，1402。

———，《高皇后傳》，明內府刊本，1406。

趙翼，《二十二史劄記》，影印本，臺北：中華書局，1966。

劉若愚，《酌中志》，影印本，上海：商務印書館，1935。
蔡志純，〈明朝初期對蒙古的民族政策〉，《西北史地》，1985年3期。
蔡美彪，〈明代蒙古與大元國號〉，《南開學報》，1992年1月。
談遷，《國榷》，大約於1653年，影印本，北京：古籍出版社，1958。
鄭永常，〈明洪武宣德年間中越關係史研究〉，香港：新亞研究所博士論文，1991。
鄭克晟，〈明代江西籍士人和官僚的政治表現〉，《南開學報》，1991年4期。
鄭曉，《吾學編》，1575年版。
黎東方，《細說明朝》，臺北：文星書店，1964。
翦伯贊等編，《中外歷史年表》，北京：中華書局，1979。
———，《歷史問題論叢》，北京：北京人民出版社，1962。
錢穆，《中國歷代政治得失》，香港：龍門書店，1968。
———，《國史大綱》，重慶：商務印書館，1944。
龍文彬，《明會要》，清刊本，上海，1956。
羅侖，〈明代的鄉試、會試與殿試〉，《南京大學學報》，1982年4期。
譚天星，《明代內閣政治》，北京：中國社會科學出版社，1996。
顧炎武，《日知錄集釋》，影印本，臺北：世界書局，1971。
顧蓉、葛金芳，《霧橫帷牆：古代宦官群體的文化考察》，西安：陝西人民教育出版社，1992。
三田村泰助，《宦官：側近政治の構造》，東京：中央公論社，1963。
寺田隆信，《永樂帝》，東京：中央公論社，1966。

谷光隆，《明代馬政の研究》，京都：京都大學文學部內東洋史研究會，1972。

和田清，〈明王朝の蒙古と研州〉，輯入氏著，《世界歷史大系・東洋近世史(一)》，第7卷，東京：平凡社，1935。

和田清，《東亞史研究》(蒙古篇)，東京：東洋文庫，1959。

桑原隲藏，〈支那の宦官〉，《東洋史說苑》，22（1936）。

西文

Beckwith, Christopher I. *The Tibetan Empire in Central Asia*. Princeton, N.J.: Princeton University Press, 1987.

Chan, Albert. *The Glory and Fall of the Ming Dynasty*. Norman: University of Oklahoma Press, 1982.

Chan, David B. "The Problem of the Princes as Faced by the Ming Emperor Hui, 1398-1402," *Oriens Extremus* 11（1958）.

Chang Pin-tsun. "The Chinese Maritime Trade: The Case of Sixteenth-century Fuchien," Ph.D. diss., Princeton University, 1983.

Crawford, Robert C. "Eunuch Power in the Ming Dynasty." *T'oung Pao* 49（1966）.

Curtain, Jeremiah. *The Mongols: A History*, Boston: Little Brown, 1907.

Dardess, John W. "The Transformation of Messianic Revolt and the Founding of the Ming Dynasty." *Journal of Asian Studies* 29, no. 3（1970）.

de Bary, W. T. ed., *Self and Society in Ming Thought*. New York: Columbia University Press, 1970.

Dreyer, Edward L. "The Chi-shi of Yu Pen: A Note on the Sources for the

Founding of the Ming Dynasty." *Journal of Asian Studies* 31, no. 4 (1972).

———. *Early Ming China, A Political History, 1355-1435*. Stanford: Stanford University Press, 1982.

Duyvendak, J.J. L. "The True Dates of the Chinese Maritime Expeditions in the Early Fifteenth Century." *T'oung Pao* 34 (1939).

Farmer, Edward L. *Early Ming Government: The Evolution of Dual Capitals*. Cambridge, Mass.: Harvard University Press, 1976.

———. *Zhu Yuanzhang and Early Ming Legislation: The Reordering of Chinese Society following the Era of Mongol Rule*. Sinica Leidensia 34. New York: E. J. Brill, 1995.

Fletcher, Joseph F. "China and Central Asia, 1368-1884." In John King Fairbank, ed. *The Chinese World Order: Traditional China's Foreign Relations*. Cambridge, Mass.: Harvard University Press, 1968.

Franke, Wolfgang. *Preliminary Notes on the Important Chinese Literary Sources for the History of the Ming Dynasty (1368-1644)*，成都：西南聯大，1948。

Gale, James S. *History of the Korean People*. Seoul: Royal Asiatic Society, Korea Branch, 1983.

Gernet, Jacques. *A History of Chinese Civilization*, Trans. J. R. Foster. Cambridge, England: Cambridge University Press, 1985.

Goodrich, L. Carrington, and Chaoying Fang, eds. *Dictionary of Ming Biography, 1368-1644*. New York: Columbia University Press, 1976.

Grimm, Tilemann, "Das Neiko der Ming-Zeit, von den Anfangen bis

1506." *Oriens Extremus* 1（1954）.

Grousset, Rene. *The Empire of the Steppes: A History of Central Asia*. New Brunswick, N.J.: Rutgers University Press, 1970.

Henthorn, William E. *A History of Korea*. New York: Free Press. 1971.

Ho Ping-ti. *The Ladder of Success in Imperial China: Aspects of Social Mobility, 1368-1911*. New York: Columbia University Press, 1962.

———. *Studies on the Population of China, 1368-1953*. Cambridge, Mass.: Harvard University Press, 1959；葛劍雄譯，《明初以降人口及其相關問題：1368-1953》，北京：三聯書店，2000〔1989〕。

Hodgkin, Thomas. *Vietnam: The Revolutionary Path*. New York: Macmillan Press, 1981.

Hoshi Ayao. *A Study of the Ming Tribute Grain System*. Trans. Mark Elvin. Ann Arbor: Center for Chinese Studies, University of Michigan, 1969；譯自星斌夫，《明代漕運の研究》，東京：日本學術振興會，1963。

Huang, Ray. "The Grand Canal during the Ming Dynasty." Ph.D. diss., University of Michigan, 1964；張皓、張升譯，《明代的漕運》，北京：新星出版社，2005。

———. *Taxation and Governmental Finance in Sixteenth-Century Ming China*. London/New York: Cambridge University Press, 1974；阿風等譯，《十六世紀明代中國之財政與稅收》，臺北：聯經出版公司，2001。

———. *1587. A Year of No Significance*. New Haven: Yale University Press, 1981；《萬曆十五年》，北京：中華書局，1982；臺

北：食貨出版社，1985。

Hucker, Charles O. *The Censorial System of Ming China*. Stanford: Stanford University Press. 1966.

———. *Chinese Government in Ming Times: Seven Studies*. New York: Columbia University Press, 1969.

———. *A Dictionary of Official Titles in Imperial China*. Stanford: Stanford University Press, 1985.

———. "Governmental Organization of the Ming Dynasty." *Harvard Journal of Asiatic Studies* 21（1958）.

Hummel, Arthur W., ed. *Eminent Chinese of the Ch'ing Period*. Washington, D.C.: U.S. Government Printing Office, 1943.

Kasakevich, V. M. "Sources of the History of the Chinese Military Expeditions into Mongolia." Trans. Rudolf Loewenthal. *Monumenta Serica*（1943）.

Lam, Joseph S.C. *State Sacrifices and Music in Ming China: Orthodoxy, Creativity, and Expressiveness*. Albany: State University of New York Press, 1998.

Lattimore, Owen. *Inner Asian Frontiers of China*. Boston: Beacon Press, 1962；唐曉峰譯，《中國的亞洲內陸邊疆》，南京：江蘇人民出版社，2005。

Lee Ki-baik. *A New History of Korea*. Trans. Edward W. Wagner. Cambridge, Mass.: Harvard University Press, 1984；譯自李基白，《韓國史新論》，漢城：一潮閣，1967。

Levathes, Louise E. *When China Ruled the Seas: The Treasure Fleet of the Dragon Throne, 1405-1433*. Oxford: Oxford University Press, 1994；邱仲麟譯，《當中國稱霸海上》，臺北：遠流，

2000。

Lin, T. C. "Manchuria in the Ming Period." *Nankai Social and Economic Quarterly* 8 (1935).

Llewellyn, Bernard. *China's Court and Concubines*. London: G. Allen & Unwin, 1956.

Lo Jung-pang. "The Emergence of China as a Sea Power in the Late Sung and Early Yuan Periods," *Far Eastern Quarterly* 14 (1955).

Meskill, John. *Academies in Ming China: A Historical Essay*. Tucson: University of Arizona Press, 1982.

Millant, Richard. *Les eunuques: A travers les ages*. Paris: editions Vigot, 1908.

Mote, Frederick W., and Denis Twitchett, eds. *The Cambridge History of China. Vol. 7, The Ming Dynasty, 1368-1644, Part I*. Cambridge, England/New York: Cambridge University Press, 1988；張書生等譯，《劍橋中國明代史：1368-1644年》(上卷)，北京：中國社會科學出版社，2006。

———. "The Growth of Chinese Despotism: A Critique of Wittfogel's Theory of Oriental Despotism as Applied to China," *Oriens Extremus* 8 (1961).

Mulder, W. Z. "The Wu Pei Chih Charts." *T'oung Pao* 37 (1944).

Murphey, Rhoads. *East Asia: A New History*. New York: Addison Wesley Longman, 1997；黃磷譯，《亞洲史》，海口：三環，2004。

Na Chih-liang and William Kohler. *The Emperor's Procession: Two Scrolls of the Ming Dynasty*. Taipei: National Palace Museum. 1970.

Needham, Joseph. *The Development of Iron and Steel Technology in China*. Cambridge, England: Cambridge University Press, 1964.

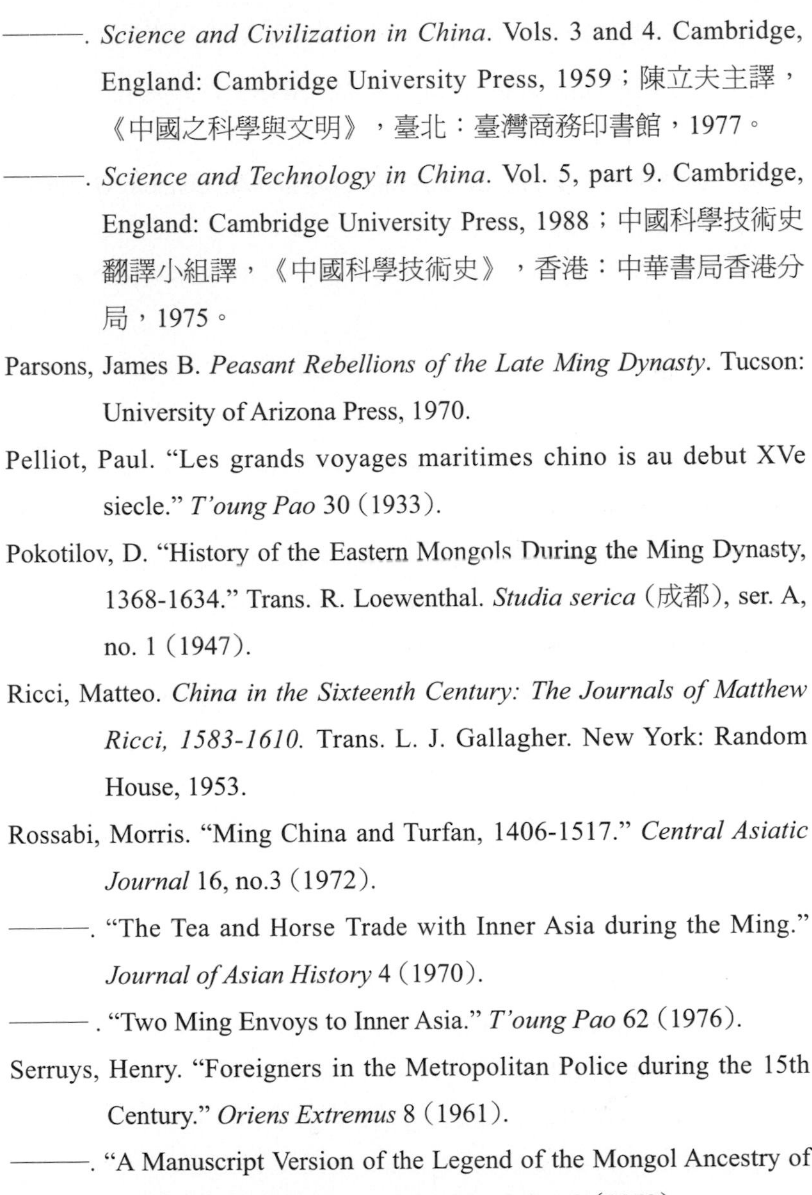

———. *Science and Civilization in China*. Vols. 3 and 4. Cambridge, England: Cambridge University Press, 1959；陳立夫主譯，《中國之科學與文明》，臺北：臺灣商務印書館，1977。

———. *Science and Technology in China*. Vol. 5, part 9. Cambridge, England: Cambridge University Press, 1988；中國科學技術史翻譯小組譯，《中國科學技術史》，香港：中華書局香港分局，1975。

Parsons, James B. *Peasant Rebellions of the Late Ming Dynasty*. Tucson: University of Arizona Press, 1970.

Pelliot, Paul. "Les grands voyages maritimes chino is au debut XVe siecle." *T'oung Pao* 30（1933）.

Pokotilov, D. "History of the Eastern Mongols During the Ming Dynasty, 1368-1634." Trans. R. Loewenthal. *Studia serica*（成都）, ser. A, no. 1（1947）.

Ricci, Matteo. *China in the Sixteenth Century: The Journals of Matthew Ricci, 1583-1610.* Trans. L. J. Gallagher. New York: Random House, 1953.

Rossabi, Morris. "Ming China and Turfan, 1406-1517." *Central Asiatic Journal* 16, no.3（1972）.

———. "The Tea and Horse Trade with Inner Asia during the Ming." *Journal of Asian History* 4（1970）.

———. "Two Ming Envoys to Inner Asia." *T'oung Pao* 62（1976）.

Serruys, Henry. "Foreigners in the Metropolitan Police during the 15th Century." *Oriens Extremus* 8（1961）.

———. "A Manuscript Version of the Legend of the Mongol Ancestry of the Yunglo Emperor." *Analecta Mongolica* 8（1972）.

———. “The Mongols in China.” *Monumenta Serica* 27（1968）.

———. *Sino-Jurched Relations during the Yung-lo Period*（*1403-1424*）. Wiesbaden: Gattinger Asiatische Forschungen, 1955.

Sinclair, Kevin. *The Yellow River: A 5000 Year Journey through China*. Los Angeles: Knapp Press, 1987.

Smith, Howard D. *Chinese Religion*. New York: Holt, Rinehart, and Winston, 1968.

So, Kwan-wai. *Japanese Piracy in Ming China during the 16th Century*. East Lansing: Michigan State University Press, 1975.

Spence, Jonathan D. *Emperor of China: Self-Portrait of Kang-hsi*. New York: Knopf, 1974；吳根友譯，《中國皇帝：康熙自畫像》，上海：上海遠東出版社，2001。

Thompson, Laurence G.. *Chinese Religion: An Introduction*. New York: Wadsworth Publishing, 1996.

T'ien Ju-kang. “Cheng Ho’s Voyages and the Distribution of Pepper in China,” part 2. *Journal of the Royal Asiatic Society of Great Britain and Ireland*, 1981.

Tong, James. *Disorder under Heaven: Collective Violence in the Ming Dynasty*. Stanford: Stanford University Press, 1991.

Tsai, Shih-shan Henry. *Eunuchs in the Ming Dynasty*. Albany: State University of New York Press, 1996.

Wang Gengwu. “China and Southeast Asia 1402-1424.” In J. Ch’en and N. Tarling, eds., *Studies in the Social History of China and S. E. Asia*. Cambridge, England: Cambridge University Press, 1970.

———. “The Opening of Relations between China and Malacca 1403-1405.” In J. Bastin and R. Roolvink, eds., *Malayan and*

Indonesian Studies: Essays Presented to Sir Richard Winstedt. London, 1964.

Wang Yangming. *To Acquire Wisdom: The Way of Wang Yang- Ming*. Trans. Julia Ching. New York: Columbia University Press, 1976.

Wang Yi-t'ung. *Official Relations between China and Japan, 1368-1549*. Cambridge, Mass.: Harvard University Press, 1953.

Wittfogel, Karl A. *Oriental Despotism*. New Haven: Yale University Press, 1957；徐式穀等譯，《東方專制主義：對於極權力量的比較研究》，北京：中國社會科學出版社，1989。

Wolters, O. W. *The Fall of Srivigaya in Malay History*. Ithaca: Cornell University Press, 1970.

Woodside, A. B. "Early Ming Expansionism（1406-1427）: China's Abortive Conquest of Vietnam." *Paper on China* 7. Cambridge, England: Cambridge University Press, 1988.

Wu, K. T. "Ming Printing and Printers." *Harvard Journal of Asiatic Studies* 7（1943）.

Wu, Silas. "The Memorial System of the Ch'ing Dynasty（1644-1911）." *Harvard Journal of Asiatic Studies* 26（1967）.

朱棣大事年表

編按：此年表由編輯部編製

1360年(元順帝至正20年；宋小明王龍鳳6年)，一歲。

●5月2日出生於應天(今南京)。

●陳友諒率大軍圍攻應天，朱元璋大敗之。

1361年(至正21年；龍鳳7年)，二歲。

●朱元璋襲擊陳友諒於江州，友諒敗走武昌。

●小明王韓林兒封朱元璋爲吳國公。

1362年(至正22年；龍鳳8年)，三歲。

●陳友諒部將胡廷瑞向朱元璋投誠。

●明玉珍於蜀稱帝，號大夏，建元天統。

1363年(至正23年；龍鳳9年)，四歲。

●朱元璋遣人護送小明王至滁州。

●朱元璋與陳友諒決戰於鄱陽湖，陳友諒中流矢身亡。

●設禮賢館，集劉基、陶安等人講論經史。

1364年(至正24年；龍鳳10年)，五歲。

●李善長、徐達勸進，朱元璋自立爲吳王，建百司官屬，結束緩稱王時期。

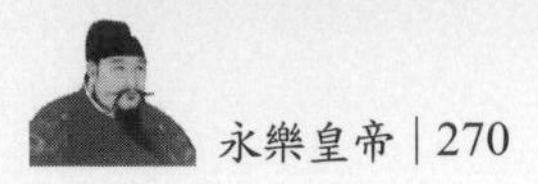

1365年(至正25年；龍鳳11年)，六歲。

●徐達、常遇春領軍夾擊江北張士誠之地。

1366年(至正26年；龍鳳12年)，七歲。

●朱元璋命廖永忠迎小明王於滁州，在瓜步渡長江時舟沉，小明王死。龍鳳政權告終。

●8月，拓建康城(南京)。

1367年(至正27年；朱元璋吳元年)，八歲。

●2月拓建康城完工。8月，圜丘、方丘及社稷壇成。9月，太廟成。

●朱元璋爲諸子取名，始稱朱棣。

●徐達等克平江，俘張士誠。

●命湯和等攻方國珍，胡廷瑞等取福建，徐達、常遇春北伐中原。

1368年(明太祖洪武元年)，九歲。

●朱元璋於應天府登極，國號大明，建元洪武。立馬氏爲皇后，立長子朱標爲太子。

●置東宮官屬，李善長兼太子少師，徐達兼太子少傅，常遇春兼太子少保。

●閏7月，元順帝逃往上都(開平)，史稱北元。8月，徐達取大都，改爲北平府，元亡。

1369年(洪武2年)，十歲。

●得元代十三朝實錄，命左丞相李善長、前起居注官宋濂等人纂修《元史》。

●編輯《祖訓錄》，定諸王封建之制。

●制訂內侍官制。

●明軍克上都，元順帝北遁。

●常遇春卒於軍。

●詔建臨濠(鳳陽)為中都。

●詔天下府、州、縣皆立學。

1370年(洪武3年)，十一歲。

●2月，恢復科舉制度。

●封諸皇子為王，賜爵功臣。

●元順帝因痢疾，死於熱河西北的應昌，子愛猷失里達剌繼位。

1371年(洪武4年)，十二歲。

●韓國公李善長致仕。

●湯和、廖永忠由東路入川，傅友德由秦隴取蜀，明昇降，夏亡。

1372年(洪武5年)，十三歲。

●徐達深入漠北，為擴廓帖木兒所敗。

1373年(洪武6年)，十四歲。

●頒《昭鑒錄》，訓誡諸王。

●以胡惟庸為中書省右丞相。

●頒行《大明律》。

1374年(洪武7年)，十五歲。

●李文忠、藍玉大敗元軍。遣元順帝孫北歸。

●建立衛所制度。

●罷市舶司，嚴海禁。

1375年(洪武8年)，十六歲。

●《孝慈錄》成。

●中官出使之始。

●令鄉里立社學。

●頒布《屯田法》。

●改各都衛爲都指揮使司。

●立鈔法，造大明寶鈔。

●空印案發，株連數萬人。

●以淮安侯華雲龍擅用元故宮物，召還，死於途中。此爲殺功臣之始。

1376年(洪武9年)，十七歲。

●改行中書省爲布政使司。

●朱棣訂親，冊徐達長女爲王妃。

●秦、晉、燕王受命前往中都鳳陽。

●朱棣爲北平燕王府邸營建工程之事，致書於李文忠。

1377年(洪武10年)，十八歲。

●太子朱標次子朱允炆生。

●置通政使司。

●以胡惟庸爲左丞相，汪廣洋爲右丞相。

1378年(洪武11年)，十九歲。

●燕王嫡長子朱高熾生。

●秦、晉二王就藩。
●北元愛猷失里達剌死，子脫古思帖木兒嗣位。
●朱元璋命中官至湖廣視軍，此爲宦官預軍事之始。
●改南京爲京師。

1379年(洪武12年)，廿歲。
●右丞相汪廣洋，因欺君貶海南，又追殺之。

1380年(洪武13年)，廿一歲。
●燕王到北平(北京)就藩。
●左丞相胡惟庸以擅權被殺，坐其黨者一萬五千人。
●罷中書省，廢丞相制度，提高六部官秩。改大都督府爲中、左、右、前、後五軍都督府。

1381年(明洪武14年)，廿二歲。
●命傅友德、沐英、藍玉等征雲南。傅友德敗元軍於白石江，攻下曲靖，元梁王自殺，雲南遂平。
●定賦役籍，編里甲，造黃冊。

1382年(洪武15年)，廿三歲。
●沐英、藍玉克大理。
●設錦衣衛。設都察院。置殿閣大學士，以備顧問。
●宴群臣於謹身殿，始用九奏之樂。
●馬皇后病逝，燕王於京師奔喪時，結識誦經薦福的僧人道衍，稍後道衍住持北平慶壽寺，開始成爲燕王智囊。

1383年(洪武16年)，廿四歲。

●召征南軍回京，沐英留守雲南，從此沐氏世守其地。

1384年(洪武17年)，廿五歲。

●李文忠卒。

●禁內官預政，敕戒諸司不得與內官文書往來。

●改定都察院官制。

1385年(洪武18年)，廿六歲。

●戶部侍郎郭恆坐盜官糧被殺，株連數萬人。

●徐達卒。

●頒行《御制大誥》。

●馬和被燕王帶到北平。

1386年(洪武19年)，廿七歲。

●傅友德平雲南諸蠻。

●令劃入匠籍之工匠，輪班入京師服役。

1387年(洪武20年)，廿八歲。

●燕王隨傅友德、馮勝、藍玉北征，納哈出降，遼東平。

●置大寧都司。

●編繪魚鱗圖冊，與黃冊並行。

1388年(洪武21年)，廿九歲。

●藍玉率師抵捕魚兒海，破北元兵，俘元皇子及妃嬪等數萬人，北元主脫古思帖木兒等十餘騎遁去。

1389年(洪武22年)，卅歲。

●置朵顏、泰寧與福餘三衛於兀良哈部落。

●更定《大明律》。

1390年(洪武23年)，卅一歲。

●命晉、燕、齊王率師征元。燕王師收降乃兒不花和阿魯帖木兒。晉王則無功而還。朱元璋稱讚說：「清沙漠者，燕王也，朕無北顧之憂矣！」

●重興胡惟庸案，韓國公李善長坐誅，牽連死者甚眾。

●藍玉平施南等洞蠻。

1391年(洪武24年)，卅二歲。

●命皇太子朱標巡撫陝西，還京獻上關洛形勢圖，擬都長安。

●燕王率傅友德等捕俘蒙古將軍阿失里。

●天下賦役黃冊成。

1392年(洪武25年)，卅三歲。

●皇太子朱標病逝，諡曰「懿文」。立皇孫朱允炆爲皇太孫。

●藍玉征罕東。

●沐英卒於雲南。

●召天下衛所軍士屯田。

●建宗人府、五府、六部、太常司官署。

1393年(洪武26年)，卅四歲。

●馮勝、傅友德備邊山西、北平，其屬衛將校悉聽晉、燕王節制。

●藍玉被誅磔，功臣坐黨死者甚眾。

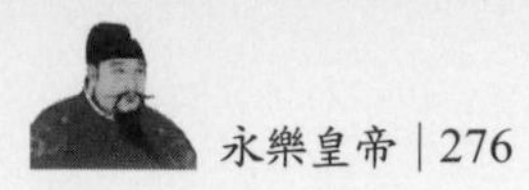

●頒《皇明祖訓》，後世有言更祖制者以奸臣論。

1394年(洪武27年)，卅五歲。

●傅友德、王弼坐誅。

1395年(洪武28年)，卅六歲。

●命燕王剿捕野人女真。

●秦王卒。

●馮勝賜死。

1396年(洪武29年)，卅七歲。

●燕王北征，敗敵於徹徹兒山。

1397年(洪武30年)，卅八歲。

●燕王受命督築大同城堡。

●頒《大明律誥》。

●南北榜案發，開明朝取士分南北之先例。

1398年(洪武31年)，卅九歲。

●晉王卒。

●閏五月，朱元璋病歿，皇太孫朱允炆繼位，是爲惠帝。改明年爲建文元年。

●大赦天下，以齊泰爲兵部尚書、黃子澄爲太常寺卿，同參軍國大事。齊泰與黃子澄建議削藩。周、齊、湘、代、岷五王遭削廢。

●僧人道衍密勸燕王起兵。燕王稱病，但暗自練兵。

●朝廷命張昺爲北平布政使、都指揮史，謝貴、張信掌北平都指揮使司，並受密旨，監視燕王。

1399年(明惠帝建文元年)，四十歲。

●命宋忠屯開平，耿瓛練兵山海關，徐凱練兵臨清，調兵屯彰德、順德，以防燕王。●湘王自殺，齊、代、岷王廢為庶人。

●燕王殺張昺、謝貴等，奪北平九門，援祖訓起兵，稱「靖難」之師。朱允炆先後遣耿炳文、李景隆為征虜大將軍，北伐燕軍。

1400年(建文2年)，四十一歲。

●朝廷以盛庸代李景隆率師伐燕軍。

●燕軍圍濟南，山東參政鐵鉉固守，並敗之。

●盛庸敗燕軍於東昌，張玉戰死。

1401年(建文3年)，四十二歲。

●燕師出北平，採僧人道衍之計，直探京師。

●修《太祖實錄》成。

●罷齊泰、黃子澄以緩燕師不果，貽書反間亦不行。

1402年(建文4年)，四十三歲。

●陳瑄以舟師降朱棣，燕師渡江。6月，攻入南京。宮中起火，建文帝不知所終。7月，燕王朱棣即位，改建文年號，仍稱洪武35年，改明年為永樂元年。恢復一切舊制。

●大殺「奸臣」，株連甚廣。

●復修《太祖實錄》。

●北元鬼力赤弒大汗坤帖木兒，廢元國號，改稱韃靼。

1403年(明成祖永樂元年)，四十四歲。

●改北平爲北京。

●復設市舶司。

●安南黎氏簒國，冊黎季犛之子胡蒼爲安南國王。

●命中官侯顯前往烏斯藏尋僧人哈立麻，馬彬使爪哇、蘇門答臘，李興使暹羅，尹慶使滿剌加等國。

●朱棣賜「鄭」姓給馬和，並任命其爲內府內官監掌印太監。

●明朝建造海船數百艘。

1404年(永樂2年)，四十五歲。

●以道衍爲太子少師，復名姚廣孝。

●立長子朱高熾爲太子，封朱高煦爲漢王。

●封哈密統治者安克帖木兒爲忠順王。

●會試選士四百七十三人。

●前安南國王之孫陳天平來奔。

1405年(永樂3年)，四十六歲。

●命中官鄭和、王景弘帶兵出使南洋各地。鄭和下西洋自此始。

●外國貢使日多，置來遠驛於福建、安遠驛於浙江、懷遠驛於廣東。

1406年(永樂4年)，四十七歲。

●遣使護送安南陳天平回國，爲黎氏所殺，朱棣遂命朱能、張輔和沐晟，統兵攻安南黎氏。

●朱棣親臨太學祭孔。

●侯顯帶烏斯藏僧上師哈立麻至南京。

1407年(永樂5年)，四十八歲。

●安南平，置交趾布政使司。

●徐皇后病卒。

●鄭和下西洋還，獻舊港海盜頭目陳祖義於朝廷。

●《永樂大典》成書，凡22937卷，11095冊。

●朝鮮貢馬三千匹。

●中官尹慶出使滿剌加。

1408年(永樂6年)，四十九歲。

●韃靼知院阿魯台弒鬼力赤，立本雅失里。

●交趾陳頠起事，派沐晟帶領四萬兵力征討之。

●渤泥國王來朝，病卒於南京會統館。

●鄭和第二次下西洋。

●安遠伯柳升統靈山水師，沿海剿倭人。

1409年(永樂7年)，五十歲。

●設河州和洮州茶馬司。

●朱棣於即位後首次北巡至北京，皇太子監國。

●封瓦剌三位族長馬哈木、太平與把禿孛羅，爲順寧王、賢義王和安樂王。

●征虜大將軍丘福帶領十萬大軍征韃靼，由於輕敵遭到襲殺。

●置奴兒干都司。

●鄭和第二次下西洋還。

1410年(永樂8年)，五十一歲。

●朱棣親征韃靼本雅失里，胡廣、楊榮、金幼孜等從，長孫朱瞻基留守北京。先至斡難河，擊潰本雅失里。後又敗阿魯台。

●設建州左衛。

●安南陳季擴屢敗請降。大明任命其爲交趾布政使，陳季擴拒之，戰端因而再啓。

●鄭和第三次下西洋。

1411年(永樂9年)，五十二歲。

●張輔再度征伐交趾。

●開會通河。

●鄭和出使還，獻俘錫蘭酋長、妻子於朝廷。

●詔姚廣孝重修《太祖實錄》。

●立朱瞻基爲皇太孫。

1412年(永樂10年)，五十三歲。

●工部尙書宋禮疏浚衛河。

●本雅失里爲馬哈木所殺。

●紀念徐皇后琉璃塔建成。

1413年(永樂11年)，五十四歲。

●設貴州布政使司。

●朱棣赴北京，皇太孫從，太子監國。

●天壽山長陵完工，徐皇后葬於此。

●封韃靼阿魯台爲和寧王。

●瓦剌犯邊。

●鄭和第四次下西洋。

1414年(永樂12年)，五十五歲。

●張輔平交趾，獻俘於朝廷。

●朱棣親率步騎五十萬，擊馬哈木於忽蘭忽失溫，大破之。

●修《四書》、《五經》、《性理大全》。

1415年(永樂13年)，五十六歲。

●張輔征交趾還師。

●改封漢王朱高煦於青州。

●以平江伯陳瑄督漕運。南北漕運通，遂罷海運。

●鄭和下西洋還，獻俘蘇門答剌首領蘇干剌於朝廷，蘇干剌伏誅。

●陳誠使西域還。

1416年(永樂14年)，五十七歲。

●改封趙王朱高燧於彰德。

●錦衣衛指揮使紀綱伏誅。

●朱棣自北京還，決定遷都。命建北京宮殿城垣。

1417年(永樂15年)，五十八歲。

●鄭和第五次下西洋。

●徙封漢王朱高煦於樂安州。

●命豐城侯李彬鎮守交趾。中官馬騏擾民，交趾復亂。

●瓦剌馬哈木死。

1418年(永樂16年)，五十九歲。

●姚廣孝卒。

●重修《太祖實錄》、《太祖寶訓》成。

●封瓦剌馬哈木之子脫懽爲順寧王。

1419年（永樂17年），六十歲。

●遼東總兵劉江大破倭寇於金州望海堝。

●鄭和下西洋還。

1420年（永樂18年），六十一歲。

●山東蒲台唐賽兒起事，同年失敗。捕唐賽兒不獲，逮天下比丘尼萬人。

●李彬卒，榮昌伯陳智接替平交趾。

●置東廠於北京，由宦官掌管，專職緝查軍民官吏。

●首都由南京遷到北京。

●復遣中官侯顯出使西域。

●北京宮殿郊廟成。

1421年（永樂19年），六十二歲。

●遷都北京，以南京爲留都。

●鄭和第六次下西洋。

●奉天、華蓋、謹身三殿大火。

●再議漠北親征，夏原吉力諫，遭下獄。

1422年（永樂20年），六十三歲。

●4月17日朱棣帶領大軍離開北京，親征韃靼阿魯台，9月23日，返抵北京。皇太子監國。

●鄭和自西洋還。

1423年(永樂21年)，六十四歲。

- 8月29日，朱棣親征韃靼阿魯台。皇太子監國。韃靼遠遁，朱棣以不遇敵，還師。10月，阿魯台部將也先土干降，賜姓名金忠，封忠勇王。12月，返抵京師。
- 鄭和下西洋還。
- 朱允炆蹈海出國的謠言仍舊流傳。

1424年(永樂22年)，六十五歲。

- 正月，阿魯台侵襲大同與開平。
- 5月，朱棣親征韃靼，以不遇敵，還師。8月12日，行經榆木川時病死。
- 皇太子朱高熾即位，是爲仁宗。朱棣葬於天壽山長陵，諡文皇帝，廟號太宗。

永樂皇帝

2008年10月初版　　定價：新臺幣350元
有著作權・翻印必究
Printed in Taiwan.

著　者　蔡　石　山
譯　者　江　政　寬
發行人　林　載　爵

出版者　聯經出版事業股份有限公司
台北市忠孝東路四段555號
編輯部地址：台北市忠孝東路四段561號4樓
叢書主編電話：(02)27634300轉5049
發行所：台北縣新店市寶橋路235巷6弄5號7樓
電話：(02)29133656
台北忠孝門市：台北市忠孝東路四段561號1樓
電話：(02)27683708
台北新生門市：台北市新生南路三段94號
電話：(02)23620308
台中門市：台中市健行路321號
電話：(04)22371234ext.5
高雄門市：高雄市成功一路363號
電話：(07)2211234ext.5
郵政劃撥帳戶第0100559-3號
郵撥電話：27683708
印刷者　文鴻彩色製版印刷有限公司

叢書主編　簡　美　玉
校　對　陳　龍　貴
封面設計　翁　國　鈞

行政院新聞局出版事業登記證局版臺業字第0130號

本書如有缺頁，破損，倒裝請寄回發行所更換。　ISBN 978-957-08-3323-2（平裝）
聯經網址：www.linkingbooks.com.tw
電子信箱：linking@udngroup.com

Perpetual happiness : the Ming emperor Yongle
Copyritht © 2001 by the University of Washington Press

國家圖書館出版品預行編目資料

永樂皇帝/蔡石山著．江政寬譯．初版．
臺北市．聯經．2008年（民97），296面
14.8×21公分．
ISBN 978-957-08-3323-2（平裝）
譯自：Perpetual happiness：the Ming emperor Yongle
1.明成祖　2.傳記

626.2　　97017203